实用主义的基础
——杜威经验自然主义研究

Shiyong Zhuyi de Jichu
Duwei Jingyan Ziran Zhuyi Yanjiu

人民出版社

责任编辑:王新忠
装帧设计:东昌文化
封面设计:何 杰

图书在版编目(CIP)数据

实用主义的基础:杜威经验自然主义研究/刘华初 著.
  -北京:人民出版社,2012.6
ISBN 978 - 7 - 01 - 010923 - 7

Ⅰ.①实… Ⅱ.①刘… Ⅲ.①杜威,J.(1859~1952)-哲学研究
  Ⅳ.①B52.072

中国版本图书馆 CIP 数据核字(2012)第 121421 号

实用主义的基础
SHIYONG ZHUYI DE JICHU
——杜威经验自然主义研究

刘华初 著

人民出版社 出版发行
(100706 北京朝阳门内大街166号)

北京瑞古冠中印刷厂印刷 新华书店经销

2012 年 6 月第 1 版 2012 年 6 月北京第 1 次印刷
开本:710 毫米×1000 毫米 1/16 印张:18.25
字数:350 千字

ISBN 978 - 7 - 01 - 010923 - 7 定价:38.00 元

邮购地址 100706 北京朝阳门内大街 166 号
人民东方图书销售中心 电话 (010)65250042 65289539

CONTENTS

目　录

序

　　刘华初的博士论文《实用主义的基础——杜威经验自然主义研究》即将作为专著出版，让我作序。作为他作博士生的老师，我对此当然义不容辞。但究竟说点什么好，倒有些感到举棋不定。曾想过对他的书稿做些具体介绍和评论，但这样做必须重新仔细阅读书稿，对我这个老人来说有些觉得费力；另外由我来做具体评论可能产生先入之见，不如让读者们看了后自己去评价。后来想到还是对杜威哲学的根本观念做一初步介绍，促使读者们去进一步了解和研究杜威。而从后一种意义说，刘华初的这部著作似乎是值得推荐一读的。因为他在对杜威的经验自然主义的研究上确实下了很大功夫。即使人们不尽同意他的观点或者对他的表达还不够满意，大概也会发觉这是一部有自己的见解、而非人云亦云之作。在对杜威哲学的时代背景的分析上以及杜威的经验自然主义的阐释和评价上，他大体上都做到了言之有理、持之有故。记得前年他在作论文答辩时，答辩委员会的专家既指出了论文的某些不足，但又一致给予好评，认为它在研究杜威原著和汲取国内外已有研究成果上都做得不错。阅读他这部书稿，对进一步理解和研究杜威哲学，应当说会有帮助。

　　对杜威哲学的根本观念的介绍近些年来我在不同场合都已做过，内容大致相同。考虑到长期以来杜威哲学曾被严重误解，把与以往不同的说法重复几次以引起学界关注，促使更多的人重新研究杜威，并在这方面取得更多共识，也许并非多余。

　　关于杜威哲学的根本观念，从五四时期开始就有不少介绍。与后来几十年对杜威的那些简单化批判相比，胡适在《实验主义》（1919）一文中所做的介绍也许较接近实际。其中谈道:"杜威在哲学史上是一个大革命家。……因为他把欧洲近世哲学从休谟和康德以来的哲学根本问题一齐抹煞,一齐认为没有讨论的价值。一切理性派和经验派的争论,一切唯心论和唯物论的争论,一切康德以来的知识论,都是不成问题的争论,都可以不了了之。"又说,杜威哲学的根本观念"总括起来,是(1)经验就是生活,生活就是对付人类周围的环境;(2)在这种应付环境的行为之中,思想的作用最为重要,一切有意识的行为含有思想的作用,思想乃是应付环境的工具;(3)真正的哲学的必须抛弃从前种种玩意儿的'哲学家的问题',必须变成解决'人的问题'的工具"。

胡适的前一段话讲的是杜威对近代哲学的态度,后一段话讲的是杜威本人的哲学观点。考虑到《哲学的改造》、《经验与自然》、《确定性的寻求》等杜威最主要哲学著作当时尚未出版,胡适能做这样的介绍已是难得。但是他的介绍毕竟有片面性,分析也不深刻。这突出地表现在未能从西方近代哲学转向现代哲学的客观趋势以及杜威怎样体现这种趋势的角度来揭示和分析杜威哲学的根本意义。

从笛卡尔以来的西方近代哲学家以理性代替信仰,实现了认识论的转向,促进了西方哲学的发展。但由于他们不懂得实践的决定作用,不能通过实践来理解感性经验和理性思维本身的意义以及它们之间的相互联系,以致陷入了各种片面性。例如经验论和唯理论就不仅将经验和思维各执一端,而且无视其本身的内在联系和二者的相互联系,以致陷入了怀疑论和独断论等片面性。当时的唯物论和唯心论同样脱离实践,不了解在现实世界中物质和精神本身的意义及二者的相互关系,"唯物主义变得敌视人"(马克思),唯心主义更脱离现实的人,都不可避免地陷入困境。西方哲学为了求得进一步发展,必须突破近代哲学思维方式。批判近代哲学由此成了现代西方哲学家中的普遍趋势,杜威对近代哲学的批判较其他西方哲学家更好地适应了这种趋势。

现代西方哲学家们在批判近代哲学时大都未能直接从实践的观点出发,因此他们对近代哲学的批判尽管在某些局部和方面能取得重大成果,却往往不能击中其要害,有时可能陷入另一种片面性。杜威较其他西方哲学家优胜之处,主要在于他对生活、行为、实验、探究、主客统一和相互作用等的强调接近于实践的观点。他也因此而能对西方近代哲学作出较为深刻的批判,并在一定程度上避免其他西方哲学家的某些局限性。例如,他对西方近代哲学因脱离实际而导致的思辨形而上学、绝对理性主义、独断论的批判就比其他西方哲学家深刻得多。他对理性派和经验派、唯心论和唯物论的批判都不是像胡适说的那样"一齐抹煞",而包含了适当肯定。他很是称赞培根,认为经验在人类生存和行为中有不可或缺的作用。他也肯定理性派哲学家关于思想、或者说理性推理的重要意义。他所反对的只是把经验和理性分裂开来和凝固化,看不到它们是一个相互联系和相互作用的动态过程。至于对唯物论和唯心论,杜威是在二者把物质和精神分裂开来的意义上反对的。例如他并不否认唯物论关于自然界在人类存在以前早就自在地存在的观点,只是认为作为哲学和科学研究对象的世界是人化的世界,即人所牵涉的世界。在这种意义上物质和精神(自然与经验、世界与人)是不可分割的,其中精神(经验、人)起着主导作用。杜威在对近代哲学的批判存在种种片面性,但他毕竟指出了其根本缺陷是脱离实际。

杜威本人的基本哲学观点与他对近代哲学的批判态度是一致的。其中最突出之点就是他明确肯定了被他当做实践的人的生活、行动、行为在整个哲学中的决定性意义。杜威哲学从不同角度说有不同称呼。杜威本人曾称其理论为实验主义(Experimentalism)、工具主义(Instrumentalism)和经验自然主义(Empirical Naturalism)。它们的共同特点都是对人的生活、行动、行为、实践的强调。杜威哲学的这些不同名称从不同角度体现了对近代哲学的超越,特别是对经验和自然、精神和物质、经验和理性、思想和行动、认识和实践、知识和价值等的二元分裂的超越,对独断论、怀疑论和思辨形而上学的超越。而所有这些超越都是通过作为有机体的人与其所面对的环境的交互作用实现的,也就是通过生活、行为、实践而实现的。如何通过人本身的行为、行动、实践(即他所谓以生活和历史为双重内容的经验)来妥善处理人与其所面对的现实世界(自然和社会环境),以及人与人之间的关系,是杜威哲学最为关注的根本问题。杜威把人和自然、经验和理性等的相互作用看做是一个不断发生和发展的无尽的过程,这一过程也正是人的生活和实践的过程。人们不应为实践而实践,实践的目的是改善经验、即改善人与其自然和社会环境的关系,改善人的生活和生存条件。哲学的对象既不是与人无关的自在的世界,也不是纯粹而绝对的观念世界,而是现实的人的生活、行动、实践所牵涉的世界。哲学的问题也由此成了人的问题。

杜威对实践的解释当然有片面性。例如他没有看到人类的物质生产活动在人的实践中的基础作用,更没有科学地说明实践的社会性。这与马克思的实践观有着原则区别。但他明确地把实践看做是全部哲学研究的核心,认为存在论、认识论、方法论、价值论等问题的研究都不能脱离实践,都具有实践的意义,这在现代西方哲学家中是最为突出的。

杜威超越其他现代西方哲学家之处不仅在于他揭示和强调了实践在整个哲学中的核心作用,而且将其扩及社会历史和思想文化的各个方面。这种扩及不只是将哲学的一般理论应用于各个具体领域,而且是将它们与哲学融合为一个统一整体。哲学不是处于特殊学科、或者说人类活动(经验)的特殊领域之外的抽象和思辨的形而上学,而是与这些学科结合在一起的关于现实的人及其生活和历史的学科。反过来说,各门特殊学科作为人类活动、行为、实践的某种特殊形态,都是特定的人与特定的环境的相互作用的形态和过程,都具有哲学的意义。

例如,杜威非常重视对教育问题的研究。他关于教育的根本观点就是强调教育就是生活,而生活即是不断地适应环境。人的生活是一个不断向前发展和成长的过程,而教育的根本使命就是从智慧、情感、审美等各个方面促进人的成长,这也正是哲学的使命。他由此把哲学和教育学统一起来。认为"如果我们愿意把教育看做是包括智力、情感、对自然和同伴的态度在内的基本倾向的形成过程,那么哲学甚至可被定义为广义的教育学说。"(《杜威中期著作》英文版 V9,p. 338)

杜威也特别重视对社会、政治、道德、宗教等方面的问题的研究,并提出了许多著名理论。它们的共同之处也正在通过人与这些方面相应的特殊环境的相互作用,既不断促进这些方面的特殊环境的改善,也不断促进人在这些方面的成长和发展。杜威是西方启蒙运动以来的民主、自由的倡导者。他强调社会应当尊重每一个人的民主自由权利,最大限度地发挥他们的潜能,也就是促进人的全面发展。但他又认为个人应当善于适应社会发展的要求,私利应当服从公益。个人的全面发展应当适应和促进社会整体的发展。

从整体上说,把作为有机体的人与其自然和社会环境的相互作用看做就是人的生活、行为、实践以至人的整个生存的根本内容,并将其当做哲学和各门人文和社会学科、乃至科学技术学科研究的根本内容,这是杜威整个思想理论的一根主轴。杜威对近代哲学的批判、对他自己的哲学观点的确立、对各门人文社会学科甚至科学技术学科的解释,都围绕着这根主轴。如何理解杜威思想的这根主轴是一个见仁见智的问题。国内外哲学家以往对杜威的那些指责都可以从杜威论著中找到根据。但是,杜威在现代西方哲学家中最为强调生活和实践的观点是整个哲学的根本观点,这种观点几乎贯彻于他的成熟时期的全部著作中,这大概是一个不争的事实。如果生活、实践的观点最突出地体现了西方哲学从近代到现代的转向,那杜威无疑是这一转向的最有代表性的人物。

对生活、实践的观点在哲学中的核心意义的强调不是从杜威开始的。马克思早在《关于费尔巴哈的提纲》(1845)中就已做了明确的论述,并由此把他的哲学和唯心主义及旧唯物主义严格区分开来。在马克思主义队伍里,对实践的观点在哲学中的核心作用的认识有一个曲折的过程,但现在越来越多的人对此持肯定态度。

杜威的实践观与马克思的科学实践观有着原则区别,不能相提并论。但是由抽象思辨转向具体实践,由认识论的转向发展到实践的转向,这是整个西方哲学从近代到现代发展的总的趋势。杜威没有、也不可能像马克思那样对实践作出科学的阐释,但他毕竟在一定程度上揭示了转向实践这种西方哲学发展的客观趋势,在对这种转向的具体阐释上他与马克思在某些方面可能存在共同或者相近之处,很是值得比较研究。杜威把现代哲学的变更与社会人文等众多领域的变更结合起来,同样用生活和实践的观点对之加以研究和阐释。他在这些方面的理论也存在许多合理因素,值得马克思主义者借鉴。

总之,在现代西方哲学家中,杜威最能适应和体现西方哲学从近代到现代的变更,也最善于把哲学的现代变更与其他众多领域的现代变更结合起来进行研究并作出有创见的阐释。杜威的哲学和其他思想理论过去曾被严重误读和误解,这在当时的历史条件下也许难以避免。现在情况已发生了巨大变化,对杜威等西方哲学家进行全面深入的研究的各种具体条件也都已大为改进,我们很有必要、也有可能用马克思主义的求实的观点对杜威的理论重新加以解读和反思。

刘华初这部书在从事这样的解读和反思上作出了较大的努力,细心的读者不难看到它蕴藏着有价值的思想火花。希望能看到有更多对杜威重新解读和思考的论著问世。

刘放桐

2012 年 4 月 2 日

绪　论

　　即便全世界还在遭受着百年一遇金融危机恶果的影响,美国的全球霸主地位依然牢靠、不可动摇,因为它有超强的国土资源、经济实力和军事力量,也因为它在思想文化、科学技术、政治和社会组织形式等方方面面主导着世界的发展。美国的强大不是表面的,除了经济、军事上的硬实力,最重要的还是其超群的软实力,尤其是其科学技术独领时代风骚,历史虽短文化却毫不落后。① 即使中国和印度在主要经济指标 GDP 总量上或将于2020—2050 年之间前后分别超越美国,也难以在可预见的将来,在上述诸方面全面赶超美国。然而,隐藏在谦卑后面、植根于美国国民内心的文化优越感和自豪情怀常常容易被世人忽视或贬低,甚至也被与其同文同种的欧洲人所嘲笑和批判,被斥为"庸俗"、"肤浅"。

　　杜威就是为这种所谓肤浅、俗气的美国现代文化奠定实用主义根基的伟大匠师之一。他用坚强而现实、不乏理想追求的一生为新大陆树起了一座人文精神的丰碑。实用主义的兴起合乎时宜地弥补、并缩小了年轻的美

---

　　① 在现代科学技术方面,美国以较大的总体优势占据着世界的领先地位。这表现在美国人拿走了一大半的诺贝尔奖、图灵奖与菲尔兹奖等世界顶级大奖的事实上。凭借科学研究的优势,美国在技术上控制着高端技术的开发和市场,在 IT 方面表现为软件上从操作系统到数据库等大型平台的霸主实力,硬件上牢牢地控制着核心芯片的研制和商业化生产,而且在可预见的未来最具发展前景的遗传学领域、脑科学研究、航天技术上都居主导地位。美国把实用主义、经验的自由主义发挥到极致,在现代商业模式的建构和创新中执世界之牛耳。其资本和科学技术紧密结合,而自由思想与社会生活融为一体。即使在电影、体育娱乐等大众文化方面也莫不如此,例如 2009 年底上演的一部美国大片《阿凡达》掀起的 3D 电影新潮流,深深地吸引了全世界电影观众的眼球,产生了强烈的震撼。尤为重要的是,民主观念、人文关怀、创新意识深入美国大众人心,成为其生活形式中的基本要素。

国在文化思想方面与欧洲大陆的差距,还有力地回应了大陆哲学在黑格尔之后的现代转型之际要求改造的呼声。实用主义哲学把发生在美国的一切新鲜世事,与源于古希腊的思想智慧和崇高的精神追求结合起来,为美国大众提供了继往开来的信心与勇气。然而,杜威哲学引来的不只是赞誉,还有掷地有声的批评,以及表述上"啰唆"、"晦涩"之微词。他不拘小节、有时随意而用的文字被语言学家嗤之以鼻,这在强调概念明确、思路清晰甚至以咬文嚼字为豪的现代,与哲学主流大异其趣;实用主义在他去世前就已被哲学界的风水轮旋转到了边缘地带。人们不禁要问,杜威的哲学是如一颗划过夜空的流星已经烟消云散,还是可以通过辩护和改造从而重新焕发光芒的呢?

随着20世纪80年代分析哲学在美国的渐渐式微,实用主义的价值被重新发现,并得以复兴。杜威在哲学、教育、政治、伦理学、艺术与宗教等诸方面独到的见解和创造性的新思维重新得到审视和确认,他对美国现代社会的精神气质所起到的建构性作用由此得以延续。但是,与其在现实社会生活中的积极影响不同,他在理论哲学上的贡献却常常因为"晦涩"、"不清晰"等指责而被搁置一边甚至遗忘。我们知道,在西方哲学传统中,如果没有存在论的根基,哲学就如漂浮在汪洋大海上的一条小船,改变不了随波逐流的命运。对于美国最具原创性的哲学流派实用主义,杜威哲学的根基不可或缺,也应该得到澄清。那么,杜威哲学的存在论或者基本立场是什么呢?

虽然杜威没有建构一个宏大而精深的哲学体系,但他在各领域关切实践的思想都与其"实验自然主义"、"工具主义"的思想密不可分。他以连续性、生长和变化的情境、交互作用与偶然性原则取代对固定不变"确定性"的寻求,把黑格尔整体观与追求精确和实际效果的科学精神结合起来,用进化论改革美国的自然主义传统,从而构成一种基于实践经验观的自然主义。这是杜威哲学思想的一根中心红线,贯穿在他每个零碎的、看来相互"矛盾"的演讲和论说中。

一、问题的提出及研究意义

众所周知,从事哲学研究首先需要有一个好的哲学问题。只有恰当的问题才有研究的价值,因为它是启发思考和揭示深刻哲理的途径,让我们深入事情内部,用语言和概念的形式把握思想,把握对人类社会和世界的认识,从而把问题的关键所在及其解决方法揭示出来,为思想的进步创造新的境遇和可能性空间。譬如,胡塞尔在其现象学研究后期遭遇到的重要问题就成为其他思想者的创新入口。对于杜威的自然主义来说,哲学家们素有不同的看法,罗蒂赞扬杜威是反形而上学、反本质主义的英雄,但对其自然主义却不以为然,认为他是在敷衍,"希望提供一个洛克'简单的、历史的方法'的当代版,以消解认识论问题"①。到底是杜威的存在论或形而上学立场不明确,还是罗蒂戴着有色眼镜吹毛求疵? 这就是一个典型的关于杜威哲学、特别是形而上学的研究问题。要解开杜威形而上学之谜,我们不仅要把杜威的经验自然主义与传统哲学关联起来,寻找其批判与发展的脉络,还要沿着杜威已经指出的方向,拓展出他欲言又止、没有说透的思想。

(一)问题的提出

哲学中的独创性常常并不在于拥有新的思想,而在于澄清以前并不清楚的理论,用一种更具包容性的框架清晰地解释以前的各种主张、争论和困惑。在杜威百年诞辰之际(1959 年),罗森(D. Lawson)说了这样一段话:

> 杜威,一个崇尚生长、变化和实验的哲学家,或许将长时间地停留在最常被误解和误读的世界学者名单上。作为一个充满矛盾的人物,他生前就看到了其影响广及众多领域:教学方法和法学、心理学和伦理学、逻辑与法律、审美与国际关系、宗教与经济学、哲学与社会学。他被冠以许多名号——心理学家、教育家、哲学家、实用主义者、工具主义

---

① Richard Rorty, *Consequences of Pragmatism*, University of Minnesota Press, 1982, pp. 81-82.

者、社会主义者、实验主义者、自由思想家、人道主义者、多元论者、进化
论者、自然主义者、有神论者、自由主义者、激进派、改造主义者、和平主
义者、改良主义者、相对主义者、经验主义者等等，这个条目还可延
长。……在本世纪内，看来不大可能对杜威的影响作出一个有效的
评价。①

如今又 50 年过去了，情况如何呢？我们现在是否可以全面地评价杜威
的哲学？经过由罗蒂的《哲学与自然之镜》等著作掀起的实用主义复兴浪
潮②，我们究竟在哪些方面对杜威及其哲学有了新的认识，可以得出更加明
确的结论呢？抑或在哪些方面仍然存在问题，还处于摇摆不定的困惑之中？

对实用主义最广泛的误解莫过于那种商人赚钱之类的自我辩护词：只
要赚到钱就行，管它什么商品质量、交易信用，它们都不过是赚钱的手段而
已。这是一种典型的哲学错解，按照坎贝尔（James Campbell）的说法，哲学
上的实用主义与一般日常语言的实用观有两点根本不同："一是美国生活
方式的实践性和简单性；反对理智主义，行动比无用的思索更重要。二是美
国社会的实用应变还在于肤浅的乐观主义。"③如果把实用主义的"实用"
和"效果"等同于赚钱的过程以及一种超出金钱之外的意义，而不仅仅是赚
钱或钱本身；又假如将"实效"等价于人们与其生活情境之间、个人与社会
之间的互动，从而实现圆满经验的过程，那么这个如此充满铜臭味的生活世
界将会得到怎样的改造？如果理性的先验图式、信仰的上帝不再是我们追
求的终极目标，而只是人类为自我思想而暂设的一种建构性支架，那么人类
理智的通天塔将真的可以拔地而起，把智慧与生活融为一体。

---

① Douglas Lawson, Arthur Lean, *John Dewey and the World View*, Carbondale：South Illinois University Press, 1964, preface.

② 在 20 世纪 80 年代美国实用主义复兴的过程中，除了博伊兹通（Jo Ann Boydston）等人在南伊利诺依大学（SIU）编辑出版的《杜威全集》、伯恩斯坦等人的各种杜威传记、艾耶尔的《实用主义之源》（A. J. Ayer, *The Origins of Pragmatism：Studies in the Philosophy of Peirce and James*, Freeman, Cooper & Company, 1968）起到的推波助澜作用外，罗蒂 1979 年的讲演录《实用主义、相对主义、非理性主义》、名著《哲学与自然之镜》、《实用主义的后果》也产生了极大的影响。

③ James Campbell, *Understanding John Dewey：Nature and Cooperative Intelligence*, New York：Open Court, 1995, p. 14.

在"实用"、"经验"、"自然"这些平淡如水的词语背后,隐藏着杜威不懈地追求真诚、理想与现实相结合的生活目标,那是他为美国现代国民精神殚精竭虑的思想奠基。杜威的哲学并不如其文字那样难懂,甚至很朴素,但在学者们的解读中仍然存在种种分歧,对其评价也各不相同,有的认为它比较肤浅,流于常识和庸俗,不及海德格尔的存在哲学那样深入到人的生存结构,对存在本身进行言说。例如,桑塔亚纳(G. Santayana)曾认定杜威的形而上学只是人类生命前景的一种解释、经验和知识的社会学,完全没有达到传统形而上学的深度。这听起来似乎很有道理,但杜威的辩解不也是极富说服力吗? 经验和知识的社会学是自然的一部分,必须与自然的其他部分关联起来形成完整的"地图",形而上学只有当它成功地提供一个存在的背景理论时才能进入到自然深处①。与桑塔亚纳的评价显然不同,罗蒂把杜威看做是 20 世纪最伟大的三位哲学家之一。美国杜威研究会会长海克曼(Larry Hickman)如此评价杜威:他与实用主义哲学思想甚至超越晚出的后现代主义思想,揭示了人类思维的真正秘密。②

杜威已经去世半个多世纪,其哲学曾是 20 世纪 20 年代美国思想界的至尊,经过分析哲学近 50 年的排斥之后,于 20 世纪 80 年代在美国重新受到关注。这种评价的反差和起伏的命运难道不耐人寻味么? 事实上,与一些现代、"后现代"思想家不同,杜威并不否认形而上学的哲学意义,虽然他反对传统的形而上学研究模式。正如瑞特纳(Joseph Ratner)所说,杜威知道"摆脱坏的形而上学的唯一方法就是去发展好的形而上学"③,因此在杜威看来,确定性和经验理论是两个必须重新分析和认识的核心问题。他对传统哲学追求确定性的批判究竟包含什么深刻的内涵呢? 它也许就是杜威对传统经验概念进行改造的动力,因为所有形式的二元论都追求确定性。

---

① LW. 1. app. . 本书中所引的杜威著作,均按学术规范以简称标注,具体指代著作的全称可参见本书附录。

② Larry Hickman, *Pragmatism as Post-postmodernism*, *Lessons from John Dewey*. New York: Fordham University Press, 2007, pp. 13-29.

③ Joseph Ratner, *Dewey's Conception of Philosophy*, in Schilpp, P. A. ed. , *The Philosophy of John Dewey*, 3rd ed. New York: Open Court, 1989, p. 66.

如果说学习康德哲学是进入思想世界的最佳通道之一,那么解读杜威关于确定性的思想则是理解杜威和整个实用主义哲学的最佳切入口。因为,有关经验的思想,洛克之后无人比杜威做得更多。我们还要注意到,杜威重建经验理论是为了给出一个关于人类有意义的、综合批判的观念,为了表达这样一种哲学观:任何分离和孤立都是对连续性与整体观的破坏,最终会导致零碎的技术性生活。看! 经验不能被认为是一种动物般的刺激反应,也不是脱离人类现实生活和意义世界的、所谓主客要素的某种组合。针对一些误解和批评,杜威在1950年曾告诉他的学生胡克(Sidney Hook):"就我现在来看,而非彼时,我花了许多年试图将事情集中起来;而我的批评者只是在把我分割之后才来解读我的。"①

无论是站在"自我"视角瞭望世界,从彻底的唯物论立场反思自然,还是从物我相合的经验探究过程中寻找意义,都不过是一种不同的视角与描述而已,人类之思的既定历史不可更改地"选择"了这条道路,难道其中没有什么先决因子吗? 考虑到后现代思潮的某些有力的质疑,杜威的经验自然主义何以能够避免相对主义呢? 诸如此类的问题还有许多。但是,对杜威的阅读越多就越感觉到,他的自然主义立场和写作风格把诸多问题及其所具有的研究价值一起遮蔽在他多产的文本之中。

心灵哲学家塞尔(J. Searle)认为,人在作出言语行动时,存在分层次的意向性,即被表达的意向状态和因此而作出言说行动的意向,寻找意义就是寻找一种伴随外化形式的意向状态。视觉经验与信念具有等价于一个完整的命题结构的内容,对其分析就意味着层次结构的展开。这是否可以与杜威的经验方法关联起来? 它们是否渗透着共同的经验主义和实用主义的意义评判标准? 把焦点从静观知识转向方法,是杜威试图架通哲学与科学,架通知识与生活之桥梁的一种努力。如果说杜威的经验方法显得还有些单薄的话,那么层次解析方法是否可以支撑哲学的现代化? 是否可以超越从客观真理到意义理论的转化,进到实用真理、实用价值论呢? 此外,杜威对理

---

① Ralph Sleeper, *The Necessity of pragmatism*: *John Dewey's Conception of Philosophy*, Yale University Press,1986,p. 16.

论与实践关系的建构性解释不仅扩展了哲学思维的视界,而且对认知心灵哲学的意向性来说也有借鉴意义。如果实用主义与现象学能够贯通起来,认知科学的新成果就可以成为哲学方法论的改造资源,杜威倡导的"知与行的结合"不就在哲学与科学之间建立起真正的联盟关系了吗?

这些不仅仅是问题,更是揭示杜威哲学和实用主义独特视角的窗口。我们可以通过它们探寻更多的细节,譬如,杜威对皮尔士(Charles S. Peirce,1839—1914)和詹姆斯(William James,1841—1910)有思想上的继承关系,但他是如何把后两者差异性较大的思想结合起来的? 杜威对经验的改造与其探究理论存在什么样的融通性,从而使他否定先验的确定性,以"探究的经验"来替代历史主义呢? 不错,对于杜威来说,基于经验的存在论和认识论是融为一体的,并贯穿在他的教育理论、政治和伦理学及其艺术美学中,贯穿在他面对和解决具体问题的方法论中,但是,要想精细地挑出其中的论证脉络而又不牵强附会实非易事,仅仅像罗蒂所说"加上时间性"是远远不够的。

(二)问题的研究意义

杜威与实用主义哲学的重要性自不必说。对杜威的经验自然主义的合理解读不仅可以回应针对杜威的"哲学无根"之类的指责,也可以帮助我们完整地理解杜威的全部哲学思想。同时,由于杜威在实用主义家族中的核心地位,随着对杜威的理解,对实用主义的整体性理解也会更加清晰。虽然杜威并不关注或热衷于采用理论建构的方式来建立实用主义的哲学根基①,但是,我们试图为其建立根基依然可能,因为在杜威浩瀚的著作中处处都有建构的痕迹,而且基于经验的建构性是他显得散漫的文字中内在的关联逻辑。杜威吸收达尔文进化论、实验心理学的成果,并改造传统的经验观念与自然观,而确定性观念是他对传统哲学进行批判的出发点,它们共同奠立了杜威的实用真理观、实验主义探究方法以及教育、社会政治、宗教伦

---

① 即便如此,杜威在批判传统二元论哲学基础上建立起来的新经验理论还被罗蒂斥为一种新的形而上学,并认为要作为杜威哲学中"坏的部分"要抛弃掉。

理等思想的存在论基础。也正是由于这个根基,他没有走向后现代的相对主义或者虚无主义的荒芜道路,而是扎根于现实世界。无论如何,经验也是人对于这个存在世界的体验;没有具体的世界情境之中的人生体验,就不可能产生任何形式的思想,罔论所谓真理与哲学。恰如杜维明所说:"一种理论,在形而上学方面很高,可是这种理论的基础与人的体验之间有一种逻辑的关系,没有体验也就没有理论的提出,也不可能进行诠释。原因何在? 一个人可以对游戏规则非常熟悉但没有体验和认知作基础,那就只是戏论。"[1]不过,对那些过分张扬儒家"务实"而贬低佛道"超脱"的理论家需要保持警惕之心,因为,他们会将自己看不到变化的以及与现实相联系的事物,当做僵死的、与生活无关的"文字游戏",既不反思自己看和思的能力,也不探索除了如此这般按照某种"给定"模式生活之外的其他可能性,对究竟是自己看不到联系还是这些联系根本不存在缺乏反思精神。更深刻的原因可能还在于人类理智本身的能力与结构,我们常常只能看见并把握到某些层面,而对自己把握不到的层面视而不见,于是武断地认定它根本不存在,这样建立起来的理论自然有作茧自缚的嫌疑。杜威的哲学如果没有一种实用的弱化自然主义的根基,就很容易被划归到那种敌视永恒性的相对主义或者庸俗的现实主义阵营中去了。

不同的人群处于不同的社会生活情境中,并遭遇到不同的问题,这就是哲学亘古不变的根基。虽然这些情境和问题处于永恒的流变之中,但是,停留于一个有限的社会区域或者时代的哲学怎么可能被延续传承下去呢? 因为形而上学总是不愿局限于特定的时代与社会,试图超越时代。如果说在康德那里还存在现实和超越的两分,他试图在两分基础上用"判断力"建立一座跨越的桥梁,那么,黑格尔的哲学则是把理想的超越与具有时代性的现实结合起来。这个结合深远地影响了杜威,因为他曾经与康德、休谟等人一样遭受过思想分裂的痛苦。但黑格尔的不幸在于,他把这个结合置于"绝对精神"怪胎之下,因而备受诟病。现代哲学的话语体系已经发生了根本

---

① 杜维明:《现代性与物欲的释放:杜维明访谈录》,中国人民大学出版社 2009 年版,第88 页。

性的转变,正是在这个大背景下,杜威通过对经验概念的改造转变了整个哲学的基本问题,通过扭转哲学研究的基本问题而改造哲学,把事实与价值弥合在这个改造了的经验哲学之中。经验与自然之间的关系对于杜威来说相当重要,经验在自然之中,又是关于自然的,这个看似循环的命题恰恰构成了杜威哲学的一种魅力,让人欲解之而后快。

　　研究杜威的经验自然主义可以为我们研究认知科学、心灵哲学,尤其是对意向性的起源解释提供一个重要的思想平台。要在语言分析占据统治地位的美国哲学讲坛上分得一席之地谈何容易,而实用主义却是在分析哲学阵营内获得复兴的,这表明分析哲学遭遇到的困难还需要"古老"的实用主义来解决。奎因的本体论承诺、戴维森的意义理论都深深地打上了实用主义的烙印,普特南就更不必说。近十余年来认知科学突飞猛进,再一次掀起了对心身关系及相关认识论问题进行深入探究的热潮。一个新的学科综合研究模式为哲学研究留下了地盘,而实用主义在美国心灵哲学家中具有普遍而深厚的思想根基,语言分析经过语法到语义,最后到语用分析这条思想的线索,预示实用主义与语言分析相结合的巨大生命力与潜能。此外,实用主义与现象学在存在论和方法论上的结合,为解释认知、关注、意向性问题以及包括视觉在内的感知觉的科学研究,提供了相应的哲学理据,并指明研究方向的某种参考意见。杜威的溯源方法、建构方法,还有实用真理观、人化的弱自然主义的经验理论都是不可缺少的哲学资源,它们可以在科学研究中,在新型民主政治的社会建构中发挥奠基性的作用。

　　研究杜威的经验自然主义还有重要的哲学史意义。通过梳理杜威的自然主义和经验理论产生的时代背景和思想渊源,我们可以进一步澄清杜威哲学思想的时代精神特征以及实用主义的来龙去脉。实用主义在分析哲学内的复兴揭示了语言分析中语用走向的哲学根源,杜威的知行结合观先行地表明了这种方向,而且这与其自然主义是融为一体的。通过研究杜威哲学,我们还可以重新理解哲学史上的一些纷争和困惑,譬如实证主义的代际演变;在远离人类生活经验的思想领域,是什么保证一条物理定律的正确性呢?又如测不准原则的基本长度、光速极限、宇宙大小、解释宇宙起源的大爆炸理论该如何解释呢?对于这些问题,再精致的物理实验仪器和设计也是鞭长莫及的，然而它们并非亚当夏娃的伊甸园神话故事，它们真实地横亘在我们的知识世界里，让我们捉摸不透。日常生活中的经验总是能够以这样或那样的方式把荒诞拉回到现实，行动的现实效果终让巫师的谎言真相大白。但那些基于高端物理实验，并主要归结为数学物理方程演算推理的结论，又如何保证不是标榜为物理学家的现代巫师在装神弄鬼呢？这个问题看起来是多余的，是无事生非，但它具有不可忽视的重要性，因为它关涉到我们的世界是矗立于坚固磐石上的大厦，还是一块被荒芜的沙漠所包围的行将消失的绿洲，这是我们必须予以有效解答才能释怀的问题。众所周知，与杜威同时代兴起的逻辑实证主义宣称，可以逻辑地表述和解析所有的知识命题，但是它仍然备受质疑，因为它不仅没有做到那一点，而且自我证明并没有从根本上解决根基问题。在所有这些没有圆满解答的基本问题上，杜威与实用主义的意义与实用价值观为我们提供了一种"新思维"。

对于中国人来说，研究杜威的哲学对理解我国传统文化具有借鉴意义，可以帮助我们以现代哲学的视角与模式来理解中国的传统思想。中国传统社会具有强烈的实用主义倾向，所谓生死有命、富贵在天，事在人为，谋事在人、成事在天等等谚语都表达了一种弱自然主义的处世原则。认同整体观，张扬人的现实行动的价值，儒家思想与实用主义之间的相似性、内在同质性是现代西方哲学诸多流派中不多见的。虽然中国历史上并没有产生西方哲学那种意义上的理论体系，即使对于有关行动的方法来说，也没有形成像杜威的方法论那样清晰的理论概括，但是，从古至今的中国文化传统中深藏着一种类似实用主义的思想精髓，墨子的"善即有用"，荀子的"制天命而用之"等等，都流露出真真切切的实用主义思想的智慧。

研究杜威实用主义对于我们中国人来说还有一个巨大的吸引力，那就是它对美国国民精神的成功塑造，这一点对于我国当今思想文化现代化具有现实的借鉴意义。美国精神虽然在短短几百年内几经重塑，但杜威实用主义不失为其中最亮丽的一环。如果要对美国强大的软实力深挖其根，一定绕不过杜威与实用主义；虽然在历史上还可追溯到爱默生、洛克、休谟以及培根的传统经验主义和科学方法论，但正是实用主义加强了传统经验主义与一种积极自由主义的结合,才使得经验主义和自由主义在美国发扬光大①,从而开辟出了新大陆的黄金时代,而且其生命力迄今依然旺盛,远没有到达所谓"最后的阶段"。我国思想界如果不对我们的哲学研究落后状况警觉起来,如果不真实地感受到并反思思想上从专家到老百姓等各个层次上普遍存在的巨大差距,如果不实现真正意义上的现代化②,一味地沉醉于30多年来的某些经济成就,而不去正视我们在软实力成绩单上的软弱现状,要想超越美国时代,成就"中国世纪"几乎不可能。

---

①　另一实例是 MBA 教育制度。它原创于英国,但移植到美国后才得以发扬光大,导致美国乃至全球整个现代工业和商业管理的变革,并对现代工商业产生了深远影响。

②　周恩来总理1963年提出的"四个现代化"合乎当时之国家需要,也在1978年以来的改革中起到了振奋人心的作用。不过,随着时代变迁,它也需要升级了。如果我们将工业、农业与商业合称为经济,则为"一化"。科学技术的现代化仍然重要,甚至越来越重要,可为"二化"。由于全球化趋势与解决国际冲突的日益理性化,可以预期国防现代化的需要在长时段尺度上都会逐渐递减,即便在当下也未见显著的紧迫需求,如果列入也只能为"第三化"。但是,没有提到的思想和文化的现代化却非常重要,需要明确的宣扬。"四个现代化"中有三个半是硬实力现代化,只有半个是软实力现代化,即科学技术;说它是半个,是因为科学技术中包含实验设备、技术积累等偏物质性要素。软实力除科学技术之外,更重要的是思想文化现代化。思想和文化的表现形式与科学技术不同,它与大众的知识普及水平和文化传承密切相关,不只限于小的专业群体。对于科学家个人,他完全可以白天做实验研究晚上去教堂,以科学为职业、与仪器为伴;而思想家必须以思想为生活形式,让思想贯穿其生活的每时每刻。一个讲坛上口口称道的伪君子可以掀起思想的新潮流吗?思想偏重于精神核心,而文化偏于精神的外围和背景,这类似于科学与技术应用之别,思想和科学无法兑现为金钱,而文化与技术可以产品化为商品。思想不只是哲学家、思想家的思想,也是深入公民内心的大众思想,成为公众意识贯彻在其社会实践中,例如民主观念、公民意识、现代人文关怀;思想也不只是纯粹哲学思想,而且渗入到政治、伦理、经济、科学技术、社会学等等领域。文化的范畴更广,包含影视、文体娱乐、个人—社会—家庭、以及生活—工作和谐的人生模式。虽然资本的本质还没有得到根本性的改变,但如果没有思想和文化的制约和调节,资本横行的社会绝不会有和谐的存在可能。正是在这个意义上,美国的思想和文化可说是现代化的,因为它没有让资本成为脱缰的野马,成为马克思主义者所预言的掘墓工具。对比之下,如果我们的资本现代化到美国的程度,我们又靠什么来制衡和调节社会结构和社会价值呢?和谐社会的机制不可能靠一种前现代的强力和威权来持久地维系,唯一的出路就是同步地实现我们的思想—文化现代化,形成有力的现代化软—硬制衡机制。我国的思想—文化现代化路漫漫兮!如果说我们的物质现代化指日可待的话,那么思想和文化的现代化呢?各种古老精神的复兴企图总是在一些潜流中涌动,借口现代性批判和民族主义精神来侵蚀思想—文化的现代化,抵制和拖慢这个必要的进程。传统文化的价值与古人智慧不可简单肯定,如果没有现代思想的主导性参与,既不符合时代发展,也有悖于孔子等先贤的开放精神。

二、文献综述

杜威一生著述颇丰,研究领域极为宽广,哲学、教育、心理学、社会政治、伦理学等等均有涉足,而且影响深远,享誉世界。哲学史家一般将其学术生涯分前、中、后三个时期①。人们对杜威哲学的研究成果也很多,据芭芭拉(L. Babara)统计②,早在1886年杜威发表第一篇论文不久,就有针对其哲学的评论文章出现,到2006年已有数千篇文章和数百本专著公开出版和发表,还有各种论文结集出版,如1951年施尔普(P. Schilpp)主编的《杜威的哲学》(1989年再版)③,泰尔斯(J. Tiles)主编的四卷本《约翰·杜威:批判的评估》④,博伊兹通和南伊利诺依大学对杜威的著作进行了整理和编辑,并于1973—1990年之间陆续出版。我国对杜威著作集的翻译在复旦大学杜威研究中心主导下正在进行。对于杜威哲学的研究状况,以下从国外和国内两个方面分别叙述。

(一)国外研究现状

对杜威和实用主义的哲学研究主要集中在美国,并以英语形式出版和发表,其他国家如英国、法国、意大利、德国、日本等也有,但与美国相比要少得多,而且在质量上也有差距。苏联(和中国20世纪50—70年代一样)由于意识形态之故,对杜威哲学的研究主要是批判性的,将它简单地划归到唯心主义阵营;而欧洲哲学界对杜威的兴趣则局限在较小范围内。相比于其哲学,杜威的教育思想在世界上产生的影响显得更大一些,例如在日本就曾

---

① 博伊兹通在1967—1990年主编了杜威的选集(*The Collected Works of John Dewey*,1882—1953),他将杜威著作分为早期(Early Works,1882—1898)、中期(Middle Works,1899—1924)、后期(Late Works,1925—1953)三个时期。当然也有更详细分期的,如将前期再分为三期(1882—1888早期唯心主义时期,1889—1894密歇根时期,1894—1898芝加哥早期)。

② *Barbara Levine's Works about Dewey* 1886—2006,2007年第二版(曾在1996年出过第一版:1886—1996)。

③ P. Schilpp ed., *The Philosophy of John Dewey*, 3rd ed., New York: Open Court, 1989.

④ James Tiles ed., *John Dewey: Critical Assessments*, 1992, vol. 1-4.

受到特别的重视。总体上来说,由于杜威与实用主义的创立者皮尔士、詹姆斯都诞生于美国,他们的哲学主要还是在美国发扬光大,他们所产生的社会影响主要波及美国社会与大众。墨菲(John Murphy)曾说,

> 英国哲学家常常依靠罗素的《西方哲学史》来了解詹姆斯和杜威的思想。而法国、德国、意大利则更多地将皮尔士当做符号研究的创始人之一,很少领悟詹姆斯和杜威在皮尔士那里的发现。虽然所有这些国家的哲学家都研究奎因和戴维森,但都对他们从语言学转向之前的美国实用主义哲学家那里继承的基本观念不置一词,而关注其语言分析的方面。①

在美国,哲学从来就不单是一门纯粹的理论学问,它更多地表现为一种人生态度和生活方式。实用主义哲学就是作为这样的一种生活方式广泛地深入美国国民的内心。作为美国本土文化精髓的实用主义对美国社会文化思想、政治经济等各方面的广泛影响是举世公认的,而杜威被赞誉为是最有影响力的美国实用主义哲学家,其哲学思想受到了长期的关注和研究。即使在第二次世界大战之后的 40 年内,随着以逻辑和语言分析为基本方法的、包括逻辑实证主义在内的分析哲学的崛起和鼎盛,对杜威哲学的研究出现了片面否定或者集体沉默的情况,如伯恩斯坦(Richard Bernstein)所说:"他对哲学的讽刺描述,已经受到来自许多方面的攻击。他的教育哲学的影响被引为美国教育缓慢与浪漫的一个主要原因。一般认为他相信教育的功能是满足儿童的需要而且使他适应他的环境。杜威被控诉散播有害地影响种种美国社会生活的适应伦理学。他的实用主义或工具主义被描述成为肤浅的而且反智慧的学说,因此只在作为实用的目的之手段时才是有意义的、确实的、或者有价值的。……另一个控诉是:在杜威看来,人是一种技术的动物,他一贯地在作而且为,为一个似乎永远不会来临的将来作准备。……忽视人类更深奥的经验。"②但是,实用主义并没有被抛弃,而是与分析哲学融合在一起,并借助于分析哲学的形式延续下来,更因为实用主义

---

① John Murphy, *Pragmatism: From Peirce to Davidson*, Oxford: Westview Press, 1990, pp. 1-4.

② 伯恩斯坦:《杜威论经验、自然与自由》,台湾商务印书馆 1981 年版,第 5 页。

与分析哲学分享着共同的经验主义渊源。

实用主义虽然也曾传播到欧洲和亚洲大陆,并产生了一些影响和跟随者,如英国的席勒①、意大利的帕比尼②和瓦拉蒂③,中国的胡适、陶行知、蒋梦麟,日本的一些学者如小野和新渡户等人。法兰克福学派的代表人物哈贝马斯也自称深受杜威的诸如人与自然交互、文化沟通与社会建构等思想的影响。不过,杜威和实用主义在欧洲的影响远不如康德、海德格尔,甚至也不如他在东方世界产生的影响那么广泛。

美国对杜威与实用主义的研究从时间上大致可分三个阶段:第一阶段(1886—20世纪30年代),这是美国实用主义的黄金时代。对杜威的哲学研究除主流的解读外,还有许多质疑和反对的声音,这种状况其实也伴随了杜威的一生,尤其是在20世纪初他成为美国哲学界的显赫人物之后。当然,杜威自己的哲学思想也是一个不断成熟的过程,虽然他并不像维特根斯坦、海德格尔那样一生中的基本哲学思想变化显著(一般认为,到1925年他发表《经验与自然》之时,杜威的哲学思想才真正成熟起来)。其间,对杜威哲学思想的研究包括当时许多有名的人物,如罗素、怀特海、桑塔亚纳等人,他们与杜威之间也进行着频繁的交流和争论。第二阶段(20世纪30—70年代),大概有近半个世纪,这是人们对杜威与实用主义研究兴趣相对消沉的一个时期。其间,美国对实用主义的研究主要是理解和评价,20世纪50年代主要是对皮尔士材料的整理;米德的思想在20世纪60年代得到持续的关注;对詹姆斯的兴趣从心理学转到现象学方面;当然,有关的杜威研究项目也在进行之中。第三阶段,即20世纪80年代以来,这是杜威哲学与实用主义的复兴时期。假如对杜威的评价在其生前的困难如怀特海所说,"我们生活在一个深受杜威影响的时期,因此评论它是困难的,我们不能从

---

① 席勒(F. C. Schiller,1864—1937),英国哲学家,持人本主义的实用主义,主要继承詹姆斯的哲学观点。

② 帕比尼(Giovanni Papinni,1886—1956),意大利实用主义哲学家,主要继承和发展了詹姆斯的学说。

③ 瓦拉蒂(Giovanni Vailati,1863—1909),意大利实用主义哲学家,其研究侧重于实用主义的逻辑语言和方法论。

外部来观察它,以对比于同样方式观察的其他时期"①;那么,在此阶段对杜威的哲学研究进入了成熟时期,许多深入的研究在最近 20 多年里产生出来,论文的数量和质量都反映了这一点。《哲学与自然之镜》的作者罗蒂,和走出分析阵营的当代知名哲学家普特南所代表的新实用主义,重新引起哲学研究者对杜威和古典实用主义的关注。

　　大体说来,当代美国哲学界对杜威哲学的研究有三个方面值得关注:一是把杜威放在后现代主义哲学的大背景中,重新解释他的哲学对当今社会的重要意义,例如,罗蒂就从后现代视角谈论杜威对建构后现代文化的价值;二是把杜威思想放到美国自然主义的思想传统中,强调实用主义、自然主义与实在论思想在杜威哲学中的完美统一,如美国的马格利斯(Joseph Margolis)凸显出杜威哲学中的自然主义基础成分;三是把杜威的哲学思想与当代社会批判理论结合起来,认为后者对当代社会和技术的批判与杜威哲学的基本精神是一致的,如美国杜威研究中心主任海克曼就强调杜威的科学技术思想中的社会观。即使分析哲学仍然占据主流,但当代美国哲学具有强烈的实用主义情结,同时,实用主义的复兴也从一个方面表明其合乎时代发展的强大生命力。此外,杜威的目光始终投向现实社会中的人,关注人的社会生活,这是使杜威哲学保持长久不衰的重要原因之一。博伊兹弗特(Raymond Boisvert)认为,美国人重新对杜威哲学感兴趣是因为存在一个生机勃勃的美国社会,正是由于这个社会基础,南伊利诺依大学杜威研究中心对杜威全集的出版才会产生影响。时代发展让罗蒂能够成功地宣扬杜威的反基础主义方面,这在分析哲学之后也顺应了社会需要和哲学发展的思潮。②

　　在对杜威哲学的研究专著中,有一类是兼及人物传记和思想发展的研究,例如简·杜威的《杜威》③,谈到了杜威的个人生活及哲学生涯的发展过

---

① A. Whitehead, "John Dewey and His Influence", in Schilpp, P. A. ed., *The Philosophy of John Dewey*, 3rd ed., New York: Open Court, 1989, p. 47.

② Raymond Boisvert, *Dewey's Metaphysics*, New York: Fordham University Press, 1988, pp. 1–14.

③ Jane Dewey, ed., *Biography of John Dewey*, Chicago: Northwestern University Press, 1939.

程,伯恩斯坦1960年出版的《约翰·杜威》也涉及杜威经验的形而上学①,特别要提到的是戴奎增的《约翰·杜威的一生与精神》②与胡克的《约翰·杜威:一个知识分子的画像》③对杜威与实用主义哲学在20世纪80年代的复兴起到了积极的推动作用。80年代之后也有几本优秀的传记著作,如洛克菲勒的《杜威:宗教的信念与民主的人文主义》真实地解读了杜威的哲学和宗教关怀④,韦斯布茹克的《杜威与美国民主》⑤倍受赞赏,不过此书怀有鲜明的政治用意,他赞颂杜威对参与式民主的辩护,试图把杜威从新左派中拯救出来;偏爱杜威政治思想的还有瑞安的《约翰·杜威和美国自由主义的高潮》。⑥

关于杜威在有关自然和世界的存在论的思想方面,他在世时就有许多研究和争论,杜威与罗素、怀特海、桑塔亚纳、艾耶尔、洛夫乔伊等人之间都有过交往,他们之间的辩论在今天还常常被重新提起和探讨。而在20世纪80年代以后,有价值的研究成果除了罗蒂标新立异的"误导性"(他把杜威与后现代主义思想之间的联系显著地夸大了)解释之外,亚历山大(Thomas Alexander)、博伊兹弗特、斯理普尔(Ralph Sleeper)、舒克(John Shook)等人的研究成果具有代表性,也能令人信服地帮助我们理解杜威的自然主义基础,乃至其所有的哲学思想。亚历山大的《约翰·杜威的艺术、经验和自然理论:情感的诸视野》认为杜威试图在《经验与自然》中试图建立其自然主义的综合表述,特别是其自然主义的形而上学,并提出三个观点:直指方法、自然的一般特征、作为重建伦理社会的批判主义的哲学观念⑦。博伊兹弗

---

① Richard Bernstein, *John Dewey*, New York: Washington Square Press, 1966.

② G. Dykhuizen, *The Life and Mind of John Dewey*, South Illinois University Press, 1973.

③ Sidney Hook, *John Dewey: An Intellectual Portrait*, Amherst, N.Y.: Prometheus Books, 1939; 2nd ed. , 1995.

④ Steven Rockefeller, *John Dewey: Religious Faith and Democratic Humanism*, New York: Columbia University Press, 1991.

⑤ Robert Westbrook, *John Dewey and American Democracy*, Cornell University Press, 1991.

⑥ Alan Ryan, *John Dewey and the High Tide of American Liberalism*, New York: W. W. Norton Company, 1995.

⑦ Thomas Alexander, *John Dewey's Theory of Art*, *Experience*, *and Nature*: The Horizons of Feeling, Albany: State University of New York Press, 1987.

特在《杜威的形而上学》一书中系统地论述了杜威在形而上学方面的哲学
发展及其详细的时间分段①;又在《约翰·杜威:重新思考我们的时代》里将
杜威的生活经验(Lived Experience)与胡塞尔的生活世界(Life-World)的概
念相提并论,并揭示杜威哲学对于我们现代的时代精神的启发意义②。对
于杜威哲学与现象学之间的关系,虽然将杜威的自然主义倾向与现象学关
联起来似乎显得有点牵强,但麦克德莫特(John McDermott)和伯恩斯坦认
为,杜威是个真正的现象学先驱,其直指方法就是杜威对旧的直接经验主义
的一种假定,按现象学的原则来理解未尝不可,这的确是引人注目的,至少
为实用主义与现象学的沟通提供了一条可能的途径。当然,就语言观来说,
杜威的语言学途径是逻辑的、工具性的,而不是现象学的,也可以说杜威并
没有试图在语言里寻找自然主义的种子;同样,其逻辑是从自然科学中起源
的,语言理论与自然科学的词语更近,而不是更近于现象学的交谈。

　　小冉多(J. Randal Jr.)的工作是要表明杜威对形而上学的终结,但他
没有对杜威的形而上学做系统的研究,所以这个结论下得为时尚早。胡克
暗示杜威最终变成了反形而上学主义者:杜威用"形而上学的"代替"形而
上学"。维斯特(Cornel West)的《美国对哲学的逃避:一个实用主义的谱
系》可以帮助我们理解杜威实用主义如何避开近代以来的认识论哲学传
统③。此外,古德新近出版的《对差异性中的统一性研究,杜威哲学中永久
的黑格尔影响》④一书从杜威的美国语境,给我们补充论证了与杜威哲学的
整体观念相关的历史材料。舒克在其2000年出版的博士论文《杜威的知识
与实在的经验理论》中论述杜威与英国新黑格尔主义的关系一直保持着,
并没有像杜威所说的那样消失⑤。一点也不奇怪,他们都是美国人,许多欧

---

①　Raymond Boisvert, *Dewey's Metaphysics*, New York: Fordham University Press, 1988.

②　Raymond Boisvert, *John Dewey: Rethinking Our Time*, Albany: State Univ. of New York, 1998.

③　Cornel West, *The American Evasion of Philosophy: A Genealogy of Pragmatism*, 1989.

④　James Good, *A Search for Unity in Diversity: The Permanent Hegelian Deposit in the Philosophy of Dewey*, Lanham MD: Lexington Books, 2006.

⑤　John Shook, *Dewey's Empirical Theory of Knowledge and Reality*, Nashville: Vanderbilt University Press, 2000.

洲大陆哲学家仍然坚持海德格尔的观点：美国人通过实用主义对美国主义的理解仍然停留在形而上学的领域之外①。在海德格尔看来，美国主义就是实用主义，一种无形而上学的思想，还没有被灾难的近代哲学"表象、实在之划分"所污染的、源于古希腊的对存在的自然主义的理解。这对于建立实用主义的哲学理论的确是具有毁灭性的论断，对美国的本土哲学思想是一种贬低，尤其是出于存在哲学教父海德格尔之口。不过，杜威的自然主义真的只是一种如古希腊自然哲学中所表现出来的、未经近代理性洗礼的单纯自然主义吗？

苟因洛克不仅在杜威哲学的整体研究方面，而且在其伦理学研究上都有建树，他在1972年出版的《约翰·杜威的价值哲学》被认为是最好的杜威伦理学解读文本之一②，他试图将杜威的形而上学与价值判断问题联系起来。斯理普尔的《实用主义的必要：杜威的哲学观念》系统论述了杜威的逻辑思想③。海克曼不仅关注杜威的技术哲学，对杜威与后现代思潮的比较研究也感兴趣，并认为杜威总是等在后现代之路的终点，超越了后现代主义的思想。坎贝尔对杜威和实用主义试图从整体性把握④。值得一提的还有在国图收藏的微缩材料《杜威的辩证法》⑤，它从杜威的哲学中读出一种新的、不同于黑格尔或者马克思的辩证法，用"辩证法"思想对杜威进行解读有其便利性，许多相互矛盾的论述实际形成一个连贯的整体。这种解读虽然有某种帮助，但是有问题的，是一种对辩证法的曲解，因为辩证法的核心是有两个对立元之间的直接冲突与对立，并在事物发展的下一个环节形成一个有所扬弃的联合，它主要是解析思维和历史经验的发展过程中的一种方法。而且，通常认为杜威在早期从其老师那里接受到的

---

① M. Heidegger, *The Question Concerning Technology and Other Essays*, trans. William Lovitt, New York: Harper and Row, 1977, p. 153.

② James Gouinlock, *John Dewey's Philosophy of Value*, Ann Arbor, Mich.: UMI, 1972.

③ Ralph Sleeper, *The Necessity of Pragmatism: Dewey's Conception of Philosophy*, Yale University Press 1986.

④ James Campbell, *Pragmatism: From Progressivism to Postmodernism*, ed. Robert Hollinger, David Depew, Prarger Publisher, 1995.

⑤ Shargel, Emanuel Israel, *Dewey's Dialectic*, Ann Arbor, Mich.: UMI, 1972.

黑格尔哲学中就已经缺失了辩证法,杜威并没有在辩证法上有什么重要的创见。至于有人试图把他与辩证唯物主义相关联,那是从心理学上来谈论其反射弧的发现的表现形式,并不说明杜威与黑格尔辩证法在哲学上的共同之处①。

在当代美国分析哲学主导的哲学阵营开辟出实用主义复兴的道路上,以罗蒂和普特南为代表的"新实用主义"流派功不可没。尤其是罗蒂在后现代主义的潮流中重新解释杜威的哲学思想。罗蒂把杜威与影响显赫的海德格尔、维特根斯坦放在一起,解释他们的后现代思想,而杜威更是他心目中最大的后现代英雄②。其实,实用主义与分析哲学的亲缘关系不仅是血缘上的(这从"英美哲学"的类别名称可见),杜威的改造后的"经验"观、实用的自然主义都与分析哲学的下半程(日常语言的转向)的思想旨趣大同小异:放弃对绝对实在的追求,把哲学的根基回归到"生活经验"和"生活形式"的现实世界,如此等等。即使不情愿承认实用主义名称的奎因和戴维森也吸收杜威的反对二元分裂,追求意义的思想,而反对两个教条、提出意义理论,普特南反对事实—价值,道德—科学,客观—主观的两分。

新实用主义者继承了杜威和古典实用主义的某些核心思想,批判传统哲学作为一种探究的超验模式和判定真、善、美的理性法庭,并认同哲学与社会政治理论的结盟,以直接参与现实世界的改造,研究知识与权力、认知与控制、交谈与政治的关系成为当务之急。他们认为理性与科学性的模式、同一性和主体性是社会的、历史的建构;从而将哲学的任务集中在对权力形式的产生、分配和流通的文化研究上③。然而,经过分析方法和现象学方法洗礼的新实用主义毕竟与杜威那个时代的哲学基底不同。他们的基本哲学问题与取向显示出很大的差别,在杜威看来还是有关乎存在的哲学问题和

---

① C. Tolman, B. Piekkola (1989), "John Dewey and Dialectical Materialism: Anticipations of Activity Theory in the Critique of the Reflex Arc Concept", *Activity Theory*, 1, Nr. 3/4, pp. 43-46.

② 罗蒂:《哲学与自然之镜》,李幼蒸译,商务印书馆 2004 年版。

③ Cornel West, *The American Evasion of Philosophy: A Genealogy of Pragmatism*, The University of Wisconsin Press, 1989, pp. 3-4.

可供人类抉择的哲学立场,"在后者中却变成了荒谬的,不可理喻的东西"①。如果说他们都同样反对某种本质主义的话,那么其程度肯定是不同的,而且相互之间的差别是不可忽视的,因为杜威并不反对实在论和表象主义观念。

新实用主义进一步反对把"视觉印象"作为认知的依据,他们认为,根本没有必要考虑感官和心智是否位于眼睛和"视觉对象"之间这样的具体问题。他们宁愿将这样的、在他们看来是子虚乌有的问题交给进化论的自然主义。如此一来,哲学的根本问题对于他们就化约为一个简单的"信念"问题。"有用或无用"的视角选择,使得感官和心智成为我们使用和支配对象的一种工具,工具在观念面前完成工具的任务之后会自身隐退而不再扮演任何决定性的角色。这显然是对杜威的工具主义的肤浅化解释,也忽视了杜威对经验中自然的基础性地位的强调。不管怎样,杜威的自然主义与现象学的关联通道依然敞开着,这在当今认知科学迅猛发展的时代依然能给我们提供思想的资源。著名心灵哲学家金在权说:

> 进入 21 世纪,由于社会生活的急剧变革,西方哲学家的心灵世界也经历了一次几乎可以说是脱胎换骨式的裂变。这集中表现在大多数西方哲学家纷纷抛弃实在论的立场,而转向相对论和新实用主义,在这一长串的名单中,还包括近来大名鼎鼎的奎因和罗蒂等人。我猜测普特南的所谓"概念相对论"也是受了这一时代思潮的影响所致。②

(二)国内研究现状

杜威的思想对 20 世纪初的中国影响很大,主要表现在政治上的自由主义、教育进步主义以及哲学上的激进经验主义等思潮的兴起。那时"科学和民主"口号中的"科学"就是实在的自然主义的又一称谓。如果把实用主

---

① 罗森塔尔:《从现代背景看美国古典实用主义》,陈维纲译,开明出版社 1992 年版,第 160 页。

② Jaegwon Kim, "The Mind Body Problem after Fifty Years", in *Current Issues in Philosophy of Mind*, Anthony O'Hear ed., Cambridge: Cambridge University Press, 1998, pp. 3-21.

义与中国传统的思想趣向做个比较,也许能够找到杜威与罗素在中国的演讲所产生不同反响的一些文化上的长时段原因。我并不认同夸大儒家思想与实用主义之间的相似性的做法,因为前反思的儒家思想与西方哲学之间存在的思维层级差别使得涉及思维内涵的判断似是而非。但不可否认,实用主义的一种通俗版本就体现在我国传统文化之中。

随着我国在经济、政治与文化等各个方面逐渐融入现代文明,我们对杜威和实用主义的研究也在经历一段曲折之后走上了学术前台。有趣的是,我国的杜威研究也类似于美国的实用主义研究,经历了三个阶段,时间上也大致相似:1919 年—1949 年、20 世纪 50 年代—70 年代、20 世纪 80 年代之后,只是第一阶段开始于 20 世纪初的五四运动,而不如美国那么早。其中,第一阶段的杜威浪潮随其亲访中国而起①,由胡适、冯友兰、蒋梦麟、陶行知等人主导,主要成就表现在对杜威教育思想的应用和对现实事情的一种态度转变上;对杜威的哲学思想主要是翻译介绍,胡适对杜威哲学的误导性解读和传播也可能是国内后来对其"庸俗的实用"的误解原因之一。第二阶段基本上是歪曲或者简单的否定,来自苏联的对实用主义的批评直接影响到我国的相关研究②。胡适、冯友兰等人深受杜威影响,他们的思想与杜威、实用主义一样,被扣上"市侩功利"的帽子,总之,各种批判大多是政治主导下的断章取义,严谨的学术成果乏善可陈。第三阶段与前面的两阶段相比成果更多,研究也更趋成熟。改革开放后,随着学术氛围的日渐宽松,我国哲学界重新开始了对杜威及实用主义的研究。刘放桐先生在 1983 年出版的《实用主义述评》对实用主义进行了比较客观的论述,后来的《重新

① 杜威对在中国的两年访问印象深刻,据说他的社会政治思想就是在访问中国期间建立起来的。参见简·杜威的《杜威传》。

② 在 20 世纪 50 年代的中国,杜威因和胡适的特殊关系而受到尖锐批评,他的中国之行被说成来华散布实用主义毒素。仅 1954、1955 年两年发表的 300 余万清算实用主义的文字中,几乎每一篇都要骂到杜威,如"杜威的实用主义是美帝国主义阶段所产生的反动哲学","杜威是华尔街老板以最高的代价豢养的","假使我们要批判旧教育思想,我们首先要批判杜威","实用主义教育思想毒素在中国散布的途径主要是通过杜威自己来华讲学,宣扬他的实用主义哲学和反动的教育思想"等等不一而足。直到 20 世纪 90 年代,学术界还有人认为实用主义是帝国主义的反动哲学,为 50 年代的批判狡辩(参见元青:《杜威与中国》,人民出版社 2001 年版,第 2 页)。

评价实用主义》一文又是国内一个实用主义研究的路标,对我国恢复正常的实用主义和杜威学术研究起到了"拨乱反正"的作用,此后国内杜威研究逐步走上正轨。30 余年来,陈亚军、邹铁军、王成兵等学者对杜威哲学进行了比较全面的重新解读和梳理,对其所涉及的诸方面都各有独到见解。

一般来说,国内对杜威的研究大多侧重于他的经验论、工具主义真理观及其对传统哲学的批判与改造等方面,常以论文或者结集出版的形式出现,而对杜威哲学的系统性研究专著还不多,对杜威著作的基本翻译工作也没有完成①。近年来,对杜威哲学的研究已经涉足到其各个不同的学术领域,从教育到伦理学、评价理论,从政治社会哲学到科学技术观,甚至也有人关注到杜威的语言哲学以及心灵哲学的研究。对于国外马克思主义与杜威哲学的比较研究,我国也取得了一些重要的成果,其中包括刘放桐先生、俞吾金教授等著名学者的著作。

但是,我国哲学界涉足于杜威的理论哲学方面,即经验自然主义、形而上学、存在论和认识论的研究却较少,从总体上把握杜威经验自然主义的就更少了。据查,国内还没有一本详细论述杜威理论哲学,包括经验自然主义或者形而上学方面的哲学专著、博士论文或译著出现,虽然有人对其某个重要的哲学概念或者观念进行研究和概述,如张梅专门研究了杜威的经验概念,李常井在《杜威的形上思想》(这个 60 余页的小册子非常简略)中论述了其形上思想。这与我们所能够读到的、与杜威哲学相关的外文资料所涵盖的内容之广泛、研究之深入很不相称。

三、研究思路与方法

2600 年前那位沉浸于思索而掉进洞坑的先哲给人类的世界开启了一道思想之门,他是用一句简洁的话语做到这一点的:世界的本原是水。可是,我们今天的任何一条哲学命题都要小心翼翼地附带着长长的定语、状

---

① 我国对杜威哲学的研究与对其他现代哲学大家的研究相比显得滞后。维特根斯坦全集已经翻译出版,海德格尔著作也翻译出版了几十集。对杜威的哲学研究专著也较少,尤其是关于杜威理论哲学方面的。

语、补语等修饰赘述,即使如此,各种争论还是不期而至。是人类的思维能力从黄金时代开始逐渐衰退,一代不如一代,还是我们已经从思的世界退却,不再关心究竟什么是存在的问题,抑或我们的世界越来越是一个充满变化莫测的、各式各样图景的万花筒?假如古希腊的一句名言足以建立一座丰碑,那么对于日益复杂的现代世界,就更需要精细的思想工具和针对性的研究方法才能获得有效的结果,这是没有充分展开的古代哲学所面对的世界完全不同的景象——一个完全变迁了的时代、一个充满多元意义的世界。

(一)研究的思路

对杜威哲学的研究有两条路径,从其确定性观念开始,或从其经验概念进入。对杜威经验自然主义的研究需从经验概念入手,但要在不同的侧重点上展开。他对自然、存在的最一般特性的陈述,对方法论的关注,如何将科学实验的经验方法引向社会理论、民主政治、教育、伦理学等等领域,都需要一个共同的哲学基础。虽然杜威一直反对把统一性主题拆分成多个,但我们为理清思路之便,用概念和模式来追溯杜威在其中每个主题上的观念与立场是可行的,这可帮助我们理解杜威的主张,包括他与别人争论的要点所在,尤其是其经验理论关涉到自然基础的实质涵义。在现代哲学家中,杜威与罗素的前后一致性要比海德格尔和维特根斯坦的好得多、平滑得多,虽然他们在存在论或形而上学上有显著的分歧。虽然有关杜威和实用主义的"日常术语"体系容易引起诸多误解,但好在杜威的著作丰富,前后思想比较连贯而且相互呼应,让我们能够从中寻找出杜威的根本哲学观念和基本立场。

经验进路的具体步骤是,追寻杜威如何批判传统二元论而改造"经验"的,如何提出新的经验概念,如何把它与来源于达尔文的进化论思想、黑格尔的整体观、实验心理学以及亚里士多德的自然主义观念结合起来的。进化论思想对杜威的冲击表现在两个方面:一是其自然性地发生和时间性的、有起源的产生过程,这在现在看来属于狭义科学的范畴,然而杜威却将它借用到哲学上,作为依据回答哲学的根本问题,这不可避免地包含着"自然存在"的某种先定性假定。然而杜威并没有按照康德、黑格尔等近代哲学家们采用的模式来论述,也没有采用现代分析哲学家们的命题模式和逻辑分析方法。那么何以能够合法地将一个实证的科学命题当做一条最根本的哲学原理呢? 这个疑问同样也适用于其连续性原则,即我们何以断定自然不存在飞跃和断裂呢? 我们将在后面对这些问题进行详细的考察。二是物种得以生存和延续的"自然竞争、适者生存"的自然选择法则,与杜威和实用主义的实用真理观存在内在的联系,杜威并不深究何以"实用即真理",就如同达尔文并不追问"自然何以选择"而将进化律归于自然本身一样,他们都从牛顿将后半生毫无结果地浪费在寻求自然的第一推动力上吸取了教训①,他们深知,继续追问下去的结果要么归结到上帝,要么不了了之。

对杜威的经验概念继续进行分析,将揭示出如下两点。其一,杜威将关于自然的存在理解为一种"自然而然"的、具有自明性的客观存在,不需要我们给予特别的思考和关注。思维的关涉除了把这个自明地存在的自然反卷、包容从而纳入自己的体系之外,并不能控制自然本身,这一点明确地体现在人们试图回答"人类之前的自然、人生前死后的自然、人没有触及的自然等等是否存在"之类问题的简明答案之中。无论思想如何自我纠缠、自我演绎与复杂化(例如逻辑推演),物理层面上的自然常识对于任何深刻的反思纹丝不动;但没有什么理论知识的农民一挥锄头就可改变自然。当然,思维可以辩驳说"自然"有不同的指称,然而那只是导致一种思维面对外在自然的后退而已。的确,有谁能够把依附于身体的思维像锄头一样掘进自然里去呢? 思维的演绎终归发生在思维之中,而实践与行动才是思维与自然发生最直接接触必不可少的环节,即使用人化的自然来替代,也改变不了自然界的基础性地位。基础性的生活世界决非思维所能单独建构,实践转向就是认识到这一点的重要性而发生的,它把这个仍然在问的问题悬置起

---

① 追问最根本的问题是理性精神的基本品质和深层表达。但不幸的是,牛顿追问的第一推动力作为一个哲学问题在他那时条件还不成熟,对自然的认识缺乏"无先定性"的观念,人们普遍认为万物的表现表明,存在超越万物构成的世界之外、超越我们的认知意识之外的某种安排,把自然解释为一种绝对的规律性,如三大力学定律。但现在,理智条件已经成熟,如果还用"自然主义"态度抵挡对同样问题的追问,就是不负责任了,将会导致这样的结果:要么滑向神秘主义,要么走向相对主义或者虚无主义。这是我们要对自然主义保持警惕的底线。

来,或者打包成一个自然主义假定移出最受思维关注的视域之外。然而,将自然的存在转化为存在过程或者人之实践,就真的可以彻底消解了存在问题吗?各种新兴的实在论表明,问题依然存在,并以深入的形式在继续发问。其二,对自然世界的存在问题的探究将导致,对所有试图回答它的哲学理论本身进行反思,将深刻地揭示杜威与实用主义的实用真理观的解释力量。如此一来,我们是否可以顺其思维而发问,"实用原则"是否可以作为一条最根本的哲学原则呢?假如是,那么产生的效果就可以合理地作为一种哲学体系的评判准则。这种元哲学式的思维路径如果得到澄清,那么纠缠在杜威和实用主义头上的一些根本问题将迎刃而解。毕竟哲学研究是用文字和语言来从事的,而不是直接操作机器从事生产的行动;对哲学理论进行批判或者评价还需要建立确实可行的依据和标准,而杜威对"工具—效果"关系的论证为我们提供了一条深度反思的调节性原则。

沿着上面的问题和思路,我们可以抵达,进而澄清杜威的经验自然主义。作为一种存在论,它关涉到杜威对自然和存在的基本观念,他如何利用进化论、实验心理学等科学新成就来丰富和深化美国的自然主义传统,以及改进源于英国的传统经验论。作为一种认识论,它可以帮助我们理解杜威对人类如何认知世界、以及对人类知识的根本看法,理论知识为什么可以被理解为实践和行动的工具,而不是追求外在于人类行动的固定不变的抽象物。作为始终关切人类幸福的实用主义者,显然,杜威最关心的事情是,如何沟通思维与存在、身体与心灵、理论与实践、事实与价值的方法,以实现人类最完善的目的。循着经验方法,我们可以进入、并将追思的发问扩散到杜威的其他领域,解读他是如何阐释经验方法的,经验方法又具有什么维度上的可扩充性和发展空间。不同的时代提供了不同的经验可能性,在我们的时代,我们也一定可以创造出不同的经验效果。

(二)研究方法

一是采用宏观架构和微观分析相结合的研究方法。在对杜威哲学进行整体性理解的基础上以问题为中心,也就是说,在宏观层面上,将杜威哲学放在实用主义学派中,将实用主义放在现代哲学中,将现代哲学放在整个西方哲学的发展历史中解读;在微观层面上,关注于杜威对自然与经验等存在论方面的具体论证,例如对经验的改造,赋予经验哪些特征,对认知性与非认知性经验的划分,行动中究竟包含什么等等。将杜威在两个层面上的自然观和经验论的论述结合起来,而不是孤立地使用材料,从而在对杜威哲学进行宏观架构性解释时,有具体的问题、微观层面的基本观念和数据材料的支持;而在对其具体观念的解释和分析时,始终有一个宏观框架作为其理论背景。这种方法其实是运用基于杜威经验方法之上的层析方法的一个实例。

二是保持思想的逻辑性与时代的历史性相统一。将杜威的经验自然主义哲学放在其历史的背景中,并与其时代精神连通起来;充分理解其前后相续的哲学形态,而不以今天一时的视角来独断。理解过去的哲学理论作为历史发生事件的成就与其相比于现代的时代局限性。杜威哲学的思想传承渊源与发展相当重要,所以要对杜威哲学有全面的理解,没有对其思想脉络、问题意识的发端、思想的社会背景等等有关方面进行明确细致的分析是不可能的。欧洲传统哲学虽然是杜威所批判的目标,但是它们为杜威做了哲学创造的准备;杜威同时代的哲学思想对传统哲学的批判而倡导实践首要性,这与杜威的行动观非常契合。作为实用主义同一家族的成员,皮尔士和詹姆斯,还有米德对杜威的影响都很大。在时代精神方面,我们将关注于美国自然主义传统与英美文化背景,尤其不可忽视的是科学新成就以及工业革命促使美国社会发生深刻变化,体现在社会意识、政治、教育观念等方面发生的前所未有的巨变,作为实用主义者杜威不可能无视亲历的活生生的现实,这个现实要求我们的思想必须同步更新。因为,与时代脱钩的思想既没有历史性,也不合乎逻辑。

三是采用数学与逻辑方法作为研究的辅助工具。现在看来,数学方法可能具备进入哲学研究的条件,庞大的哲学资源具有统计意义,现在缺乏的不是哲学史的相关材料和数据,而是从中搜索出"规律性"的和"有意义"的观点的方法,以及如此操作的理论合法性。马克思说过,任何科学只有当其可以用数学表达时才算走向成熟。虽然对于哲学的概念、观念和思想进行图示可能存在"对象化"风险,但哲学思想要用语言和概念来把握。计算机的使用已经在中国古典哲学的文本研究中有成功案例。

　　除此之外,还有对材料的选择使用以及哲学用语方面的规范化问题。研究基于原著、尊重原著的解读方法,对于杜威的原著,包括对于本研究最重要的杜威著作《经验与自然》、《确定性的寻求》、《哲学的改造》、《人的问题》及其文章《达尔文对哲学的影响》等,都遵循原著优先、参照汉译本的做法。事实上,二手论著(尤其是美国的)大多只有英文版,汉译的版本目前还很少。对于哲学用语的规范化问题,考虑到杜威的写作并不是专门为了职业哲学家,而更多地是为一般知识大众所写、所讲演的,所用词汇除杜威专门指出或者明显包含不同日常的意义者外,多从其日常意义。杜威一定赞同哲学思想来源于日常经验,所以,哲学术语的意义可以用日常经验的意义来解释。在用语方面,我们的哲学研究,无论是原创性的工作,还是翻译与解读,需要建立一个基本的共识,那就是能够采用现有的日常词语,不要再专门地发明新的词语,因为任何一个新的专门词语都会带来不菲的资源浪费,给研究和学习者增加额外的智力和时间成本。在发明新词语时,要想想奥卡姆剃刀以及最小经济学原则。在这方面,杜威不像海德格尔、德里达等人那样发明出许多让人捉摸不定的学究词语。用现有词语说不清而指望一串字符糖葫芦,只能带来更多的混乱和模糊,它们属于诗性时代,而不属于追求清晰性的哲学研究。

四、有待将来进一步研究的问题

　　在文本和材料方面,由于时间和收集条件的限制,对杜威经验自然主义相关著作的阅读虽然比较丰富,但一定还存在盲点,在思想内容的深度上也会存在许多发掘不深之处。最让我放心不下的还是,对杜威自然观的解读是否到位,对连续性原理在杜威哲学中的地位,对其与达尔文进化论之关联的把握是否恰当,连续性原理与杜威“经验”理论之间的依赖关系是否成立。更重要的也许是,杜威的“经验”与“自然”之间纠缠不清的关系是否可以如此条分缕析,以一种比杜威所说更明确的形式清楚表达出来,譬如用逻辑的命题模式来刻画?即使不能也要问其究竟。我真希望能够就其中某个特定问题深入下去,然而如下的顾虑没能允许我那样冒险,对这几个问题中的任何一个做深入、比较彻底的研究必然要以对杜威的哲学作一个整体的、准确的把握为前提,甚至可能还需要对整个充满着理性和情绪双重品质的现代哲学,乃至整个哲学传统有所理解才行,至少要对两个方面进行交互循环而递进的研究才能完成。

对于实用主义来说,还有一些基础性的问题需要进一步厘清。例如,詹姆斯对康德的时空观和范畴的反对,在詹姆斯看来它们是"毫不相干的";他还认为唯物论唯心论之争、一多之争等等都是毫无意义的咬文嚼字。而皮尔士针对笛卡尔形而上学的尖锐批判,并斥之为没有价值的东西也需要解释清楚,才能更准确地理解实用主义的发端。他们对"实效"的定义又是如何考虑到对时间跨度的参照效果,以及接受者的主观状态如何随着时间和地点之不同而变化的呢?

此外,杜威与海德格尔、胡塞尔和梅洛—庞蒂等现象学家之比较研究也很有意义。因为杜威、实用主义与分析哲学之间的相互交流和借鉴融合被美国当代哲学家们研究得比较深入,不过,对实用主义与现象学之间的沟通基础还发掘得不够,希望将来能够深入研究如下几个问题:

一、海德格尔的存在哲学与杜威的经验自然主义的结合问题。我们是否可以把杜威的经验自然主义嫁接到海德格尔的存在哲学上,相互克服和补充进而结合呢? 也就是说,用存在哲学解决所谓"基础端"即根本性的存在问题,补救杜威受到批驳的自然观;而经验自然主义解决"高端":经验的实现方式与方法论,如果这可行,那么分析哲学和逻辑实证的方法的借用就是自然而然的了。这种思想与学术的嫁接也许是现在所有哲学流派相互之间最有价值的交流形式,这也许能够开辟在更深层面更宏大领域内进行相互结合的可能性空间。但要实现这样的大综合,至少有三个大的问题需要解决:(1)不同的哲学流派具备什么样的条件才能结合,也就是说,哲学的互补性基础是什么,存在一个哲学拓扑图吗? 如果有一个更高的层面供我们来审视各个流派,那么我们又该如何评价包含各个流派在内的整个哲学呢? (2)以海德格尔的存在哲学来说,它如何可能解决杜威的自然主义哲学对"自然"和"存在"这个基础端不够清晰、不令人满意的方案呢? 而存在哲学又是如何缺失高端方法论的呢？在科学技术与诗性艺术之间的水火不容断然不是事实本身，在这里，杜威的经验方法的处理多少有可供借鉴之处。（3）反过来，杜威的经验自然主义又如何能够解决高端的方法论问题，它又是如何缺失基础端、即所谓"无根"或者不清晰的存在论的呢？（4）不同的哲学层面共同构成了一种思想结构，与之对应的研究为层析方法，即对任何哲学理论的研究都是在这个层次结构中进行层次性的展开，而不是粗枝大叶地在一个平面上定位解剖。支撑层析方法的存在性依据是我们的世界（生活世界与理智世界）具有层次结构吗？我们姑且称之为一个假定，那么它与存在理论中的生存结构有着相当程度上的类似性，而这个哲学资源如何发掘和清晰阐释呢？

二、现象学方法与杜威经验方法、层析方法之间的相通问题。杜威的经验方法如果能够延伸到层次理论，而层次理论不仅与海德格尔的生存结构有相似性，也与胡塞尔的现象学方法、梅洛—庞蒂的知觉现象学中的层次模型之间可相通约。若果真如此，那么我们就可以建立起一座中立的沟通桥梁，把实用主义流派与欧陆存在哲学连接和包容起来，让它们在更大更深入的一个哲学层面上各得其所，得到合理的解释，而且这个新层面必定能够提供比两者更深邃更合理的世界慧眼。以人的基本生存特征为基础的存在结构本来就是海德格尔从胡塞尔的现象学意识结构中提出来的，而意识结构与生活世界的知觉接触体现在知觉结构中，但世界—意识—存在—经验能否相通呢？

三、关于哲学理论的评价问题。所有的哲学理论都是言说着某种根本看法，或者对于世界、或者对于人生，或者关于永恒、或者关于流变。但是否存在一个最终的哲学形态、绝对真理的哲学，一网打尽所有的哲学流派和思维可能性呢？不存在。理由很简单：那不仅意味着哲学的终结，而且更重要的是那将是人类心智的终结，从而也就是人类建构意义世界可能性的终结，简言之，就是人的终结。但道理却不是那么简单，远不止于说自由就是哲学运动。当然，这的确是哲学不存在最终形态的根本原因，或者说，哲学的不同形态是对人类自由的种种表现。然而，我们是否真的考虑过，我们的自由似乎总是受制于某种东西，那个冥冥之中给予我们任何飞翔的心智以沉重之力感的 X（说本体、存在、世界都一样）。不幸的是，如果没有它给予的重力任何飞翔都是不可能的，因为飞翔无从发力。既然不存在绝对的哲学形态，对既往的任何哲学理论进行的评价就只能是暂时性的、可错的了，就像我们的生活本身或者特定时代的道德规范一样。众所周知，再往前走一步就是相对主义了。可是，我们为何可以说我们此时的立足点是正确的，而相对主义和绝对主义都是错误的呢？我们又用什么尺度来衡量流变中的各种思想观念呢？对生活、意义和思想的研究有一个难以逾越的"障碍"：它们不可能被对象化，不可能像我们对待外在事物那样进行规范化。这与经验科学不同，因为经验科学各有其基本的假设，这些假定是我们的心智在此进行对象化了的结果。例如物理有物质、质点等的基本定义，其中包含基本假设。经济学的基本假定更多，如自私的"经济人"假定，而且似乎明显地不合人类历史发展的潮流和伦理学需要，但它依然战绩辉煌、硕果累累。这是为什么？这正是值得哲学认真反思的问题。具体学科的基本假定为本学科屏蔽了许多纠缠不清的困惑，从而集中精力于其认为最有价值、最有可能突破的问题。此实为实用主义把知识视为工具的思想的一种典型运用，但相应的理论辩护尚有欠缺，自然主义的解释还需要明晰而深入，方法论或者评价准则需要具有存在论基础。

除此之外当然还存在其他一些不少问题，尤其是杜威的经验理论如何蕴涵着层析方法，它与层析理论之间的过渡性应该如何建立等等，还需进一步深入而展开的研究。

第一章　杜威哲学的时代背景

在哲学长长的历史画卷里,我们找不到一位从天而降的人物。无论是可爱的殉道真理的苏格拉底,还是伟大的哲学王柏拉图,无论是聪明绝伦的莱布尼兹,还是道德完美的斯宾诺莎,都是从传承的文明里得到滋养而生长。他们的思想从这个世界拔地而起,闪耀在历史的天空。虽然今天很少有人会像谈论比尔·盖茨那样提起约翰·杜威(John Dewey,1859—1952),但要点出最能代表美国精神的人物,恐怕还是落到杜威的头上,恰如胡克所说,"在美国思想走向成熟的年代,杜威所起的作用无人可比"[1]。作为美国知识界、教育界、伦理政治和社会活动中无人不知的人物,他的一生几乎就是美国崛起的见证。作为一种文化精髓,用概念来把握世界的时代精神,思想宛如划过夜空的流星,总是让我们惊叹、流连而反观。对杜威这样的现代哲学家的思想进行反思,在历史中寻觅其思想的踪迹,这便是亚里士多德挥之不去的"好奇"。

要追溯杜威哲学的历史渊源和思想进路,我们可以从文化传统、时代背景、社会生活方式、哲学史中的思想流派等方面进入,将杜威的世界观与其崇敬的亚里士多德的自然主义形而上学联系起来,还有弥漫在其哲学中的黑格尔主义[2]。除此之外,在杜威的思想母体中,我们还可以发现,美国自

---

① Sidney Hook, *John Dewey*, 2nd ed. New York: Prometheus Books, 1995, p. 4.

② 关于这一点,绝不是像他所说的那样,在其思想的早—中期的过渡中就已经漂流离开了黑格尔主义。远离黑格尔主义只是杜威的自我有意识的思想发展,但是,在其后期参与式政治伦理的社会思想、文化概念中都具有强烈的整体主义思想,而且这种整体观明显超出了其实证思想的分量。整体观与实证分析的明显失衡会导致思想危机。

然主义传统和承继于英国经验主义的文化脉络、被称为"科学世纪"的19世纪里蓬勃发展的科学主义思潮、皮尔士和詹姆斯开辟的美国实用主义思想的影子。最后我们还需要检验一下杜威同时代的其他主流哲学思想对他究竟产生了哪些影响。当然,这几个方面并非截然分开,皮尔士和詹姆斯几乎与杜威同处一个时代,把他们从其同时代的思想背景中单独提出来,是为了强调实用主义的家族渊源的重要性,毕竟杜威是这个家族的主要成员。杜威时代是人类的思想与人类社会处于巨变的时代,他一生所经历和关涉的历史大事、人类理智的突破性创新在质和量上都是前所未有的(参见:附录·表2)。

黑格尔曾说哲学是把握在概念中的时代精神,这个说法用在杜威身上颇为恰当。他对实用主义的集大成发展,就是在迎接美国精神面临着的时代挑战时完成了一次美国精神的重新塑造。新大陆的快速发展改变了种种社会生活形式;作为美国精神的核心,自然主义传统和基督教又受到进化论和现代科学的冲击。杜威不知疲倦地把实用主义的种子撒播在美国文化的政治、教育、社会伦理等各个领域,成功地把实用主义深入到每个现代美国人的思想和灵魂之中,成为美国文化之根。

第一节　杜威所处时代的社会背景

巨变的时代呼唤强调变化而非静止的哲学思想,行动的时代必然重视实践的价值。而哲学倡导的思想反过来也会产生强烈的社会影响,变成社会行动的动力。美国前国务卿基辛格博士非常推崇实用主义,他认为实用主义就是"美国精神",实用主义的精神气质培养了美国人宝贵的求实精神和进取心。把世界看做本来就是动荡的、不稳定的、难以把握的,这让美国人能够在短暂的一生中抓住现实的机遇和需要,而不在空虚的理想世界里虚度光阴;人们的生活——不论个人的还是集体的——都被扰乱而处于混乱冲突之中,唯有依靠有效的理智工具披荆斩棘,建立起幸福的、有价值的生活才值得向往,这是美国人务实而又不乏理想追求的思想基石。杜威在遵循自然法则的同时,倡导人本主义和科学理性的精神,这可以在美国历史及其时代中找到理论根据和思想线索。在 19 世纪后期的美国,随着社会生活的变迁和人们日常活动的变化不定,民主观念也开始转变。人们相信,工业革命导致的生产力发展必定会把生活水平提高到可以克服经济匮乏的程度,同时科技进步可以促进民主制度的建立和民主观念的普及。所以,在社会生活变迁的时代,科学、民主和教育必须联合起来,才能应对时代变动对理智提出的新挑战。

一、杜威所处时代的社会变迁

在杜威生活的时代,世界上所发生的许多重大历史事件从根本上改变了人们的生存状况。无论是经济生活,还是社会组织结构,或者思想和文化领域,从 19 世纪 50 年代到 20 世纪 50 年代的百年真正配得上说"比以前任何时期的变化还大"。也许发生的许多大事,如社会动荡、世界大战、民族国家的建立、国内革命暴动等等,是因为人类还没有适应这样的快速发展,习惯于平静不变的思想世界还没有产生与外界同步的变化,人们的精神与行为还没能与动荡的外在世界协调一致,从而形成适应新生活的有机整体。在历史性的巨变中,我们首先要指出的是工业革命所带来的生产力和经济的快速发展,及其导致的人类社会和生存世界的根本性改变。这个发展通常被思想家们所贬低,尤其是一些哲学家,他们不仅对经济发展不以为然,而且常怀强烈的憎恨与警惕之心。但不争的事实是,由科学技术带来的生产力提升还在加速发展,并快速地改变着人类的物质生活条件,改变着我们的社会组织和生活形式,更重要的是它由此而改变着我们的思想世界。曾经认为思想可以与物质生活相分离并独自发展的观点已经过时,在物质性生活变化缓慢的时代,人们看不到两者之间的关联,但在快速变化的现时代,这种关联却显而易见。

美国是这个社会巨变的典型代表,由新移民构成的美国社会基本上是"行动的人和上帝的人"合二为一。这个形象是历史情境的结果,美国初期的家庭农场非常简陋,艰辛的农民生活远非好莱坞电影中所表现的那样浪漫,就像真实的古代中国社会并非像充斥电视荧屏的我国古装戏中的街道酒楼、繁华的闹市车水马龙稀松平常、随处可见一样。毫无疑问,是实干精神使美国成长起来。

如特纳(Frederick Turner)在其《边疆在美国历史中的作用》一书中所说,广阔而荒芜的边疆地区是美国历史的枢纽,是塑造美国伟大人物,把一部崭新的美国历史和旧世界区别开来的基本地理历史要素。让托克维尔羡慕不已的美国民主制度不是来源于理论家的梦想和口号,相反,对原始森林的每一步拓进都意味着对欧洲贵族气味的远离和又一尺美国自由道路的开辟。虽然"五月花号"公约①已经向世界发出了与传统欧洲决裂的宣言,但接踵而来的实际情形决非一个响亮的口号那么简单,签约者中有许多人仍然带来了欧洲的传统——对君主的忠诚,直到独立战争前夕,宣言的发布者们还保持着为英国国王的健康干杯的习惯。他们对向英国纳税的抵抗在今天的美国人看来一定是最软弱不过的。我们甚至可以说,没有独立战争的爆发,那两百多万美国人的思想深处仍然是一半独立一半对英王忠诚,一半是自由思想一半是欧洲中世纪传统的等级观念。然而,在合众国后来的经验中,这"一半"的"人生而平等"的观念不断增强,"自由和民主"的真实内容逐渐丰富和显现出来,并表达在一系列历史性的行动之中。这种观念在积极进取的实际成果鼓舞下,依次克服了南北战争、经济危机、世界大战等诸多重大困难和挑战,最终塑造出一个崭新的美国精神。建国后美国幸运地赶上了源于英国的工业革命②向世界范围的扩散,其早期工业化开始于

---

① 1620 年 11 月 11 日,一艘载有 102 名乘客、名为"五月花"的大帆船在经过 66 天的航海旅程后在现科德角外普罗温斯顿港抛锚。为建立一个大家都能受到约束的自治基础,他们在上岸之前签订了一份公约,宣誓将基于被管理者的同意创立一个自治团体,进行依法治理。此即《"五月花号"公约》,它是美国历史上第一份重要的政治文献,其全文如下:"以上帝的名义,阿门。我们这些签署人,作为伟大的詹姆斯一世的忠顺臣民,为了给上帝增光,发扬基督教的信仰和我们祖国和君主的荣誉,特着手在弗吉尼亚北部这片新开拓的海岸建立第一个殖民地。我们在上帝的面前,彼此以庄严的面貌出现,现约定将我们全体组成公民政体,以使我们能更好地生存下来并在我们之间创造良好的秩序。为了殖民地的公众利益,我们将根据这项契约颁布我们应当忠实遵守的公正平等的法律、法令和命令,并视需要而任命我们应当服从的行政官员。"

② 又称产业革命,资本主义工业化的早期历程,即资本主义生产完成从工场手工业向机器大工业过渡的阶段。它以 18 世纪 60 年代珍妮纺织机的出现和瓦特改良蒸汽机为标志,亦说真正开始于 18 世纪 80 年代。英国直到 19 世纪 30 年代率先完成第一次工业化。

19世纪头10年,到60年代基本完成,并具备了比较完备的纺织、钢铁和机械制造、铁路运输系统,是世界上少数几个较早完成第一次工业化的国家。随着拓荒者时代的结束,以及1861—1865年的南北战争之后,美国与英国一道在世界上率先掀起了以电气化为主要特征的第二次工业革命,从而步入资本主义的快速发展时期,在不到半个世纪的努力之后,全面地走到世界的舞台中心。20世纪初,美国已基本实现初级工业化,经济总量占世界第一;1914—1918年的第一次世界大战更增强了它在国际政治和经济上的权威地位。而且在同一时期,其民主制度也日趋完善,教育得到了长足的发展。随着一个新美国的勃然兴起,其社会生活发生了全面的变化,工业化和城市化使美国成为一个典型的工业国家(1920年其城市人口已达51%),而且还是世界上的第一经济大国,这为美国在第二次世界大战后率先迎接第三次工业革命的浪潮打下了坚实的工业和资本基础。不过,同时它也面临着许多方面的社会问题:移民问题(全国人口在1860年仅为3500万,但到1910年就高达9200万)、城市贫困区、贫富分化、经济危机、社会矛盾等等,于是出现了社会改革的呼声与浪潮,"进步主义运动"、强烈的时代责任感呼唤着新的思想———一种美国式的时代精神。

在费城会议上的55位美国开国元勋心中,最基本的考虑是权力制衡的原则,然而他们的担心被历史的发展证明恰恰搞错了方向,权力危险的强势者不是他们原以为的众议院的平民主义者,而是他们试图保护的总统。达尔说:

> 参加立宪会议的人也许是令人敬佩的,他们聚集在一起,要为一个伟大的民族设计一个持久的宪法。他们是现实主义者和天才,但是他们所持的许多关键性假设被证明是荒谬的,他们设立的宪法之所以生存下来,并非因为他们的预言后来灵验了,而是因为尽管有这些预言,但是这些预言后来都没有灵验。这充分显示出人类的知识具有多么可怜的限度。①

这些事与愿违的历史事实直接促成了杜威对美国大转折时期社会的思考,

---

① 达尔:《民主理论的前言》(扩充版),顾昕译,东方出版社2009年版,第130页。

孕育了他的进步教育观、民主政治和社会伦理思想。科技进步、生产力的提高使人们可以有更充分的休闲时间，从而追求更好、更全面的发展。例如，就教育而言，杜威希望建立一种适合于新时代的新式教育体系，让人们能够更好地利用休闲时间，进而享受更美好的生活。

宾克莱说得很有道理，他说美国人之所以被认为注重实际，是因为"他们希望把事情做成；他们关心一样东西或一种理论有无用处的问题胜似关心有关人生终极意义的比较理论性的问题。一种主意行得通吗？它的'兑现价值'如何？我们真能运用一种提出来的理论去获得一些实际效果吗？诸如此类的问题反映出人们对于在现代技术社会中所面陷的实际问题的切实关心"[1]。詹姆斯和杜威所发展起来的实用主义方法，给美国人更关注实际行动而非崇高理想的民族特征提供了哲学的理论根据，他们可以更加心安理得地从事于能够带来看得见、摸得着的直接效果的劳动。一般美国人通常是不会去思考有关人性问题的，因为他们认为那是无用的观念，对于使生活充满意义的各种终极目标是什么这样的问题，他们将以耸耸肩作为回答，他们要解决的总是迫在眉睫的问题，而且这样的事情也的确很多，甚至无穷无尽。在三四百年的时间里，一件又一件地在美国人的生活日程中排得密密麻麻，从未有过象古希腊先哲苏格拉底那样可以在街上拉着人辩论有关鞋匠木匠问题的工夫。于是，他们就用自然的优先排序的方式来一个一个地解决那些最重要的，摆在眼前的问题。而且，可以想到的是，在一个问题解决之后随之还会冒出许多等待着解决的新问题，例如土地的开垦、应对战争导致的萧条，一望无际的棉花等待采摘，小孩的教育，如此等等不一而足。的确，"他们的生活就像乘火车作不间断的旅行一样永远也到不了目的地，永远也不会终结"[2]。当然，每个人并不是完全被动式地沉浸于动物般"刺激—反应"模式中的机器人。他们也有自己的信仰和精神追求，周末也会一家人到教堂去唱和美的赞歌。

---

① 宾克莱：《理想的冲突——西方社会中变化着的价值观念》，商务印书馆 1994 年版，第 20 页。

② 王玉梁：《追寻价值——重读杜威》，四川人民出版社 1997 年版，第 99 页。

二、科学技术的发展对哲学的挑战

19—20 世纪之交科学与技术的巨大成就,对人类社会、哲学思想产生了前所未有的深远影响。如果说在伽利略和牛顿时代,科学与哲学还纠缠在一起的话,那么从 18 世纪起,它就已经开始从哲学中独立出来了,它所衍生出的现代技术增强和延伸了人类的生活手段以及对世界的观察视角,扩展了我们的视野,而且打破许多以前认为不变的观念和规则。对于杜威来说,进化论、物理学(相对论、量子力学,尤其测不准原则),心理学的机能主义与行为主义的发展是其中影响最大的,它们也属于杜威著作中最常出现的词汇。

在杜威看来,达尔文的《物种起源》是哲学上的一道分水岭,它标志着人类文化的根本转折点①。亚里士多德早就使"物种"概念在哲学上占据重要地位,但那是一种固定不变的形式、事物最终的原因,而任何变化总是被认为是一种缺陷和非实在的表现。达尔文的工作从根本上消解了这种观念,使完满性不再是固定不变的、绝对的。所以,达尔文之后的世界就是一个真正的经验世界,承认变化和过程才是真实的世界,转化至少和基质(substance)一样重要,固定不变的物种观念被生长和变化的思想所取代。进化论对詹姆斯和杜威的影响都很大,詹姆斯的"意识流"简直就是物种演化的过程在思想意识中的缩影。对于杜威来说,是达尔文的进化论,而不是皮尔士和詹姆斯的哲学论述,才去掉了附着在古希腊赞颂存在高于变成,赞颂知识高于合理的、信仰的理论僵死的外壳②,杜威推崇实证性科学而不是思辨的哲学理论的基本倾向由此可见一斑。碰巧的是,杜威与达尔文的这本进化论名著同年出世(1859 年),那时黑格尔去世不久,随之在欧洲兴起一股受到自然科学影响的,批判黑格尔学说的唯物自然主义思潮,而黑格尔的学说也已经被输入到美洲大陆,一种"进化的自然主义"学说的创建,也就自然而然地落到杜威,这个深受这几方面影响的实用主义大师头上。如

①　William Gavin, ed. , *In Dewey's Wake*: *Unfinished Work of Pragmatic Reconstruction*, State University of New York Press, 2003, p. 64.

②　John Murphy, *Pragmatism*: *From Peirce to Davidson*, Oxford: Westview Press, 1990, p. 63.

冉多所说,"自然主义在 19 世纪伟大的科学运动中已经变成为一种哲学立场的时尚。……它消除了自然科学家的自然与人类生活之间的鸿沟,而且把生物学进化论事实的发现和人类的起源关联起来"。①

达尔文进化论不仅解决了生物学上关于人类的起源问题以及亚里士多德的物种问题,而且打破了自然的概念与永恒实在的固定体系,使得动态性的变化过程成为被普遍接受的常态,过程代替了实体,事件代替了本质。用科学进行说明解释的实验方法冲击了唯心主义的哲学理论,这体现在许多哲学家的言论著述中,其中著名的有费克斯、皮尔士等人。亦如杜威在1909 年所说,"当《物种起源》对绝对永恒的神圣方舟进行抨击,把曾经认为是固定不变的和绝对的各种形式看成发生着和消逝着的东西时,就带来了一种新的思维形式,它必然改造认识的逻辑,从而改造对道德、政治和宗教的探讨"②。而对杜威来说,达尔文的影响在他身上产生了这样的直接后果:放弃对绝对起源与绝对终结的追求;放弃对"生活必须有确定的质量和价值——由于遥远的原因和终极的目的,而不是经验如何展现"的证明努力;作为结果,哲学变成为这样的一种方法:解决我们生活中的冲突,作出伦理学与政治的诊断。③

20 世纪上半叶可谓名副其实的物理学时代,在物理学领域发生了自伽利略—牛顿古典物理学以来的第二次革命,而且这次革命深刻地影响到从科学家到普通大众的世界观。更重要的是,物理学革命波及其他各个科学领域,并极大地促进了现代科学和技术的发展,为 20 世纪 50 年代以来的第三次工业革命奠定了科学基础,当今世界仍然处于高速之发展中的第三次工业革命被广泛地认为是人类首次真正意义上的科学技术革命,IT 技术、生物基因技术、纳米新材料技术、核能开发、航天工程等等给我们地球人打开了似乎没有止境的科技应用的想象空间。然而,另一方面,现代科学与哲

① Raymond Boisvert, *Dewey's Metaphysics*, New York: Fordham University Press, 1988, pp.60-74 (ch3).

② J. Dewey, "Darwin's Influence upon Philosophy", in *Popular Science Monthly*, 75 (1909):pp.90-98.

③ MW.4.13.

学的分离由此真正凸显出来,它们同时也给人类提出了思想、伦理学、政治社会学等各个方面难以预测的未来困惑,即广为谈论的现代性问题。包括哲学家在内的许多思想家,由于科学带来的社会形态的剧变不能被容纳进他们人文社科理论与思想的模式之内而焦急万分,这本来可以理解,但是他们常常将现代性的罪状诉诸科学技术,而不是控制和影响人们使用技术的社会当权管理者、以及依然遵循着古老法则的国家机器和权力运作形式,这却值得深思。人类美好的社会生活并不一定要在原始的、无技术的生活形态下才有可能,在享有高度科学技术的世界与伦理世界之间并不存在天然的对立。高科技产品的确具有剥夺我们生活经验的原初本性,隔离我们与原生态的实在世界之间的亲缘关系的性质,譬如电子游戏让人产生虚假世界可以替代真实世界的错觉。但事物还有另一方面,潜水工具可以让我们深入海底世界体验某种海底生活,太空行走未必不是一种与世界的亲近,我们的日常世界完全可以因新技术的出现而扩展到曾经只能幻想的地方,远至宇宙太空,近到微观世界。为什么思想家不能思考这样的问题:我们思想的更新或者扩容速度何以跟不上科学技术的发展速度? 为什么对于这匹脱缰之马,我们不能重新找到有效控制的缰绳? 人类的幸福生活可以在不同的物质水平上建立起来。

1905 年年仅 26 岁的科学天才爱因斯坦,在瑞士专利局的小屋里以业余科学家的身份创立狭义相对论,提出不同于牛顿经典物理学的崭新时空观和质能方程,1915 年他又创立广义相对论,用数学方程揭示了宏观世界中时间、空间和物质、运动之间的内在关系。从此以后,空间和时间不再是牛顿的绝对时空观中平直、均匀、永恒而无限的,而是随着物质分布和运动速度的变化而变化的测量尺度。传统的所谓自明的同时性观念失去了自明性,它要在特定的情境条件下才有意义,时间、空间与宇宙一样也不再是无限的某种永恒,而是如同必定要死的人一样有限的东西而已。其实,康德的时间、空间观念把时空归属于人类的感性知觉形式,这其中就已经包含着时空的"人化"特征,而与传统的牛顿的绝对时空有所不同。康德的"时空"并不是指事物本身的特征,而是依赖于人的视觉天性的某种先验要素,照此推理下去,在另一种可能的智能生物那里如果不具有类人的视觉感官,它所可能的"时空感觉"就完全可以不同于我们人类的时空形式。这些观念让杜威感到:包括人在内的万事万物都处于变化之中。

20世纪20年代由普朗克、玻尔、德布罗意、海森伯、薛定谔、狄拉克等一批科学家集体建立起来的量子理论,是继相对论之后对经典物理学的又一次革命性的突破,它成功地揭示了微观物质世界的基本规律。其中,波粒二象性现象表明了人类的视觉和描述方式,包括数学等认识工具的有限性,这似乎为现象学提供了一种实证科学的佐证材料。它暗示可能世界的真实意义,向我们打开或者显现出来的、如此这般的世界绝不是逻辑上必然的世界展现形式,人类的特有生物性原初性地参与这个世界对于我们的显现方式和结果。类似地,测不准原则让杜威找到经验的心身不可分离的物理学依据,传统学说认为心灵是从物理的、或者社会的事物世界之外观察或把握对象物,而杜威主张"心灵是一个参与者,与其他事物交互作用,而当这种交互作用是以一种明确的方式被规定时,心灵便认知到这些事物"①。基于这些,杜威认为,任何认识论判断的价值都依赖于达到此结论时所运用的认知方法。

在19世纪晚期,心理学随着实证研究方法的运用而发生了重大转折。冯特(Wilhelm Wundt)建立了现代心理学的第一个实验室,并将内省实验法引入心理学,于是心理学便从哲学中分离出来,随后出现了一系列重要的心理学流派,弗洛伊德认为,无意识思维过程对人的行为起着一种决定性的基础作用,这已经为大多数心理学家所接受,虽然他对受抑制的性爱所起的作用的精神分析学说并没有得到普遍认同。詹姆斯的机能主义心理学代表了生物学取向,主张心理学应研究适应其环境的活生生的人,而不是去发现意识的要素。华生(J. Watson)反对构造主义和机能主义而创立行为主义心理学,致力于刺激和反应的分析,竭力从事心理学的客观化研究,把心理学的任务限制在简单地叙述人的外部行为和活动境遇上。韦特墨(Max Wertheimer)等创建的格式塔心理学,通过实验的方式证明,感知运动不等于实际运动,也不等于若干的单一刺激,而是与交互作用的刺激网络相关,整体

---

① QC.192(参考了傅统先汉译本2005年版,第154页。以下同)。

不等于各部分简单相加之和,主张研究应从整体出发考察以便理解部分。他们主张格式塔效应的普遍有效性,并认为它可以被应用于心理学、哲学、美学和科学等任何领域。

詹姆斯的机能主义心理学与其哲学(实用主义、彻底经验主义)对杜威的心理学、哲学的形成影响巨大,与达尔文进化论、黑格尔哲学并称为杜威哲学的三大思想来源。除了詹姆斯的心理学之外,华生行为主义心理学的"理论目标就是对行为的预测和控制"观点、建立有机体与情境之间的关系,这些都对杜威产生了很大影响,也被杜威所借鉴,但杜威不认可行为主义对认识和认识能力的否定。此外,格式塔心理学的整体把握观也与杜威的经验中的感觉类似,都反对单纯的原子式的感觉,倡导整体性的模式。

杜威在芝加哥时期对心理学产生了浓厚的兴趣。作为美国机能主义心理学派中芝加哥学派创始人,他提出过反射弧概念,反对旧心理学中的构造和功能的二元分离(类似于感觉与观念的二元论)。他批判旧的反射弧概念"给我们留下了一种拆散了的心理学……反射弧事实上是一个回路,是一个连续的组织"[1]。杜威认为,反射弧是一个综合的有机统一的单元,其中,感觉刺激、观念和反应动作三者之间存在一种相互适应和协调的机制,它们通过彼此之间的相互协调从而达到有机体与环境之间的适应,并使人的各种行动、操作与自然之间的交互作用功能得到正常发挥,这正是"杜威机能主义最鲜明的特征"[2]。在他看来,整个"感觉—反应"运动过程是一个统一的连续性过程,其中每个环节相互加强,是一个更大协调的构件,它们共同形成一种建构性的循环,从而实现单一的功能。这种在一定过程中实现一定功能的观点,以及连续性、整体观、相互作用的观念被杜威充分吸收,成为他后来在其教育理论和实践、探究的逻辑的科学方法、以及经验主义主义哲学中的重要内容。

---

① 张述祖等编:《西方心理学家文选》,人民教育出版社1984年版,第36页。
② 邹铁军:《评杜威的反射弧概念》,《长白学刊》1994年,第4期。

第二节　杜威哲学的理论渊源

　　毋庸置疑,杜威的实用主义哲学①来源于其所处的时代、美国的传统观念和社会思想的潮流,前者包括从 19 世纪到 20 世纪哲学、科学的成就以及第二次工业革命带来的时代巨变,后者主要是美国的文化给予杜威以集大成的思想资源。自哥伦布 1492 年发现美洲大陆开始的新美洲历史并不长,但美国还是形成了自己的独特观念并传承下来;就像组成美国这个国家的人是来自五湖四海一样,美国传统并不存在一以贯之的单一精神气质。当然,英国移民最多,来自英伦岛的经验主义和自由传统在美国的国民气质的形成过程中,占据着最重要的地位,存在着最广阔的传播空间。同时,来自欧陆的传统经院哲学和神学也有很大影响,甚至在某些时代占据美国社会思想的主导地位,例如,被公认为美国第一个重要哲学家的爱德华兹就是一位神学家。当布拉德雷绝对唯心主义在英国流行时,美国大多数哲学教授都还是神学教士,统治讲台的是德国唯心论的理性直觉主义;基于理性直觉的教条是鄙视感官经验的作用的,坚持身心分离、感觉与理性分离、事实与价值分离的二元论在逻辑学、形而上学和伦理学中得到了巩固,这在杜威的早期教育中仍然是普遍的现象。就像英国的绝对唯心论是一个特定历史时期的特例一样,美国的思想天空不会总是神秘的浮云。在更深的层面,重视经验的自然主义依然是深埋在美国社会和大众思想中根深蒂固的观念,它与美国开拓中西部、资本主义发展所需要的实干精神相契合,终究是要显现出来的。

---

　　①　杜威被公认为古典实用主义哲学流派的集大成者,但他有时也称自己的哲学为工具主义,这一般是指称他的认识论和真理观;有时称为经验自然主义、或实验的自然主义、或自然主义的经验论,这通常是指称他的存在论或本体论。本书就是主要在这个方面来研究杜威的哲学思想。而杜威的教育哲学、民主政治哲学、实验伦理学、实验美学等是他的实用主义思想在诸领域中的扩展和应用。

一、美国的自然主义传统

托克维尔(Alexis de Tocqueville)在 1832 年还说,在美国没有人关注哲学。然而他刚刚返回旧大陆,新大陆这个"知识的荒地"就见证了一系列辉煌的思想成就:爱默生的《自然》(1836),梭罗(Henry Thoreau)的《瓦尔登湖》(1854),惠特曼(Walt Whiteman)的《草叶集》(1855)。这些著作不是无根的偶然产物,它们的背后是美国文化传统。布茹克斯(V. W. Brooks)对美国文明发展的研究指出,美国早期的基督教精神既有新教伦理,又有清教秉性。简单地说,殖民时代由早期移民形成的美国文化是行动与圣经的混合产物,后来到 18 世纪才出现爱德华兹(Jonathan Edwards)信仰上帝的高雅与富兰克林(Benjamin Franklin)的"低俗"之分流。和斯宾诺莎一样有着强烈上帝意识的爱德华兹为清教伦理辩护,倡导一种勤劳节俭、清心寡欲的生活,这符合当时全力发展生产、积累财富的时代需求,同时又在一定程度上抑制了腐化堕落的倾向。平民出身而胸怀广阔的富兰克林所强调的则是实用主义和功利主义的新教伦理:讲究实际、勤劳节俭、"时间就是金钱",甚至对他来说,信仰上帝也是出于有用的目的。他自己的一生就是一个写照,"像海绵一样吸收思想,并将这些思想融入他自己基于现实的观察之中"[1]。

简言之,美国文化的传承与发展有两条主线:其一是从欧洲传入的哲学观念,作为美国文明深层结构第一要素的基督教传统,即在美国殖民时期的意识形态中占主导地位的清教主义;其二是由美国本土的生活和本地历史中的实践形成的观念。实用主义就是这两个方面相结合的产物,它鲜明地表达了美国本土的原创性哲学见解。实用主义不只是欧洲现代思想在面临一种"荒野"条件时的进一步发展,因为它发展出一种抵抗意识(对欧洲殖民主义统治的抵抗态度),对欧洲的诸多传统观念形成了有效的挑战。实用主义不只是一种批判的观念,它还是各种不同民族的人民相遇共存,并一起解决面临的问题的尝试经验的总结[2]。哲学的抵抗可以看做是,那些早

---

[1]　帕林顿:《美国思想史》,陈永国等译,吉林人民出版社 2002 年版,第 152 页。

[2]　Scott Pratt, *Native Pragmatism: Rethinking the Roots of American Philosophy*, Indiana University Press, 2002, pp. xi-xii.

期从欧洲来的移民在"突然脱离"欧洲封建控制(政治和文化思想),所显示出来的内在发展逻辑。它本质上仍然是欧洲思想的延续,只不过在北美大陆表现为早期移民所特有,与那些移民的文化素质、思想状况、面对的问题,它和自由的解决问题的方法一样特有。美国独特的自由主义可以表达成欧洲 17 世纪自由主义、英国自然权利加上法国浪漫主义的组合。黑格尔在《哲学史讲演录》对美国的论述表明他不看重美国,美国经验只是其绝对精神外化的一种稀松平常的形式表现,真正的内容仍然在其精神的掌控之中。然而他错了,精神绝对涵盖不了"外化"的活生生的经验,即使这种经验包含了精神本身的主导,黑格尔遗忘了其辩证法的力量之强大,他没有认识到这个不可限定的强大其实是因为生活经验本身,它会冲破一切封闭的套子。美国的经验更是一个例外,正所谓"理论是灰色的,生命之树长青"。

美国的自然主义是在消极的自然主义经过乐观主义改造后的一种现实生活态度。它消除了消极悲观的宿命论,而增加面向自然的积极因素;它认为,对于一切事物,包括意识和社会现象,认识判断只有通过科学的逻辑、经验方法才能确定;方法不是神秘的过程,而是日常生活中所运用的思想操作的一种继续,而直觉和神秘的顿悟不可能达到真理,虽然它们具有情感的、道德的、美学的价值。美国自然主义排斥形而上学的先验方法,也否定任何神秘的存在,尽管世界会有新的特征出现,但人类的探究可以掌握生存环境中的力量。这些美国自然主义的特征可以帮助我们理解杜威经验概念的模糊性,因为他认为没有必要去回答那些批评者提出的问题。在他看来那是自然的属性,自然而然的,对于美国自然主义者也是如此。

作为一种美国精神的自然主义,首先是由爱默生明确阐述的。他在《论自然》中说:"自然以自己充溢的生命环绕在我们的四周,并流入我们体内,它用自己提供的力量邀请我们与自然协调行动……自然指人无法改变的本质……对自然的绝对存在的本能信仰属于感官和原始的知性。人和自然不可分离的连接着……自然力将在时间的长河中消磨掉一切障碍而发生。"①如果我们知道爱默生是在用"自然"来取代上帝,是在用一种"自然

———————

① 爱默生:《自然沉思录》,博凡译,上海社会科学院出版社 1993 年版。

的力量"来消解神秘主义,那么,我们就不会对他该如何更详细地刻画"自然"的具体细节求吹毛求疵了。他试图把人们的视线从某些无法改变的本质中移开,教导我们不要在这些事情上浪费精力和时间,要遵循自然力,克服我们在与自然不可分离的交往之中遭遇到的具体障碍。这是我们能够做到的,因为我们具有自然给予我们的力量,所需要的只是行动,是与自然交互的协调行动。在《美国学者》中,他又说"大自然对人类的心灵的影响最为重要,自然法则就是人类的心灵法则。行动的重要,没有行动,思想就不能成熟为真理"①。爱默生只提人与上帝的结合,而从来不谈人对上帝的服从。由于在历史的时间上,爱默生比富兰克林、爱德华兹、杰斐逊等人距离古典实用主义者更近,他对实用主义流派的自然倾向更有影响力。

梭罗崇尚贴近自然的生活方式,主张人与自然之间的和谐、人与人之间的平等。从惠特曼在充满激情和泥土味的《草叶集》中狂放地赞颂自我和自然,到爱默生呼唤人们观念的革命,"人类文明走对了的步子都是由于倾听个人内心那永恒的呼唤……相信你的直觉,学会把你周围的一切,把观念体系,把你所有读过的文字,把你目前行程中的伙伴,都视为可能有用然而却会变化的形式,适合的便是有益,奴役心灵的便是有害"②。爱默生提倡自我能力的发挥,认为生活的目的就是权力、成功、富有、善与有用,鼓励了美国实用主义者的哲学转向,背离传统的欧洲哲学主流思想。他既不是要用一个新的哲学问题来代替现代哲学,也不是要用严肃的怀疑论来否定它,而是逃避现代哲学;他天才地拒绝对确定性的向往和对专业科学的尊严的希望,拒绝对绝对基础的寻求③。这种文化批判的模式为美国实用主义,尤其是杜威的文化批评哲学奠定了基调。爱默生不是单纯的哲学理论家,相反,他更关心社会政治,强调哲学的实际效用,真理与效用是密切相关的。这一点多么像杜威呀!他认为政治制度本身无所谓好坏,其价值取决于某

①　爱默生:《美国学者:爱默生讲演录》,赵一凡译,三联书店1998年版。
②　R. Emerson, *The Early Lectures*, Harvard University Press, 1959, Vol. 2, p. 310. 转引自钱满素:《爱默生和中国——对个人主义的反思》,三联书店1996年版,第2页。
③　爱默生:《美国的文明》,孙宜学译,广西师范大学出版社2002年版,第9—36页。

种社会环境是否合适,"一个事物是好的仅仅因为它是有用的,……所谓好的就是有效的"①。他与杜威一样,对美国大众而不是哲学教授的思想和行为方式产生了深远的影响。

杜威对美国历史即其社会经验的理解和塑造,来自于爱默生对新的、自由而丰富的生活方式的宣扬,达尔文理论中的生命适应和转换②,还有独特的美国经验,包括加尔文与清教。爱默生让杜威领悟到生活中的经验本身包含其自身评价的方法,因为生活经验中自然的力量之流无处不在。这的确是一件令人向往的伟业,在一个独特的大陆创建一个新的社会,而不受欧洲传统过度的约束,一种新的文化随之在新大陆公民中建构起来。在一种文化里,公共经验需要真正的社会媒介,社会感知和公共兴趣也只有在如此独特的情境中才能发展出来。19 世纪生机勃勃的美国就是在这样的文化建构中有力地回应了时代的呼唤。一个开放的新世界的经验就是抛掉各种继承和输入的教条,可以说,美国经验的中心就是前方的自由土地使得人民可以逃避任何新生活中产生的麻烦。幸运的美国大地培育了乐观开拓的精神,而不是寻求传统和信仰的庇护,无怪乎富兰克林说,"意见应该由其影响和效果来判断"。

20 世纪初期,由摩尔和罗素提出的实在论渐渐成为英美哲学界的一个主要潮流。由于时代的发展,实用主义与各种实在论、实证主义、逻辑经验主义也有着密切的联系。虽然各种实在论对"什么是实在?"各有不同的说法,譬如现实之物的实在,客观观念的实在,但它们对于杜威的影响在于,实在论从认识论角度揭示了人类认知来源的独立性与科学方法的中立性,他们之间的相互辩论澄清了一些模糊的问题,如杜威受到启发曾经试图提出"中性物质"的概念来理解世界和变动的经验。我们甚至可把实用主义看做一种变动的实在论来理解。后来,桑塔亚纳等人的实在论③结合杜威实

① 涂纪亮:《美国哲学史》,武汉大学出版社 2007 年版,第 247—262 页。

② James Campbell, *Understanding John Dewey: Nature and Cooperative Intelligence*, Open Court, 1995, p. 2.

③ 美国实在论有"新实在论"(包括培里、蒙塔古等人)、"批判的实在论"(有桑塔亚纳、塞拉斯)、"科学实在论"等不同流派。

用主义的思想基础与科学方法,形成一种新的自然主义哲学,这为逻辑经验主义落脚于美国铺平了道路,从而导致二战后分析哲学几乎垄断了美国哲学的讲台,直到今天也没有发生根本性的变化。实际上,实用主义与分析哲学并不存在根本的冲突,相反,它们都是基于对世界实在的经验主义态度,都有美国自然主义的传统之根。

二、欧洲哲学思想对杜威的影响

包括欧洲大陆和英国在内的欧洲哲学思想给杜威和古典实用主义开创者皮尔士、詹姆斯打上了深刻的思想烙印。对于杜威来说,影响最大的莫过于黑格尔的有机整体观,即使杜威后来在进化论和科学发展的影响下,努力想摆脱这种思想的束缚,都无法消除这块"永久的积淀"①。就流行于19世纪后半叶美国的时代思潮来说,由崇尚德国的理想主义、先验主义、绝对主义到孕育、发展和普及实用主义思潮转变,各种思想学说是杜威思想形成与发展的思想理论渊源。②

皮尔士曾经高度评价康德哲学、欧洲哲学思想与实用主义之间的谱系关系;有所不同的是,詹姆斯认为实用主义来源于培根、洛克、休谟等经验主义传统。杜威也认同实用主义之根在欧洲,是欧洲哲学在遭遇到美国生活的独特环境特性后的产物,"美国思想延续了欧洲思想,我们从欧洲输入了语言、法律、学校、伦理和宗教,我们使它们适应于我们生活的新条件,我们的观念也是如此"③。博伊兹弗特认为杜威曾经受到康德的影响,这种影响尤其表现在其早期的唯心主义阶段。据杜威的学生韦泽(W. Veazie)说,有一次,当一个人总结康德的《纯粹理性批判》中的"超验辩证法"一段时,杜威说,"等等,自从我阅读它已经过去25年了,但如果我没记错的话,那段应该是这样的……",于是逐字引用了那段文字,由此可见杜威对康德哲学的熟悉程度。而且,杜威遗失了的博士论文题目就是"康德的心理学"

① LW. 5. 154.

② 元青:《杜威与中国》,人民出版社2001年版,第300页。

③ John Dewey, "The Development of American Pragmatism", LW. 2. 19 (ed. SIU, 1981—1990).

(1884 年)。作为两百多年来从事哲学研究的最佳入门向导,康德哲学也是杜威进入哲学的大门。康德的先验哲学,针对实在认识的前提条件考察解决人类的认识能力问题(哲学、逻辑上的认识,而非实证性的认识研究),综合近代以来笛卡尔代表的理性主义与洛克代表的英国经验论,论述因果关系等认识论问题,为科学进行合理有效的辩护,通过"本体—现象"的划分,对于世界的存在问题进行划界,给认识与意志界定领域。的确,康德哲学为后来的哲学家提供了一个坚实的哲学研究平台,同时也提供了研究的起点和一系列的哲学问题,他所给出的先验性假设、"给予"、先验图式、感性直观模式、知性范畴、理性与信仰,都可以作为承继者往下深入的论题。

康德对于杜威的影响主要表现在,他为杜威提供了一个很好的哲学思考起点和批判的靶子。通过这个靶子,杜威建立起自己的经验理论的原型,拆解先验的图式和"给予"概念,把康德分离开的感觉经验与主体认知结合起来。对于杜威来说,虽然康德哲学最大的问题是二元分离,但两分问题在黑格尔那里似乎已经得到某种克服。不过,沿着康德哲学所指出的方向进行深入分析,杜威找到了康德的经验观念的问题所在,那就是先验图式和认知范畴的假定将古典哲学中的隐藏东西明显化,知识被认为是受宇宙的客观组织或者结构所决定的,但只是在它首先假定宇宙本身是按理性的模型组织成功才能成立。康德对笛卡尔哲学和感觉经验主义的伟大综合,比较成功地回答了英国古典经验学派的根本问题。他把对神的信仰转移到对人和理性的信仰上,而同时像斯宾诺莎那样坚持理智和自然结构的内在相符①。康德的科学精神和追求精确的分析方法深受皮尔士所推崇,也被杜威所继承。但是康德的概念是普适的、确定不变的、无历史性的,这些正是杜威所要审查和检验的。与康德从认识条件开始类似,杜威是从关注和考察认识过程开始的。杜威认为康德的实验方法仍然是用预先设定的思想来确定实验对象,是事先预定的先在概念,而不是把实验中的观念看做是假定性的、有条件的、需要验证的;他还反对康德哲学中认识论与伦理学的分离,

① QC. 273—274.

并试图将实验方法从科学认知推广到伦理学领域。

虽然黑格尔的整体观受到了詹姆斯的批判,但黑格尔哲学中对二元论的思辨批判和综合给"黑暗"中的杜威带来光明。把相互独立的心灵和外在世界看做是更大统一中的两个环节,这在杜威看来是个美妙的想法,因为两个环节总是有着千丝万缕的联系,而且它们之间的联系当然不是外在的,对古希腊辩证法的改造使得黑格尔实现了康德之后哲学上又一次伟大的综合,这正是杜威一直"朦胧向往的"①。黑格尔哲学提供的生命发展观,和有机统一学说一起消解了杜威学生时代的直觉主义疑惑,治疗了杜威精神上的分裂感,绝对唯心论满足了杜威对连续性之哲学表述的"强烈的感情追求"②。不过严格说来,杜威并没有彻底解决那种直觉主义与黑格尔整体关系理论的模糊关系,这便成为他后来自然主义备受攻击的软肋;当然这也与他对待黑格尔辩证法的简单态度不无关系。

黑格尔的辩证法不能等同于任何自然主义的实在论。作为存在,它只是一个假设的实体。辩证的过程为了在范畴中给予概念以具体的内容,必定先行地预设了经验的存在③。杜威对此不以为然,因此忽视了辩证法对于某些似乎循环论证的、难以理解的概念、思想结构与机制进行有效解释的真正价值。众所周知,黑格尔的辩证法不仅仅是一种本体论、认识论,而且也是方法论;作为一种方法论,它其实可以追溯到苏格拉底的对话。杜威舍弃了作为本体论的枯燥乏味的辩证法,但同时也丧失了现代辩证法这个伟大的哲学方法论资源,这使得杜威在对经验—自然关系之类的哲学论述中含糊不清、显得"心明而口不明",好像总是重复同样的话语,而仍然不能清楚明白地表达真实的思想。辩证法的缺失使他在进行某种非线性的、非因果关系的论述时捉襟见肘,这其实也是许多哲学家普遍的遗憾,假如海德格尔像伽达默尔那样公开大胆地使用辩证法,那么,诸如"此在"与"存在"、"世界"之间的关系就容易理解得多,用不着一堆复杂而生硬的饶舌词语。所有的"循环"在辩证法面前都可迎刃而解。杜威的辩证法缺失还有一个

---

① LW.5.149.

② LW.5.153.

③ EW.1.164–165.

重要原因,详见结束语。

杜威认为,在现代科学精神的照耀下,黑格尔超验的"绝对精神"是令人无法接受的,相反,那正是他要竭力反对的一个最大的"确定性"。黑格尔死后发生的哲学转向很快把他变成为一只"死狗",在科学主义思潮的激励下,各种实证主义冲破"绝对精神"的幕布,如孔德的实证哲学,流行的唯物论小册子消解着唯理论的权威①。这倒是验证了黑格尔自己提出的辩证法原则:物极必反。黑格尔的绝对唯心论被一种"绝对"崇尚科学反对唯心论的潮流所暂时取代。不过,在英国和美国,通过格林等人还继续传承着以新黑格尔主义为旗号的黑格尔哲学。

在达尔文进化论和詹姆斯心理学的影响下,杜威最终看到了德国古典哲学的二元论特征及其超自然主义的内在缺陷,并努力走出这个泥潭。一样坚持连续性的詹姆斯从进化论和机能主义心理学获取资源,这让杜威找到了新的思想驿站,而且这才真正符合他的科学气质②。无论如何,经过康德和黑格尔德国古典哲学双峰的洗礼,杜威对"经验"的始终不懈的坚持实现了一个综合:他从英国古典经验主义的感觉经验出发,在康德那些寻找到理性可以理解的带有主动性的经验,再到黑格尔那里获得一个完整的经验观。这个"经验"概念已经与传统经验论的主题完全不同。

很有意思的是,按照杜威的理解,黑格尔和培根一样似乎都不属于近代哲学,而是现代哲学的开创者,"培根的知识即力量所代表的观念系列因此得不到一个自由而独立的表现"③。杜威在批判近代哲学时很少提到黑格尔和培根的名字。杜威认为培根创建了新的哲学思想和科学方法,是哲学改造的先驱者;自古希腊以来一直受到不公正待遇的"经验"被培根平反,经验的生命力得到恢复,在培根的归纳法中充分展现出潜能,成为发现规律和改造世界的工具。杜威尤其注意到,近代以来科学的迅猛发展和它

① 这样的畅销书在德国著名的还有:宣扬唯物主义的《力与物质》(Ludwig Büchner,1824—1899),宣扬进化论的《宇宙之谜》(Ernst Haeckel,1834—1919)。

② 杜威:《从绝对主义走向实验主义》(in Larry Hickman, T. Alexander, ed., *The Essential Dewey*, 1998)。

③ RP.51-52.

所带来的现实效果,越来越证明培根所倡导的基于经验的科学归纳法的重要性。

特别值得一提的是,莱布尼兹对杜威的影响没有受到足够的重视。这很可能是因为杜威除了在早期做过关于莱布尼兹的相关研究之后,就很少提到他的缘故。其实,莱布尼兹的单子说对于杜威而言,是一种既有整体观又有个体独立性的自由主义的表达形式的源泉,只不过"前定和谐"实难接受,相反,他是要坚决反对和批判这种先验性的观念。但是,批判并不表示他与莱布尼兹的绝然分歧,毫不夸张地说,单子理论在杜威心中激起的思想浪花是常见的、难以消散的。

三、杜威的实用主义思想之源

众所周知,杜威是美国古典实用主义的集大成者。他扩展和深化了皮尔士的科学精神、詹姆斯的实用主义哲学,把实用主义思想推广到政治、教育、伦理学等等各个实践领域,对美国20世纪的社会生活和国民精神产生了极大的影响。而从思想和文化的渊源上来说,美国实用主义者如其先辈一样从英国传承来的东西的确非常之多,"美国的建立者们是从洛克和休谟那里获得行动指南,而不是从笛卡尔和康德那里。宪法的制定者们不大有这样的观念:一个有自我意识的公民应该是理性的、并尊重理性和法律。"①

实用主义的核心思想明确地表达在皮尔士1872年提出的"信念是行动的准则,思想的意义在于引起什么行动"观点中,这个观点也被詹姆斯称为"皮尔士原则"。皮尔士在"形而上学"俱乐部里频繁地使用"pragmatism"(实用主义)这个词,但他是在康德意义上来使用的。因为康德曾经区分了实用主义(pragmatism)和实践主义(practicalism)两个术语,他认为艺术和技术的法则是实用的(pragmatic)、后验的、基于经验的,并用"pragmatisch"这个词语来表达某些确定的人类意图的关系。这一点使得皮尔士意识到,

① John Diggins, *The Promise of Pragmatism : Modernism and the Crisis of Knowledge and Authority*, Chicago: The University of Chicago Press,1994,p.428.

在理性的认知和理性的意图之间存在一种不可分离的关联,他就以此作为哲学的重心从而对信念之源进行适当的改造。这就是"实用主义"要义所在①。然而,如果"实用主义"仅仅停留在皮尔士的命题逻辑和观念澄清的方法假定上,如果不是詹姆斯对他的"误解",将它扩大到行动的信念和真理观上的解释:即以我们的思维方式认为是真的东西就是证明自身是好的(对于确定的可指定的原因来说是好的)这样一些信念的产物②,把它当做解决形而上学争论的方法,那么,实用主义很难形成后来的一种哲学运动,遑论一门影响深远的哲学流派。皮尔士原本是想建立一种科学的哲学方法,而詹姆斯的使命却是"寻找为宗教辩护而不异化科学的哲学真理"③。詹姆斯在1898年作《哲学概念和实际效果》的讲演时,首次提出"实用主义"概念,随后这个名词就迅速流传开来了④。他和皮尔士一样把它看做一种方法、一种确定行动方向的态度,他们都认为,处于核心地位的检验标准和出发点不是先验的原则和范畴,而是效果和事实⑤。

关于"实用主义"这个名称及其表述,皮尔士、詹姆斯和杜威各有不同的看法。如上所述,皮尔士最先使用这个术语,而詹姆斯对它进行了一定的转义,并使之流传开来,不过詹姆斯的差异性阐述并没有得到皮尔士的认可,杜威对詹姆斯在《实用主义》中的有关表述也持批评性看法,"不必太介意那种认为实用主义就是商业主义的理智替代的观念。⋯⋯威廉·詹姆斯的身份也不与商业主义的赞颂恰当地一致⋯⋯查尔斯·皮尔士也非因为与

---

① Charles Peirce, *The Collected Papers of Charles Sanders Peirce*, ed. Hartshorne, Paul Weiss, Arthur W. Burks, Harvard University Press, 1958, 5.412.

② John Murphy, *Pragmatism: From Peirce to Davidson*, Oxford: Westview Press, 1990, p. 57.

③ Ralph Perry, *The Thought and Character of William James*, Boston: Little, Brown &Co., 1935, 2:230.

④ 关于实用主义的首创问题虽然有不同说法,但詹姆斯谦虚的品格终止了争论。皮尔士曾经问詹姆斯:"谁发明了实用主义这个词,你还是我?"詹姆斯回答:"你发明了实用主义,我在一次'哲学的观念和实践的后果'的演讲中把全部的荣誉归于你。"不过,詹姆斯对实用主义比较完整的解释对其兴起功不可没。

⑤ 詹姆斯:《实用主义》,陈羽纶等译,商务印书馆1979年版,第54—55页。

商业标准的一致而受到关注"①,他认为詹姆斯的解释是对美国商业主义的辩护,受到主观情绪的诱惑,"詹姆斯认知到个人要素进入判断之中……他受到极端主观主义的指责"②。杜威后来更多地用"经验自然主义"、"实验的自然主义"、"实验的经验论"、"工具主义"、甚至"操作主义"等名称来称谓自己的哲学。

　　尽管他们三人各有"实用主义"的具体含义,但在对待传统哲学、传统形而上学的立场上基本保持一致,那就是,希望从传统的脱离实践和行动的理性哲学中走出来,并用行动及其效果来取代思辨的知识性论证模式,把实用主义当做是一种促使认知与行动、理论与实践、科学和价值相结合的理智工具。杜威对"实用"概念在科学界的偏见和排斥进行了澄清,他认为"可以理解的偏见的情感"在于两种有害的实用性概念在历史上和现实中产生的恶果所致:一个是把"实用"理解为科学研究中"探究者的关切或者个人动机在每一次特殊探究中都应该是为了某种独特的实际应用"③,但这只是个别的偶然情况,并不代表科学探究的普遍性;另一个是等同于"商业化"的利益。恶果的产生在于社会制度,因为它错误地利用科学,加深了道德的缺陷,对此进行校正的方法"只有扩大应用概念以包括人类经验的解放和丰富的所有方面,才能满足'纯粹'科学的真正兴趣"④。杜威在《确定性的寻求》一书中对"实用—有用"之误解的分析做了进一步的解释:

　　　　虽然改变了形式,我们仍然保持着两类具有不同价值的活动划分的观念。结果使得"实用的"和"有用的"东西本身具有一种被人轻视的意义。"实用的"一语的意义并没有扩大到包括借以推广和呈现人生价值的一切行动方式,包括美好艺术的散播和趣味的培养,教育的过程和一切足以使人类关系更加有意义和更加有价值的活动,反之,"实用的"的意义仅限于安谨、慰藉、财富、身体安全和警察秩序,可能还有保持健康等等,而这些事物一经与其他的诸善分隔孤立之后就只具一

---

① MW.13.307(杜威:《美国实用主义》)。
② MW.4.115(杜威:《实用主义在实践中的意义是什么》)。
③ EN.164.
④ EN.165.

些有局限性和狭隘的价值了。①

实用主义的思想的确曾经被许多人所误解,尤其是与商业利益相关的那种低贱而通俗的大众化解读,以致哲学家们考虑是否对实用主义进行改名。不过情况并没有那样一直糟糕下去,历史的误解总是暂时的,随着20世纪80年代新实用主义的复兴,实用主义思想逐渐被广为所知,偏见也慢慢消去。把实用主义看做是可错论和怀疑论相结合的哈贝马斯相当认同这种对人类心灵的自然主义表达,他在1998年曾说,"今天,杜威的名字已经家喻户晓。这些年来,实用主义这个词在德国也已经从一个贬义词变成了一个褒义词"。②

这是一种对新大陆成就的开放态度,是欧洲大陆思想界对美国文化和思想惯常所持苛刻立场的一次矫正。虽然美国历史不长,但它不是一块没有文化的沙漠,实用主义也不是没有历史渊源的偶然产物。要追溯美国实用主义的早期思想源头与文化传承的谱系,自然离不开爱默生。从爱德华兹那里传承超验主义旨趣的爱默生想要复兴古典经验主义,即洛克的经验概念:自我主观中存在有别于外在世界的东西,但要把它改造到更宽广的领域:在自我与世界之间的交互作用,经验不再是认识世界的一道需要消除掉的障碍,而是一个我们由之认知存在什么的、有效而开放的媒介③。在其《美国学者》论文中,爱默生指出,对人反思发展的三个主要影响因素是自然、历史、行动或者经验。对于第三点,他还进行了其基础主义哲学的微观分析,不接受传统沉思优越于积极生活的观点④。正如杜威所言,"对于爱默生来说,观察比推理更有潜力、更有效"⑤。

与英国经验主义不同,只有在美国所具有的那样独一无二的条件下,经验才会被认为是人类行动的来源和产物。"从哲学上看,最重要的是环境

① QC. 33–34.

② 杜威:《确定性的寻求》,傅统先译,上海人民出版社2005年版,哈贝马斯序,第1页。

③ J. Smith, *Religion and Empiricism*, Milwaukee: Marquette University Press, 1967, p. 44.

④ J. McDermott, *Streams of Experience: Reflection on the History and Philosophy of American Culture*, The University of Massachusetts Press, 1986, p. 32.

⑤ John Dewey, "Ralph Waldo Emerson", in *Characters and Events*, vol. 1 (New York: Holt, 1929), p. 70.

压力,作为这个世界的基础结构规定的思想的决定性规范要素,变成了美国气质的显著的特性。……对经验的开放是一种自然和作为人类想象视域边界的意义的人类中心观。"①因为,哲学研究是这样一种思想的反思:当原来建立起来的思考方式遇到困难,或者相互冲突时,对其与世界交互作用的反思;在精神上产生的,对于曾经建立起来的信仰、习惯和理解方式的反思。德国社会学家桑巴特(Werner Sombart)在1906年曾说,美国资本主义社会的阶级结构具有更大的开放性,工人有向上流动的机会,而且工人获得的物质上的好处更大,所以,他认为"在感情上美国工人更认同资本主义,我认为他们喜欢资本主义……凡是使用选举权范围比较宽而议会机构又比较强大,从而使社会主义有可能通过宪法途径取得权力的地方,极端的马克思主义就发展缓慢并遭到失败"②。美国人普遍重视实践,反对固定不变性的社会公共意识保证了这个社会持久而旺盛的生命力。

　　而在韦斯特的政治社会性理解中,实用主义是美国文明的历史和文化的独特产物,是表达美国由中产阶级所主导的欲望、价值所反应的独特的社会实践。它有一个基于黑人奴隶制经济的革命开端,还有具弹性的、自由的法治结合着商业主导的现实。具有混合的文化、又自命为单一的盎格鲁美国迷恋于移动、偶然和金钱的流动性,又有深深的道德冲动;对理论和哲学急躁的同时又有独创的技术革新,善于妥协的政治策略。这些美国特有的社会特征塑造了不同的传统,即詹姆斯的所谓"旅店文明":一种面向未来的工具主义,它把思想看做是有效行动的武器,它结合资本主义的不确定性和寻求居家的安全感,产生了本土的思维模式:知识服从权力,传统服从发明,命令服从发怒,社团服从个人,当前的问题服从于乌托邦的可能性③。总之,实用主义与美国的世界权力中心地位是一起成长起来的。

---

　　① John McDermott, *The Culture of Experience*: *Philosophical Essays in the American Grain*, New York: New York University Press, 1976, p. 4.

　　② 桑巴特:《为什么美国没有社会主义》,赖海榕译,社会科学文献出版社2003年版。

　　③ Cornel West, *The American Evasion of Philosophy*: *A Genealogy of Pragmatism*, The University of Wisconsin Press, 1989, pp. 4-5.

　　一般来说,我们通常把美国实用主义的发展按时间顺序大概分为三个时期:古典实用主义、第二代实用主义以及新实用主义。其中第二代是指刘易斯的概念实用主义、莫里斯的科学实用主义、胡克的实用主义的自然主义;第三代指罗蒂、普特南所代表的新实用主义。我们这里主要概述第一代即古典实用主义,因为皮尔士、詹姆斯和米德对杜威的思想影响至深,而且他们也几乎是同一时代的人物,谈论杜威的哲学不能不涉及他们。早在19世纪70年代,皮尔士在《信念的确定》、《怎样使我们的观念清楚明白》这两篇文章中,就提出和论述了实用主义的一些哲学观点。在此基础上,詹姆斯引入人本主义色彩,并大力宣扬人类社会生活中的种种实用主义经验,从而引起了社会的关注。杜威在芝加哥时期的哲学和心理学同事大多也是实用主义者。这些为杜威进一步丰富和发展实用主义哲学奠定了基础。正是在这个基础上,杜威进一步扩展了实用主义的适用范围,使之渗透到美国现代文化的各个领域,从而成为一种"大众哲学"[1],由此杜威被誉为实用主义的集大成者。

　　从渊源上说,美国实用主义作为一种经验主义的意义理论是从皮尔士开始的。皮尔士对于实用主义的最大贡献在于,他第一次提出了实用主义准则:存在就是有用,"如果一个人能够准确地确定对一个概念的肯定或者否定所能蕴涵的一切可设想的经验现象,那么他就在其中获得关于这个概念的完整定义,而且其中就绝不会再有其他什么了"[2]。也就是把概念的意义等同于它的实际效果,认为任何事物的意义等同于它的出现对人们所唤起的一组期望。这里要特别提一下皮尔士的符号学对分析哲学的价值,他将一个概念表述为或者等价为一个明确的事实元素的集合,这也是数学、数理逻辑在哲学中的应用。皮尔士认为期望是一种预期的反应[3],虽然并非所有的理论与概念的意义都可以由实际效果来获得,而且"实际差别"或"感觉效果"概念本身也是不清楚的。但作为一种新颖的思维方式,它将启发理论界另辟蹊径以解决当时出现的各种矛盾:理论与实践、科学与生活、

---

① 元青:《杜威与中国》,人民出版社2001年版,第300页。
② 皮尔士:《什么是实用主义》,载《一元论者》,第15卷,1905年,第162—163页。
③ 莫里斯:《莫里斯文选》,涂纪亮等译,社会科学文献出版社2009年版,第33页。

宗教与世俗、经验与理性、知觉与逻辑、学校与社会等等之间的冲突。皮尔士说，对自己影响最大的就是科学、康德等德国古典哲学以及邓斯·司各脱的实在论哲学；他对康德先验哲学的修正（他认为范畴表是可以后天修改的，而不是先验的、不随经验而变的）就是他迈向实用主义的一个重大步骤，但在其科学的逻辑中，他仍然保留着康德先验性的明显痕迹，这就是被罗蒂所批评的走到实用主义的一半而返，"总的说来，可以将皮尔士哲学的发展看做是对康德在《纯粹理性批判》中所提出的问题的进一步的回应"①。在实用主义真理观和科学探究理论之间，皮尔士更重视的是后者而非前者，这也是后来杜威的科学情结的重要来源之一。皮尔士从认知的逻辑世界开始，把感知判断的假设或猜测置于知识的中心：

> 在这美好的春天早晨，从窗户向外望去，我看到一朵盛开的杜鹃花。不！我不能说是我看到那些，尽管那是我所能够描述所见的唯一途径。那只是一个命题，一个句子，一个事实，但我感知到的并不是命题、句子、事实，而仅仅是图象。对其所做的陈述是抽象的，而我看到的是具体的。当我的行动根据那些句子，它们表达我所看到的一切，我则进行了一次设证。实际情况是，我们所有的知识构造在于，对模糊的感觉在纯粹的假设下有所断言，并通过归纳进行精炼。若从一无所有开始，若其中任何一步未进行一次设证，我们想在知识上前进一步都是不可能的。②

虽然皮尔士首倡实用主义哲学的基本原则，但与其说他的哲学理论与后来詹姆斯、杜威的实用主义接近，不如说它与逻辑实证主义更接近。正因此，他受到了现代分析哲学的关注。他竭力在认可康德学说的基础上用符号命题来对它科学化，这给分析哲学提供了思想资源，要知道皮尔士提出的符号思想比弗雷格还早。

　　皮尔士基于科学的探究原则，利用数理逻辑方法澄清观念清晰与信念确定等问题，从而为哲学界贡献出一个著名的"实际效果的原则"。他认为

---

　　①　Douglas Anderson, *Strands of System*, Purdue Univ Press, West Lafayette, Indiana, 1995, p. 22.

　　②　布伦特:《皮尔士传》,邵强进译,上海人民出版社 2008 年版,第 99 页。

人们能够清除各种怀疑,达成一致的意见,形成信念以及成功的行动习惯;因而,一个概念的意义可以用它在行动中产生的实际效果来表达,例如"这块黄油是软的"究竟是什么意思,就可用我们实际触摸它感觉到的"软"性效应来回答①。皮尔士试图将哲学的首要任务在于对世界的所谓客观认知,转变到如何确定我们的行动信念上来,这其实已经预示了实用主义的方法论取向,也即作为一种科学的方法,哲学的目的在于通过探究过程而消除怀疑达到确信,使人们的行动建立在确信后果的基础上。皮尔士还受到进化论影响,提出偶然性与连续性等概念,它们后来传承到杜威的自然主义观念中,尤其是这种独特的连续性概念,它超越了精神与物质的两分并包含了两者,"所谓物质并不完全是死的,而只不过是用习惯包装了的精神"②。

如果说皮尔士站在实在论立场开辟了一条通往实用主义的道路,那么,詹姆斯就是接着皮尔士的"实用之路"走下去,进而明确地提出了实用主义基本原则的。詹姆斯进一步发展了皮尔士的实用主义的"固执方法":所谓标准就是看它是否在事实上成功,只有失败能够限制信仰的效力、固执的方法。詹姆斯的实用主义与彻底经验主义思想对杜威产生了极大的影响。给詹姆斯带来巨大学术名声的《心理学原理》(1890年出版)不只是一般的实证心理学科学著作,其中更有重要的实用主义思想,而这正是后来将杜威从黑格尔的绝对唯心论中拉出来的动力。詹姆斯试图用生物学概念来说明人的意识活动,将心理意识解释成有机体如何适应环境的一种机能。他反对心理过程中对精神过程与物理过程的分离,强调意志活动的主观能动性。而意识流的变动性、连续性思想正是杜威的经验自然主义的基本原则,强调个体基于具体情境的能动的选择作用的观念,也在杜威对经验行为中的个体性取向分析中对詹姆斯心理学理论的一种继承。

---

① 参见1877年的《信念的确定》,1878年的《如何使我们的观念清晰》。皮尔士的一生及其成就备受争议和瞩目,主要原因是其学说的广泛性和原创性,但同时也有一定的开放性和模糊性,这似乎是所有原创思想的一个附随特征。当前哲学研究许多领域的工作都可以追溯到皮尔士,如现代逻辑、符号学、指号学、可能世界语义学、科学哲学、数学哲学、语言哲学以及心灵哲学等等。

② C. Peirce, *Collected Papers of Charles Sanders Peirce*, ed. C Hartshorne & P. Weiss, Harvard University Press, 1958, vol. 6, p. 518.

詹姆斯在《实用主义》一书中还提出一种评价各种形而上学立场的准则和方法，"实用主义不代表任何特别的结果，它不过是一种方法"①，理论的真理性和意义要用它导致的实际效果来评判，确定方法的态度"不是去看最先的事物、原则、'范畴'和假定是必需的东西；而是去看最后的事物、收获、效果和事实"②。这就是一种重视行动的方法。如果说皮尔士还带有康德的科学客观性追求的痕迹，还试图用实际效果来确定概念的意义的话，那么，詹姆斯将关注的焦点从客观概念的意义转到了人身上，转到概念对于人所起作用的效果上来。

"彻底的经验主义"是詹姆斯后期提出来的，不过他所阐述的经验概念却构成了古典实用主义的典型特征。有着相对主义倾向的罗蒂一方面崇尚詹姆斯的实用主义观念，另一方面又对其经验主义不以为然。不过詹姆斯的彻底经验理论给杜威提供了深入研究"经验"的理论准备。詹姆斯认为，超越物质与意识二元分离的经验就是哲学所要研究的实在，即"纯粹经验"或者"直接经验"，这克服了休谟传统经验主义以及理性主义的片面经验观，"思维和事物，就它们的质料来说，是绝对同质的。它们的对立仅仅是关系上的和功能上的"③。在一个统一的纯粹经验世界中，原来争论不休的形而上学问题消失了，取而代之的是机能主义的和方法论的问题。詹姆斯试图建构基于"纯粹经验"的一种科学的、后验的形而上学（posterior metaphysics）体系，他试图将其实用主义纳入更重要的经验主义体系的努力也没有成功④。除了杜威之外，几乎无人像关注詹姆斯的实用主义那样留意到其经验理论。詹姆斯认为，"经验"有无限丰富的内容，而我们对其概念性把握绝对不可穷尽，他主张试图依赖于非理性的直觉与本能达到纯粹的经验。这多少让人联想到詹姆斯的宗教情怀，内容的无限丰富说法显得粗糙、不够清晰，感性经验、情绪冲动与理性能力的角色及其作用等并没有得到明

---

① 詹姆斯：《实用主义》，陈羽纶等译，商务印书馆1979年版，第29页。
② 詹姆斯：《实用主义》，陈羽纶等译，商务印书馆1979年版，第31页。
③ 詹姆斯：《心理学原理》（节译本），唐钺译，商务印书馆1963年版，第137—138页。
④ 参见培里为詹姆斯《彻底的经验主义》（上海人民出版社1985年版）写的"编者序言"。

确的解释。杜威正是沿着这条新兴的经验之路,依赖真正的经验方法,提出原初经验和反思经验的概念,并区分其不同的过程和内容,从一个存在论的角度解释了经验与思维的关系,从而有效地回答了传统经验主义的认识过程如何发生的问题。

作为杜威同时代人的社会思想家,米德(George Mead)虽然不是杜威实用主义的先行者,但他在社会政治上的思想对杜威产生了极大的影响。米德非常看重实用主义的"真理的检验在于假说和这些假说的运作"、思考和行为的关系,他认为认识的过程就存在于行为过程之内,它带来了行为内部的思想过程和知识过程①。正是因为这个理由,实用主义一直被当做是一种实践类型的哲学、一种黄油和面包的哲学。米德通过分析语言机制成功地揭示出心灵社会的构造,他认为心灵借助于语言意识到本身是一个对象化的自我构造,而这发生在社会之中。作为个体行为的经验,其价值和意义在于所处的社会环境,"把任何特定的社会动作或以该动作为构成之一的整个社会过程,直接作为一个有组织的整体,引人该动作所涉及的各个个体有机体的经验之中,使他可能因此而调节和控制他的个体行动,便构成了自我意识在这些个体有机体中的价值和意义"②。

社会的交流性是社会经验的前提,个体经验不只是发生在有机体—环境之间,而且更重要的是发生在个人—社会之间。因为,自我意识是通过语言在社会环境中建立起来的。米德还自称是社会行为主义者,他认为象征符号是社会生活的基础,他关注日常生活情境(及社会情境)中人们如何交往,如何理解社会关系。他认为人们通过语言、文字、手势、表情等象征符号进行交往,达到共同理解,而社会意义建立在个体对社会中的他人行为的反应基础上。米德的社会行为主义在一定程度上弥补了个人行为主义的缺失,为杜威的经验理论提供了一个社会维度的参考,也为杜威后来对社会伦理道德的关注和参与式的民主主义的建构提供一定的理论支持。米德的社会交往理论也备受提出交往超越理论的哈贝马斯所赞赏,他甚至认为杜威

---

① 米德:《十九世纪的思想运动》,陈虎平等译,中国城市出版社 2003 年版,第 416—418 页。

② 米德:《心灵、自我与社会》,赵月瑟译,上海译文出版社 1992 年版,第 224 页。

的实验伦理学对"米德关于互动中的相互采纳彼此视角的观点"①重视和发挥得还不够。

从思想和文化的渊源上来说,美国实用主义者如其先辈一样从英国传承来的东西的确非常之多,因而,艾耶尔(Alfred Ayer)甚至认为实用主义可以追溯到古希腊的普罗泰哥拉。将实用主义的"反实在论"与古希腊的相对主义联系起来,这与其认为是皮尔士把"实用主义"名词引入到哲学之中,并且是第一个把实用主义发展成一个综合的体系的看法一样,是对杜威的不公平②,因为前者是康德所作,后者是杜威的功劳。在实在论和实用主义这两个现代哲学特有的运动中,皮尔士是属于实在论的,詹姆斯和杜威是实用主义的,前者是来自数学技术的一般化,后者是来自实验科学技术的发展和这样的认识,即假说的检验在于对问题的成功解决,而人类的进步则在于对种种问题的解决。

古典实用主义从一开始就是反对笛卡尔主义的,也反对英国经验主义传统中与笛卡尔主义共同的那个普遍"理性"。他们放弃对作为普遍事业的哲学进行辩护,而面向人生和现实生活的价值,把关注中心转换到人的理智如何有效地指导和寻找目标的实践活动上来,认为心灵不过是符号的操作,对于操作而言,效果当然更为重要,而"先验"不是标准。对任何"先验"和"超验"观念的种种消解努力,逐渐渗透到传统哲学的本体论、认识论、探究和伦理学等实践哲学中,如罗蒂所说:

> 实用主义有三个特征:1.应用到真理、知识、语言、道德等观念上的反基础主义。2.在关于什么是应然(什么是应该的)真理和实然(什么是实际的)真理之间不存在认识论差别,也不存在事实与价值之间的形而上学区别,道德与科学之间的方法论区别。3.它是这样的一种学说:除对话条件,不存在探究的约束——没有从对象、心灵和语言的本性而来的总体性约束条件,而只有基于我们探究者关注和评论的零散

---

① 杜威:《确定性的寻求》,傅统先译,上海人民出版社2005年版,哈贝马斯序,第4—5页。

② A. Ayer, *The Origins of Pragmatism: Studies in the Philosophy of Peirce and James*, Freeman, Cooper & Company, 1968, p. 3.

的条件。①

其中第三点聚焦于面对反思精神时的基础选择,即接受起点时的偶然性或者努力避免偶然性。罗蒂把柏拉图主义看做是传统的、以认识论为中心的哲学,这是有问题的,显然是过度"镜像化"了。因为以认识论为中心只是近代哲学,而且主要是笛卡尔主义的事业,到黑格尔就在很大意义上超越了认识论的领域而重返本体论。罗蒂对实用主义的评论显然是侧重于其批判性一面,把它变成自己对这个传统哲学、尤其是形而上学的颠覆性的攻击,而忽视了古典实用主义的建设性立论②。

古典实用主义大师们之间的思想差异性也不容忽视。詹姆斯奉行激进的个人主义,而杜威和米德则强调人的社会性;皮尔士主张真理的发现说,杜威则认为真理是偶然发生的经验转换,詹姆斯却以为真理是"制作出来的";有趣的是,实用主义者都以一种独特的科学或者数学逻辑为其哲学出发点,哲学当然并不局限于这个特别的领域,但是它似乎成为他们进入哲学思考,从而提出实用主义观念的脚手架、一种独特的经验途径。皮尔士的立足点是逻辑,詹姆斯的基础是心理学,而杜威和米德更多地是基于生物进化论;对于理论与实践的关系,杜威侧重实践,而皮尔士偏重于理论;对于科学与信仰,詹姆斯倾向于宗教的信仰而非科学,杜威和皮尔士则坚持科学中心观。所有这些方面的种种差异不是说明他们的根本对立,相反,只是表明他们在共同的根本哲学立场之下不同的侧重点,这进一步凸显了实用主义的开放性和多样性特征。正是这种开放性,使得杜威的实用主义思想后来被新实用主义所继承和发展,从而促进了实用主义的复兴以及多样化展现。

杜威发展了皮尔士的科学方法(当然作为哲学家,杜威还从培根等人那里获得诸如归纳法的科学方法的意义,博伊兹弗特非常重视这一点),从

---

① Richard Rorty, *Consequences of Pragmatism*, University of Minnesota Press, 1982, pp. 162-166.

② 古典实用主义除了对传统真理观的改造外,还有许多建设性思想,譬如,主张经验到的宇宙是一个多元的动态的过程,进化是发展的,结构和规则是产生的,而不是固定不变的,不是一元的、静止不变的先验绝对性;对人类生存的自然主义的和进化的理解;不认同分析哲学的关于经验和经验到的还原主义,而倡导起源方法的历史分析;通过教育的和宗教的、艺术的等其他机制实现对社会的民主重建。

皮尔士那里(尤其是那两篇著名的论文)认识到科学成就的重要价值,但科学方法不是专为少数上流人士所保留的"形式逻辑",而是可以塑造的普遍性的人类智慧品质,是公共的工具。皮尔士强调科学的普遍性,而杜威更注重实践的不确定情境和人、问题及环境的独特性,不在抽象的普遍意义上空谈公式,而是面对情境的问题特征而启动探究的逻辑,侧重探究共同体及其习惯。皮尔士的普遍公式在成为一种人类理智通过"反思"经验和积极行动而建构起来的"实用"的中间产物,各种哲学理论各有其面向不同情境的价值。有的哲学以论证过程和技巧取胜,如分析哲学,有的哲学以结论取胜,如实用主义的真理观。

杜威也发展了詹姆斯的多元论和开放可能性的观点,吸收其心理学原理,但反对詹姆斯的"必然真理观"和唯心论倾向①。詹姆斯在两个方面对杜威产生了深刻的影响:一是对"真理是陈述与事实的符合"观念的直接否定,而提出的"有用即真理";二是彻底的个人经验主义,一种面向生物学的经验主义,强调生物有机体与其生存世界之间的适应关系,而把实在作为"纯粹经验的世界"。杜威把前者发展成为一种知识——行动关系的原则,在超越事实—价值领域上的哲学研究的评价标准;而后者则变成他的经验自然主义的基础资源。

皮尔士和詹姆斯主要从自然科学、逻辑学、心理学角度提出实用主义观念,杜威则将詹姆斯关注生活的特征从个人扩大到人类社会,并与皮尔士的普遍的科学方法的原则结合起来,把科学的判断命题改造成实践的价值判断,把知识转变成为行动的工具。他极大地扩展了皮尔士原则和詹姆斯的真理观,后来还吸取米德的个人与社会之间的建构观念,把个人与环境、个人与社会结合在一起,认为"个人的因素不是终极的,而是要加以分析的,要对其发生作生物学的规定,对其未来的和功能的方面作伦理学的规定",形成一个面向社会与实践的理论体系。杜威不仅对传统的认识论和形而上学进行了批判,论述实用主义的哲学主张,而且把实用主义的思想渗入到伦

①　杜威在1907年11月写给詹姆斯的一封信中说,"人道主义的祖先……明显是一种唯心主义的形而上学。我自己的观点更多的是自然主义的"。

理学、社会与政治思想、教育领域、思维探索的逻辑范式、艺术美学以及科学技术哲学等等方面,产生了巨大的影响作用。

第三节　现代哲学中的实践转向

黑格尔之后的现代西方哲学大体上可以归结为两条发展路线:一是把理性限定于经验科学领域的实证主义路向,主要表现为延续近代哲学的理性认知,是认识论和方法论领域内的哲学活动;二是反对理性知识的独断,张扬各种情绪、意志等非理性因素的自我意志主义,主要表现为对古希腊哲学蕴涵的存在论界域的彰显。前者有孔德的实证哲学、法国唯物主义、20世纪初的逻辑实证主义运动和基于语言逻辑研究的分析哲学;后者的代表有叔本华的意志表象理论、尼采的超人学说、弗洛伊德的潜意识精神分析。但无论哪一流派,都表现出这样一个基本趋向,放弃永恒不变的范畴与法则,不管是柏拉图的共相、中世纪反复论证的上帝,还是康德的物自体、黑格尔的绝对精神,所有那些曾经被认为具有永恒特性和终极价值的概念被证明不过是理性本身的意识产物,绝非外在而客观的永恒之物。

既然在每个人短暂的一生中,生命所依托的现实世界的流变无处不在,永恒的实体与价值是否值得追求当然就要受到反思理性的重新考察了。在强大的现实证据面前,哲学史上绝大部分时间里人们对某种永恒实体的追求丧失了理性的合法依据,那些亘古不变的概念与价值已经不合时宜,"永恒"、"上帝"、"先验的理性"等等不能逃脱像不变的"种"、"属"概念被进化论消解那样的命运。既然我们不能将当下生活的价值归属于永恒的上帝,就只能在现实世界里寻找自我存在的根据。既然上帝不能为我们的社会实践以及包括实证科学在内的知识提供辩护,我们就只能在实践中为理论知识与现实生活寻求理性的根基。

绝对的主客之分是人类思维传统而朴素的形式。现代哲学取代传统哲学的立足点是物我二元划分,这是通过在理性意识中建构三层模型来实现的。现代哲学通过反思,重新发现了生活世界的基础性,即超出二元争论,通过在理性结构中凸显或设置生活实践这个基础世界的层次,而同时在实践中体验到这个基础世界的存在,从而解决传统哲学中困难重重的基本问题,弥合两分,同时又保持与现实生活与实证科学的基本一致性。它对传统哲学的超越在三层模型的分析中一目了然,尤其是它凸显生活世界的基础地位的重要性,抓住了问题的实质。① 简言之,实践转向是哲学家关注基础世界的层面的转向,从纯粹的理论世界、纯粹的无反思的行动世界到有理论反思的实践世界的转向。各种历史经验表明,人类精神是从纯粹的理论世界与纯粹行动这两个极端来回摇摆地走向实践世界。

现实的生活世界里的实践才是一切的"上帝",永恒的价值之源。不管哪股思潮,张扬人性的基本情绪和个性特征也好,主张理性的社会生活也罢,在走向实践、关注行动过程的趣向上都是一致的。在西方众多的现代哲学流派中,无论是马克思的社会实践论,还是现象学派的生活世界学说,无论是分析哲学的生活形式,还是实用主义的经验观,都是对作为一个历史性过程经验的"存在"本身的追寻,而不是对对象化的"存在物"的迷恋。对思想追根溯源并不是简单地返回过去,回到观念论的意识主体或其对立面——朴素唯物主义的纯粹自然,因为它们任何一方都不可能单独地产生意义与价值。两者之间的交互作用与结果不可能还原到其中任何一个单一要素,只有在人的思维与外在自然世界发生有效接触,从而相互渗透时才能产生有意义的经验,此时,自然界在思维模式中变成为意识中的活性要素,而意识当然地发生在这个自然界的具体情境之中,产生后果而且无法还原到自然或者思维本身。用马克思的话来说,这便是活生生的人的社会实践。

现代哲学掀起的实践转向运动,与作为新崛起的资本主义新星的黄金时代一道,成功地塑造了美国实用主义的精神气质。杜威哲学的基本任务就是为实用主义进行哲学理论上的系统辩护,这种辩护必须面对 20 世纪初美国的社会巨变,理解与思考人类一系列的科学成就。我们生活的世界发生的变化,要求我们的思想观念、作为反思性知识体系的哲学与时俱进。哲学如果不能引领时代与历史发展的潮流,对世界与现实的变迁置若罔闻,就不能占据思想的王座。从根本上说,哲学认识的目的就在于改造人类生活

---

① 关于三层理性模型,详见本书第四章第二节·一。

的效果,或长远或现实,或未来或当下,既然与现实根本抵触的永恒价值并不存在,当下现实就比任何虚幻的理念更值得把握。事实胜于雄辩,看看20世纪美国的崛起、21世纪中国的崛起对现实世界政局结构的决定意义吧！它至少会覆盖几代人的生命周期,对于我们来说,漠视这一点还能说是活在现实世界中吗？此外,生活世界的改变也会反映到意识中,改变意识的结构,呼唤更有立体把握能力的动态模式,从而让生活与世界得到理性的把握。对杜威来说,实用主义就是这样一种信念,它总是把知识与真理看做是架通认识与认识目的之间的桥梁。① 在这个意义上,杜威所代表的实用主义在现代哲学几种典型流派中最能代表实践转向的基本精神。

一、寻找基础世界

转向不是颠覆。对基础世界的追寻和辨析是哲学颠覆不了的任务,是人类理性的生命线。就像爱情是文学艺术的永恒主题一样,哲学的永恒主题就是寻找打上时代烙印的基础世界。在两千多年的哲学史中,被认定找到了的"基础世界"不断地转变着,但是,大大小小的转向从来不是对追寻本身的否定。正是因为这个累积性而非颠覆性的发展过程,我们的理性思维越来越成熟和健康,越来越具有强大的理解和把握能力。

哲学的困惑不在于理性的追寻,而在于对追寻结果的选择与放弃。思想的大师从来不是在纯粹虚构的文字世界里取舍生活方式,而是紧贴着他的时代,紧贴着他生存着的那个世界来取舍文字。唯有这个世界才有最终的选择权,唯有适于这个世界的思想才能够生存下来,并得到传播和延续。各种现实的存在物和文化传统就像我们的肉身一样,既是高远的思想不可摆脱的羁绊,也是激荡人心的文字引起共鸣的依托。这个世界就是基础世界。因为这个世界的变换,因为它呈现在我们生活时间中的流变性,哲学家们不断地变换着讨论焦点,静谧的世界追求宁静的生活,流变的时代呼唤流变的思想;反过来,流变的思想也参与塑造我们流变的时代的现实特征。"古希腊……把知识看做是察看和注视的整个观念,在环境美好、生活恬静

---

① MW.12.212.

的地方,基本上是与美的享乐和鉴赏相关联的思想……当变化对于新的可能和想要达到的目的变得重要起来时,它就成为一个预示更好未来的先知者。变化与进步相关联,而不是与退步或没落为伍。"①在变化的世界里,我们不能再视变化为障碍,而要以它为实现目的的工具,因此,认知本身就具有深刻的实践性,而不再是静观沉思的。在杜威看来,如果说认识论历史上最持久的问题是知识与所谓"真正对象"是否对应,那么,在詹姆斯将知识当做意识流之后,我们不再追问那个一致性问题,而关注知识是否能够将我们引导到更丰富的经验或者实践中去,②关注哲学之思是否直面时代性的经验世界。

可能有人认为,实践转向不过是哲学焦点的一个简单转换。这种看法之所以肤浅,是因为它只是表层的文字概括,没有看到历史上的哲学之思到处充满了漩涡,没有深厚的功底只会随波逐流。人类的理性恰恰就是在这大大小小的、一轮又一轮的反复锤炼之后才成熟起来的。远的不说,就近代而言,"我思故我在"绝非一个"唯心论"的简单标签就可以驳倒,即使英国经验论派也不全然否定主体理性,他们不过是就知识的来源有不同的看法而已,假如缺失了"我",还能有什么知识与思想呢?休谟对因果关系的拷问不仅击中了观念论的要害,同时也击中了经验论的软肋。康德的拯救方案既从理性出发,又基于经验的现象世界;由于没有找到完善的解决方案,他只好将困难转移到了本体—现象的划分上,古典哲学寻找的基础世界的裂痕在康德的理性模型中得到了清晰的显示。

康德的这个划分看似权宜之计,却让我们清楚地看到了实证科学与纯粹思辨之间的本质区别,看到了理性是如何施展自己的狡计的。黑格尔似乎对此毫无察觉,一个本来巨大的哲学空间却被他简单地用一些诸如"整全"等半历史性、半神秘的概念和古代祭司诗歌般的话语缝合上了。虽然我们难以想象,没有黑格尔,许多现代哲学大家是否还会进入哲学史的课堂,但有一点是清楚的,黑格尔哲学在被吸收和瓦解之后具有实质意义的残

---

① MW. 12. 145.

② MW. 12. 212.

余越来越少。而康德饶舌的理性批判仍然提醒着我们,哪些问题是没有科学实证意义却有科学之外的伦理与审美的价值,它们企图穿透现象层而直接连接主体与本真世界,"理性到处寻找一个作为无条件的必然性而与这一优先实存相适应的存在者概念。"①新思潮的呐喊者有时显得勇气有余而底气不足,在明明是论证上帝不存在,明明是主张自由的鸿篇巨著的前言里却极尽对精神上帝和世俗皇帝的虔诚与恭敬。这并不全是他们的错,新时代的思想唯有脚踏旧时代的基座才能迸发。认为实用主义的头脑没有哲学史的人,请听听杜威的声音吧:"当亚里士多德批评他的老师柏拉图的理念论时,说诸理念终究只是感觉永恒化了的事物,他实质上就是指出刚才所提及的哲学与宗教、技艺的类似。除了纯技术的意义之外,他对柏拉图的理念的批评难道不可以针对自己的形式概念吗?"②

现代科学技术改造我们社会与世界的辉煌成就大大鼓励了现代思想家,他们不再像先辈们那样蹑手蹑脚、谨小慎微。时代精神的步伐的确太快,威权已成过去,科学与技术的辉煌掀起的浪潮既耀眼又迅猛,它改变了我们的社会结构,改变了我们的世界。文艺复兴之后几百年内屡屡卷土重来的王权在欧洲大陆再也找不到一块落脚生根之地③。即使是淡定的老子、"随心所欲而不逾矩"的孔子,如果目睹中国 19 世纪 40 年代之后百余年里从政治到文化、从内到外的种种历史遭遇,他们也许会不禁反躬自问:是我们错了,还是时代与世界错了?

---

① 康德:《纯粹理性批判》,邓晓芒译,人民出版社 2004 年版,第 467 页。
② MW. 12. 139.
③ 马克思在《〈政治经济学批判〉导言》中,说:"物质生活的生产方式制约着整个社会生活、政治生活和精神生活的过程。"这对于欧洲近代史是再恰当不过的精炼概括。欧洲政治制度与资本主义的诞生之间的关系,的的确确是贵族—平民之间的冲突在 15—19 世纪之间资本主义生产方式的决定性作用下发生的根本性转向,是不可逆地进入到现代制度下的,如果没有资本主义,那么封建化、君主制度、贵族制度的反反复复可能不断地重演下去。西方政治制度史在那一段,存在君主专制化的可能性难以排除,单单英国,1215 年就有《自由大宪章》出台,但王权在历史舞台上还存在了 600 多年;法国大革命之后没有发生相应的社会基本生活方式的变迁,皇帝依然能够获得民众的拥戴。而在资本主义来临,并根本上改造了社会的基本生活方式、社会结构,也即改变了基础社会世界之后,王权就迅速地瓦解了,不可逆地退出了历史舞台。

分析哲学家们继承了康德明晰思维的批判路径，紧紧抓住语言现象层，追问本体—语言—思想知识之间的层次角色。譬如，他们经过语言逻辑的推理而断定，试图跨越语言层，不受语言逻辑检验而直接谈论本体的句子都是没有意义的，这其实就相当于将语言层与生活世界关联起来的结果。现象学派不甘示弱，通过拷问人的生存、生存所展现出的"现象"事实世界，在"大地"与主体意识之间辨析出生活世界的存在。皮尔士并没有刻意地寻找康德现象层的替代者；詹姆斯的"纯粹经验"如果不是太具心理学气质的话，简直就是现代的"阿派朗"（apeiron），所不同的是，古典的理性还不能将"一"表述成多层次的复杂结构，这既是因为其本身的简洁结构，也是因为古代生活世界的相对简单所致。

杜威的"经验"或者"文化"清楚地表达了实用主义的相似立场，虽然他不爱用"XX世界"这样的术语①，但基本思想无异，有无"世界"后缀又有何区别呢？我们甚至可以用内容分析的方法，得到它们的许多异形表达，如马克思的"实践"、"社会实践"、"活生生的人的活动"等等。即使各流派的解释有所不同，甚至哲学家本人在不同的时期的侧重点也有所不同（譬如，杜威晚期试图用"文化"代替"经验"），现代哲学的主流在此问题上的"大同小异"是明显的。语言哲学流派主张句子的意义由情境中的行为及其后果所确定，海德格尔用"语言是存在之家"（或者说"语言是存在的寓所"，这个译法更妥当一些）这样的颂词来评价语言层与生活世界（即"存在"）的统一性。他们认为语言与行动的意义之源就是生活世界，由其语言观可见一斑。通过奎因、戴维森等人的努力，转向语用与语言行为之后的意义理论进一步揭示出，现代哲学各流派的实质性差别逐渐缩小，都共同指向了实践性的生活世界。这个世界既是语言行为的世界，又是意识自然而然地自我表现为控制性行动的世界——基础世界。

哲学上的成就从来是对既有思想成果进行反思和批判而取得的。现代哲学在这样两个方面上展开了对近代哲学的批判：以主张思想是主体与客

①　他也许是不想把变动性的经验与世界相联，因为世界对于他来说更像自然科学家们的研究对象，具有外在性和稳定不变性，仍然是一个古典的范畴。

观对象的共同建构的时间变动性产物,来替代康德的先验性概念;以主张多元、变化和关注过程的历史主义,来反对黑格尔追求绝对整体的(神秘)历史主义,历史不是绝对大全的外化或属性,而是比"大全的上帝"更加真实的存在。这种对内在的主体和所谓外在客观的上帝这些固定不变的确定物的反对,转向对现实生活世界和生活实践过程的关注,表现了哲学研究对象和主题的转向:一方面,继续沿着亚里士多德扭转柏拉图的旨趣方向,把哲学研究的基本对象从超出人的现实生活的某种世界(无论是物自体世界,还是绝对精神或者完全超越的彼岸世界)拉回到现实的生活与社会中,拉回到人的日常生活与经验的世界中来;另一方面,把关注焦点从对象性的事物或者某种假定性可见的外在物体,转向事物如何产生、发展变化的过程及其机制,用思想的显微镜探测这个运转机制,我们会发现,原来所谓知识、理性、观念等等并非某种实体性的存在物,而且诸如原子等等也不再是外在的实体,如果在时间尺度上展开,更不见可以"独善其身"的实体性要素。简单明了地,只要重视时间性,强调现实生活与当下世界的建构性,而不是追求对彼岸世界的信仰与完善,理性就自然要实现过程与结果之间的焦点转换。

在我们的意识行为中,理性中的基础世界具有层次性的结构。假如用近代哲学的术语来表达,现代哲学已经将"实践"作为基本层、准本体层,甚至就是本体层,而传统哲学中的那个本体——柏拉图的理念世界、中世纪的上帝、唯心论的主体、唯物论的物质世界——并不具有本体的真实内涵,实为一种假设和虚构,现在它不过就是一堆原始的材料,等待着实践所摄取而已。显然,实践、生活、经验——或者更全面地说,由它们构成的世界——才是意义的发源地,换言之,传统哲学中的"本体"内涵相当程度上转移到了"实践"中来了,而这个实践世界既不能还原到自然材料,也不能还原到纯粹主体意识自身,相反,后两者在却是前者的建构要素,不可或缺的建构要素。

基于实践的生活世界比其他任何要素都更能充当哲学的本原。实践是知识的来源,是人类生存的需要,是存在本身,实践提供了我们社会改革和发展的有效途径,就像它为我们的人生与社会提供了问题和对象之源一样。

用黑格尔的话来说,思想经过了一条巨大而弯曲的外化道路又回到思想本身。人类在外显于精神之外的可视、可感、可思之物上寻求统一的要素,从水、火、气,再到无形的阿派朗和数,在一个精神性的制造物"上帝"那里落下了脚,并长久地驻留下来。然而,随着理性的成熟,特别是现代科学技术这个精神的外化力量参与到对上帝的消解运动中来。神终归也只是一个精神的外化之物,经不起内外夹攻而瓦解。精神不再在思想过程之外去寻找自我对象化的替代者与思想支架,因为,现代精神完全可以用自身的过程和严密的概念、术语来成熟地表达一切可以言说的事物,表达自我的动态状况。现代哲学不再需要任何实体化的思想辅助性工具与支架来帮助思维,帮助我们进行语言表述,偶尔的使用也只因便利之故,或者不过是历史书写习惯罢了。活在现代世界里的随便一个人不再会被柏拉图的"如果 A>B,而 A<C,那么 A 则同时具有大的属性和具有小的属性,这怎么可能呢?"这样的问题所困扰。连诗人也会运用流动的、抽象的概念符号来指称,而不是使用替代物。北岛思辨的隐喻"卑鄙是卑鄙者的通行证,高尚是高尚者的墓志铭",就不是使用一个承载着"卑鄙"意向和行动特征的物件,不是绿色的美钞、"教授书记"头衔,也不是某个利益集团之类的直观物。因为我们已经具备足够的生活体验和认知能力,具有足够复杂的思维结构,可以确切地领会卑鄙的所有当下展现,虽然无法一一列举各种可能的卑鄙行为。

有活力的思想可以创造时代,同样,新的世界也可以催生新的思想。自被誉为"科学世纪"的 19 世纪以来,实证科学的成就、工业革命、资本主义的迅猛发展展现出了各方面前所未有的创造力,科学和技术的辉煌实质性地改变了人类社会的生活方式与宗教信仰的态度,周末走进教堂的人们不再需要对那个令人敬畏的十字架神神秘秘地发问,牧师也不再坚持用一些愚蠢的古怪见闻为反常识的教条辩护。与此同时,科学对传统的哲学理论构成了极大的挑战。如果说传统哲学的辉煌成就、对人类精神世界的奠基让它能够主导人们的思想,从而引领整个社会的发展,那么,达尔文的生物进化论学说、包括机能主义和行为主义在内的现代实验心理学、相对论和量子力学的科学成果几乎颠覆了过去的世界观和精神信仰。"上帝造人"的核心教条从梵蒂冈的红头文件上不断隐退,神秘的"心灵"逐渐变得透明,我们可以用再平常不过的语句对它们进行分析和描述。牛顿所寻求的第一推动、绝对永恒的世界，在爱因斯坦方程和量子测不准原则之下分崩离析，作为上帝最大最神秘的造物，世界和人被科学家们用新颖的科技小刀解剖，放置在各种实验仪器和思想的显微镜上仔细观察。理性的现代化在其知识性外化形式中先行地建立了可靠的根据，其内在的转型还会遥远吗？哲学如果不愿充当宗教的婢女，就必须坦然接受科学的精神与发现，因为它是思想与世界最直接的连接形式。

基础世界是动态的。在现代人的生活世界里，行动是重要的，而知识不过是实践的工具。但是，对于跨越代际的知识传承困难有切身体会的古代人来说未必尽然，因为他们可能时时都在担心知识的遗失，白纸黑字地记载于书的知识可以传承，而即生即灭的行动与其结果却不能。在没有现代记录和存储工具的时代，在没有现代快节奏生活的体验和各种器具把玩充斥四周乃至淹没我们，隐性剥夺我们静思权力的时代，在缺乏知识传播途径与保存手段的古老世界里，难道静思和确定性的知识不重要吗？人类历史中有太多的知识与文明丧失的憾事，这绝非耸人听闻，具体条目也无须在此一一罗列，只要想想古希腊理性精神的传承历史就足以让我们心有余悸。

没有经验，就没有思想；没有动态体验就不能期望其凭空产生动态的思想。正因此，在近代以前，由于知识的重要性，而且知识更新换代也很缓慢——缓慢得让人在有生之年感觉不到我们今天日新月异的文化潮流——教学自然更重于知识的传授而非杜威极力倡导的"做中学"。常人可能会迷惑于古人的"幼稚"，但对于以反思为业的哲学研究者，如果站在现代哲学结论的阵地嘲笑古代先贤，不过是贻笑大方，为后代平添"幼稚"的经验材料罢了。

二、实践转向中的主流思想及其对杜威的影响

基础世界随时代而不同，时代的变迁呼唤思想的改革，这是永恒的历史规律。然而哲学却不同于具有强烈依赖于直观经验的科学技术，无法直接验证的特征极大地阻碍了哲学家们的集体协作，即使不是刻意地追求差异性的艺术化，我们也难以判断谁的推理与结论更为合理。所以，总有思想家

逆潮流而动。为数理哲学作出巨大贡献的怀特海就是一例,他宁愿逃回到柏拉图的精神世界,而不愿接受这个世界的危机命运。与杜威类似,怀特海也是吸收了现代物理学的成就,并从进化论等自然科学出发,试图建构自己的哲学体系的;但与杜威不同,他最终没有超越唯物主义与唯心主义的传统二元划分,孤独地继续着他的基础追寻,对"过程"的执著与绝对化让他最终回到了黑格尔的命题:"上帝是最终的限制,而且上帝的存在就是最终的非理性。"①罗素也被看做是传统哲学的继承者,因为他对逻辑作用的强调和对确定知识的执著,实为笛卡尔思想的继续,虽然他会讽刺笛卡尔主观虚构了"我思",他的"事素"才是客观的世界的基础;他和笛卡尔一样询问我们可以绝对确定地知道些什么?他的答案是"最初的感觉材料",他对经验知识的重视和对外部世界的关注还是对休谟式经验主义的发展,仍不愿走出传统哲学的二元模式。②

与他们不同,更多的哲学家合乎时宜地看到了时代精神的嬗变,成功地实现了思想观念上的实践转向,体现了这个时代精神的主流。马克思、尼采、海德格尔、杜威就是这个伟大时代的杰出代表。在后两者之中,作为亲眼见证 20 世纪资本主义黄金时代的社会巨变的伟大思想家,杜威比海德格尔更能自觉地融入这个时代精神,更能体现科学的精髓,尤其是他为美国的崛起作出了独特的现实思考,对于美国精神,乃至世界的时代精神来说,杜威的实用主义是一种最好的总结和表达。不只是科学的伟大发现需要站在巨人的肩膀上,哲学的进步也一样离不开先哲的思想结晶和启蒙。毫无疑问,杜威既从亚里士多德、黑格尔、洛克等人那里吸收哲学营养,也没有忽视马克思、尼采等现代哲学家的思想成就,因为时代旨趣的转向是集体的智慧,而不是私有的观念财产。

马克思说,"全部社会生活在本质上是实践的。凡是把理论引向神秘主义的神秘东西,都能在人的实践中以及对这个实践的理解中得到合理的

---

① 怀特海:《科学与近代世界》,何钦译,商务印书馆 2009 年版,第 257 页。
② 江怡:《西方哲学史》学术版第八卷,《现代英美分析哲学》上,凤凰出版社、江苏人民出版社 2005 年版,第 133 页。

解决。"①他把实践所依托的世界放置在社会与历史之中,强调世界的社会性质;因为人是社会的,人的一切活动都是社会的、历史的。尽管杜威与马克思的立场并不完全一致,但他们都认为人的行动、行为和实践优先于概念、观念与知识。第二代实用主义代表人物之一胡克曾说,"当今世界,拥有马克思思想中最好元素的最杰出人物是杜威"②。如果杜威认真读过马克思,他会看到马克思对感性生活的实践更多的论断,而不是被夸大其词的"抽象而独断的经济决定原则"所遮蔽,他定会收回对马克思哲学的一些误解,强调马克思对经济的偏重遮蔽了对《资本论》的真实意图的理解。麦克布瑞德(William McBride)发现,杜威与马克思在对投给非严格经济的人文价值比经济考量更人的优越地位上,比杜威自己所认为的要相近得多。杜威与马克思都认为哲学反思深深地嵌入其文化背景之中,杜威认为"哲学与文化史维持着最近的关联、文明转变的连续性",这种关联还是内在本质的③;哲学理论主要在与经验的参考中得到检验(不是个人经验,而是共享的文化经验)。即使马克思为历史找到了一个唯物主义的经济和生产力根基,他对这个标尺的使用也不是固定不变的。在革命需要时,这个基本标尺可以发生具有一定弹性的变化,例如,他曾主张在欧洲物质和生产力比较发达的国家和地区开始革命,也不排斥他对俄国出现革命苗头的激动,"任何真正的哲学都是自己时代的精神上的精华"④。显然,他希望塑造一个全新的时代精神。杜威与马克思一样都是倡导积极行动、充分发挥人的能动性作用的乐观主义者,认同真理在实践中得到检验,而且知识最终是服务于实践的目的。一如伟大的马克思主义者列宁所说,一个行动比一打纲领更重要。

据说第二次世界大战期间德国官兵人手一册《查拉图斯特拉如是说》,因为尼采的著作给予了他们强大的意志力。毫无疑问,单从哲学对个人和

---

① 《马克思恩格斯选集》第 1 卷,人民出版社 1995 年版,第 56 页。

② Sidney Hook, "What is living and dead in Marxism", in *Reason, Social Myths and Democracy*, NY: Harper and Row, 1966.

③ William Gavin, ed. , *Context Over Foundation: Dewey and Marx*, University of Southern Maine, 1988, p. 11.

④ 《马克思恩格斯全集》第 1 卷,人民出版社 1995 年版,第 220 页。

实践的强调来说,终生感喟"来得太早"的尼采的确是"死后方生",他成功地拨动了几十年后德国人的脉动心弦。无论历史多么沉重,现实生活绝不能受到压制和贬损,"我们这个时代某些显著的症结已经要求我们必须用实际经验进行检验。"①这与杜威的主张几乎如出一辙,同样类似的还有反对传统形而上学、主张重新评估一切价值的言论。如果尼采能够读到杜威实用主义的文字,他一定会直截了当地说:实用性决定真理。如果要说其"实用主义"倾向与杜威的不同之处,那就像他与马克思的区别一样:尼采张扬个人,强意志力驱动下的超人,而杜威与马克思显然更认为"群众比英雄更伟大"、"人们相互之间普遍交往的社会才是真理的创造者"。② 与尼采偏重于个人意志的实用性、一种基于对人类集体未来的悲观情绪相反,杜威所代表的实用主义拥有面向社会和未来希望的一种开放而乐观的精神,这延续了爱默生的自由而积极的爱国主义情怀③。有趣的是,尼采不仅读过爱默生的著作,还深受达尔文进化论的影响,把生物领域中的"生存竞争"原则移植到人类社会中来,为其"权力意志"的合理性进行"科学"的辩护。而杜威也同样是从爱默生与进化论中汲取思想养分;马克思对进化论也是推崇备至,视之为20世纪三项伟大的科学成就之一。总之,在这个基本点上,杜威赞同尼采与马克思,主张从柏拉图—康德主义的普遍性道德法则所要求的行动一致性,转向特殊的实践与行动,因为行动是创造,而不是被强迫要求进行的事业。

谈论现代哲学的实践转向,不能不提到20世纪引起诸多争议的海德格尔。他批判两千多年来的整个哲学史只是停留于存在者,而遗忘了"存在",忽视了存在者"在"起来的那个开放的过程;他主张我们回到人类的经验中去,经验所蕴含的实践和行动就是精神久久寻找的"确定性",由时间

① 尼采:《历史的用途与滥用》,陈涛等译,上海人民出版社2000年版,序言。

② 也许近代德国对强人的向往太过强烈,导致德国主流思想与英国自由主义、与法国唯物主义有显著的差别。而马克思是其中最具有自由主义倾向的伟大人物,可能是因为他远离了德国而长期居住在英国,感受到了更多的自由主义精神氛围,在某种程度上中和了德国哲学家惯有的强人王权思想,尽管如此,他仍然受到罗素等更倾向个人自由主义的思想家的批评。

③ Richard Rorty, *Essays on Heidegger and Others：Philosophical Papers*, vol.2, p.2. 参见盛宁:《西方后现代主义思潮批判》,三联书店1997年版,第119—124页。

片段构成的历史表现为人类经验的历程,在当下则表现为现实的行动。杜威完全认同这个重视实践与行动的现代精神,他用溯源方法分析古希腊与近代的哲学,确信找到了哲学轻视实践的原因:

> 第一,知识的对象是先于、并独立于反省探究的某种形式的终极存在(Being);第二,这种先在的存在于其所具有的许多明确的特征之中有决定形成价值判断的特性,这种特性独一无二地决定促使那些控制我们在理智的、社会的、道德的、宗教的、美学等所有领域内的行为的目的和意向的形成。只有在这两个前提下,在它们被接受时,哲学就势必以认知此存在及其本质特性为其唯一的职能了。①

总之,这两点阻碍了哲学对实践行动的指导:知识是揭露先在的存在与本质的特征;所发现的价值特性为生活行为提供权威的指导标准。②

新实用主义代表罗蒂曾说,黑格尔是海德格尔和杜威的共同基础,但他们对待黑格尔的方式却不同,杜威更像马克思,去掉了黑格尔的绝对精神,否定大写的"历史";而海德格尔则认为诸时代、文化、民族和人民是在践行哲学家的要求,而不是相反③。对于自然或者存在的偶然性,杜威和海德格尔的表述不同但实质一样,海德格尔要把偶然性当做生命与存在的原动力,而杜威从不同的路径出发,将它当做调节性力量之源,因为即便经验也不过是一种调节性力量。杜威的经验、原初经验、反思经验、自然、意识等概念,与海德格尔的此在、存在、在世、世界/大地、思等概念具有相当程度的对应性。要说差别的话,杜威的重心不在于基础性的形而上学,而在于把哲学、形而上学当做一种调节性的思维能力,就像经验也不过是实现人生价值的现实性世界通道;而海德格尔虽然不再像黑格尔那样固守绝对精神,但始终不渝地追寻着其替代物,一种具有优越性地位的基础。鉴于这样的区别,他们对于偶然性、时间、人性等等方面的观念,虽然不可能完全对应,却是架通实用主义与欧陆哲学之间的桥梁,比如,海德格尔对"效用"④在存在论层面

---

① QC. 69.

② QC. 71.

③ 罗蒂:《实用主义哲学》,林南译,上海译文出版社2009年版,第57页。

④ 海德格尔:《存在与时间》(修订译本),陈嘉映等译,三联书店2006年版,第97—99页。

上的分析,或许可以弥补杜威以及詹姆斯的"实用"概念在存在论层面上的分析缺失,如果我们一定要寻求一种明确的基础力量的话。在对现实世界的看法上,海德格尔把人类的希望寄托在祈祷和上帝的拯救,尤其在晚年追求诗,向往以无人阅读的方式进行个人独断的"思";而杜威则认为人类在充满危险的世界中寻求确定性的天性,只能通过发明家的活动、发明许多艺术,利用自然的力量来克服这种人类自然的"原恐惧",并从操作的方面理解自然科学,以获得技术上有用的知识,技术的成功在于最终成为实现人类圆满经验的手段。杜威是相信科学的现代思想家,而海德格尔是带有强烈神学气质的哲学巨匠,尽管他们都把现实生活作为基础世界的核心,但杜威并不像海德格尔那样执著于彻底的追寻和固守生活世界,而更多地关注其调节我们的生活与价值的功用方面,关注的焦点在于其对现实生活的指导,而不是现实生活本身,没有科学技术等手段,现实生活本身如何能够艺术般地展开呢? 当然,在实践转向的基本点上,两者共性不容忽视。依照罗蒂的看法,晚年海德格尔在思考西方历史上形而上学的发展轨迹时认为,柏拉图哲学的认识论假设最终通向实用主义①。

　　现代西方哲学对传统哲学所忽视的情绪、各种非理性要素的张扬,动摇了理性在哲学中的中心地位,揭示出生命的真实来源在于生长性的经验活动,而不是单纯的理性思维。经验中的不可预测性,对感性和想象的分析在原初经验中扮演主要角色。实践中的选择行为和自由的原动力就是具体经验之中所蕴含的情感力量。原初经验产生的感觉和意识,虽然不能通过语言进行交流,但如弗洛伊德的潜意识一样,比可以言说的领域大得多,宽广而且深厚得多。对于每个人的日常生活来说,更多的问题来自情感和意志,而非沉思。情感、情绪、时间间距、疏远、差异、错误等等,这些曾被打入冷宫的名词重新获得了它们应有的地位,要素的对立只因人而发生,人生的意义就在这些要素之间的辩证和解的过程中显现。

---

　　① 海德格尔:《关于技术问题及其他的论文》; Martin Heidegger, "Enrwurfe zur Gesschichte Seins als Metaphysik", in *Nietzsche II*, Pfulingen: Neske, 1961, 455 ff.; Richard Rorty, "Heidegger, Contigency, and Pragmatism", in *Essays on Heidegger and Others*, Cambridge University Press, 1991, pp. 27-28.

处于实践转向潮流中的哲学家还有许多,他们中有些人不仅与杜威有密切的学术交流,而且还有过激烈的思想碰撞,譬如桑塔亚纳、维特根斯坦、柏格森。不过,杜威与基于语言分析的哲学流派大异其趣,虽然他并不反对语言的技术性分析可能对哲学的许多问题有澄清作用,但意义就其本质而言不是语言层面上的东西,而存在于人的目的性活动中。杜威的语言观显然不是存在论意义上的,他肯定不会认同"语言是存在之家",因为他认为语言和文字是认识和社会交往的工具,是一种自然的历史产物,由于认识和社会交往是实现预期目的、圆满经验的工具,所以"语言是一种工具的工具"①。沉溺于语言分析就像研究一张地图,但对于杜威,那只是地图制作者的工具,将哲学研究的中心转向语言分析就可能没有足够地关注到那个要开发的领地,而变成面对地图的纸上谈兵。在这一点上,新实用主义与分析哲学一样,仍然不是去触及领地,而只是满足于地图和对这个工具的兴趣②。当然,杜威并不否认语言对人类社会建构的基础意义,因为它是通过交流形成共同经验的必需条件,尤其是后期,杜威重视社会性和文化,强调语言在社会建构意义上的内在化功能。

我们还要特别提及质疑启蒙运动的后现代主义。它带来了对古典思想的重新解读,并是导致实用主义复兴的一个重要因素。据伯恩斯坦所说,实用主义之所以得以复兴乃是因为遇到所谓"后现代"这个契机,谈到这一点,他有一种抑制不住的兴奋③,因为流行的"后现代的状况"的话语早就被实用主义者提过。如前所述,分析哲学在美国落脚有实用主义的铺垫,但20世纪70年代后分析哲学在奎因④和戴维森等人的努力下,从纯粹的语言

① J. Tiles, *John Dewey*, Routledge, 2003 (3rd ed), p. 103.
② Randall Auxier, "The Decline of Evolutionary Naturalism in Later Pragmatism", in *Pragmatism: From Progressivism to Postmodernism*, ed., Robert Hollinger, David Depew, Prarger Publisher, 1995.
③ 盛宁:《西方后现代主义思潮批判》,三联书店1997年版,第107页。
④ 奎因说,"卡尔纳普、刘易斯等人在选择语言形式、科学结构的问题上采取实用主义立场;但他们的实用主义在分析的与综合的想象的分界线上停止了。我否认这样一条分界线而赞成一种更彻底的实用主义"(参见奎因:《从逻辑的观点看》,江天骥等译,上海译文出版社1987年版,第43页)。

命题的形式分析中走出而倾向于价值和意义。与罗蒂等人的后现代思想有着一定的共识,经过罗蒂和普特南等人重新诠释的杜威与实用主义又获得了分析哲学的关注。罗蒂、海克曼,甚至哈贝马斯,都试图复活杜威和实用主义思想的某些方面,并与"后现代主义"关联起来,把实用主义视为"后现代状况"的一种表达,甚至是克服后现代思想困难的解决办法;海克曼把实用主义称做"后—后现代主义",因为它解释并利用了客观性,产生出指向行动的可信平台,从而终结了无限的怀疑和相对性倾向。①

　　现代哲学的实践转向对杜威产生了极大的影响,把他从黑格尔的理性绝对主义思想阴影里解救出来。追求各种内在观念中或者外在于世界的绝对实体结果是一场空,因为观念的主动性体现在对行动的指导意义上,"思想"不是某种与自然分离的、所谓理智或理性的东西所具有的一种特性,它是有指导的外表行动的一种方式②。而行动处于观念的核心,其实认知本身就是一种行动,是不断前进和稳妥可靠地使自然存在呈现明白意义的唯一行动。③

　　与传统哲学不同,现代哲学的实践转向是在我们的基础世界发生了根本性变化的情况下,思想不得不与之俱进的自身改革的结果。巨大的时代变迁让我们直接而真切地体验到基础世界的流变性,再懒惰的思想也不能不接受这个现实。采取行动是重要的,无论这种行动是理性的还是充满了情绪的感性冲动。然而同时,我们也需要接受海德格尔的忠告,警惕实践转向滑向技术主义之虚无的危险。这也似乎是把海德格尔存在哲学与杜威实用主义划分开来的线条,虽然杜威并不意指技术主义的虚无,但现实的资本主义世界总是具有陷入这种片面性的危险,对此视而不见并不是负责任的态度。瑞德(Edward Reed)认为我们正在慢慢丧失人类曾经引以为豪的精神天地,越来越多地从事于次生层面上的、经过修改和包装的表演性经验,教育从关注普遍熟悉的日常经验转移到各种技术性的使用手册,即使原初

----

　　① Larry Hickman, *Pragmatism As Post-postmodernism*, *Lessons from John Dewey*, New York: Fordham University Press, 2007, pp. 13–29.

　　② QC. 160.

　　③ QC. 161.

性的身体亲密行为也被打包成性交流电话穿梭在虚拟的网络空间中;孩子
们将本来要用于欢快嬉戏中蹦蹦跳跳的时间投入到电视机、游戏机以及各
种信息盒子中;电视、录像和计算机给我们以光怪陆离的梦幻组合。经验如
此照本宣科地批发出来,以致实际经验的因果关系完全可以被一个统一的
叙述结构和声音所取代①。

三、行动悖论

马克思声称要"消灭哲学",是因为他认为,黑格尔在意识领域完成了
革命,而他希望在现实世界完成真实的革命。他敏锐地把握到了时代的精
神,如果说近代哲学的主题域是理论理性,而不是实践理性,那么,现代则相
反。但是,过分宣扬实践容易让人联想到革命的号角,过度张扬行动而贬低
沉思和静观知识的焦虑,容易导致这样一种"行动悖论":越是急切地用某
种哲学理论参与到具体情境和有具象特征的时代性的社会与政治活动中,
就越是容易导致令人失望的后果。还有一种情况是,在知识与理论足够丰
富的情况下,却忽视理论的指导作用,甚至根本就不去掌握理论,而直接走
向盲目的行动。变动的具体情境需要变动的理论,行动如果忽视理论发挥
实践效果的适用范围,其效果自然难以预料,这是杜威在经验概念中反复强
调的。换言之,经杜威改造后的经验理论本身就是拯救"行动悖论"的一副
良方。忽视人类历史中传承下来的间接经验,注定会重走历史上曾经犯过
的错误。过分看重行动而忽视知识与理论,并不是现代科学技术中的常见
现象,但是,对理论与实践之间的转化机制的简单化、对思想付诸实践后果
的过度乐观却是社会实践领域里的常见病。遗憾的是,这个悖论的根源恰
恰就是对现代哲学的实践转向的误解,偏重行动贬低专门知识的过激倾向。

哲学家们总是倾向于忽视实践层面的复杂性和次要层级的要素,而试
图抓住根本性的东西并作简化处理,毕竟哲学也是一种理论知识形式。思
想上的实践转向断然不可能在现实政治和社会改造上取得想象中的丰硕成

---

① Edward Reed, *The Necessity of Experience*, New Haven Yale University Press, 1996, pp. 2-3, p.158 (参见:*In Dewey's Wake: Unfinished Work of Pragmatic Reconstruction*, ed., William J. Gavin, State University of New York Press, 2003, p.73).

果。哲学家涉足现实政治的结果常常事与愿违,不是悲剧就是无言的悔恨。古希腊的柏拉图差点成为奴隶,亚里士多德在亚历山大大帝身上的失意,现代有海德格尔的"叙拉古之旅",即使性格古怪的维特根斯坦也曾跃跃欲试,他们的结果无一例外都是徒增烦恼的趣闻和饭后谈资。在哲学家与政治家斗智斗勇的游戏里,哲学家决不可能成为赢家。头颅被悬挂在罗马广场上的西塞罗似乎向人们诉说,哲学家是玩不过浸泡在实践池里的政客的。越是急切地想染指政治,就越容易被利用成为政治的工具,受到政治的伤害。因为,哲学家有固定不变的思想追求和理性原则,而政治家的观念和原则是变化万千的,对于他们来说,不变的唯有权力和利益。杜威投身政治却屡涉屡败的表现①并不比海德格尔好多少,不仅在政治领域,即使在教育实践中也未必就可以将哲学有效地结合进来。在杜威的"做中学"进步教育的实践过程中,就存在轻视知识重视动手实践的倾向,结果在苏联宇航员率先进入太空后,美国的进步教育运动遭到了不断的指责,杜威也深陷其中。事实上,有的系统性知识是必要的学习条件,它对提高学习效果的作用并不亚于实践行动,科学的学习理论已经揭示,先学理论而后实践的下位学习方法也是一种学习模式。而且,学习本来也是一种理论与实践相结合的过程,从理论开始与从实践开始都可能是正确有效的切入口,只要保持理论与实践的适当结合而不太失衡,并不存在绝对的分别,过分区别理论与实践就回到陈旧的思维模式中了。在现代哲学大家中,罗素是一个例外的冷静者,他更接近于笛卡尔与康德,而不是海德格尔。比较而言,前现代的伟大哲学家们"沉思、静观"的哲学在实践中产生的社会效果及其自身的生活,普遍看来更好。因为他们更倾向于社会逐渐的改良,而不是激烈的变动。更因为他们并不实质性地参与到现实的政治实践中去,他们对现实的参与更多的是倚重哲学理论上长尺度的、宏大的、稳定的方面(如伦理、理想等),而这些方面就像哲学理论本身一样是温和的调节性力量,有更大容错性的回旋

---

① 在实际的政治行动和实践中,杜威几乎总是处于失败的一方。比如 WWI、WWII 事件。除了明显的事件如托洛茨基案,大选投票除了 1948 年投给杜鲁门之外,他很少选对。20世纪 30 年代批评罗斯福的新政,投票给托马斯而不是罗斯福。他曾经支持美国参与朝鲜战争,假如活得足够长,他是否会支持越战呢?

余地,对现实的扰动也不如政治家们的现实活动那么激烈,所以,不会明显地破坏现实世界的平衡。

哲学思想与社会实践之间的差异,仍然拒绝从理想到效果的简单对应。在思想与行动之间存在一道变色墙,哲学思想并没有与社会大众的思想和理智素质直接相连,"变色墙"被政治、商业、文化等各种实践能手("社会精英")所把持。"知行合一"、行动高于思想的观念容易让大众产生盲动,因为大众并不具有现代哲学家对近代哲学家所批判的那个前提,即传统哲学重知识轻行动的观念。对行动的张扬导致大众思想中的跳跃和断层,使他们更容易变成政客的势力、社会精英操纵的材料。如果我们将哲学研究的方法直接地运用到实践之中,那么会导致一系列的问题,因为哲学理论上的问题允许模糊或不确定性,而实践则不同,它需要有明确的纲领和行动方案,在公共事务上做出有约束力的决定。正因为政治的实践场地缺乏像哲学理论那样充分讨论的条件,它们之间就存在直接交换的障碍,

> 尽管哲学理论采纳经验假设,但把一种政治理论翻译成实践上的规范总会涉及超出哲学家专业能力的经验假定和实践的洞见。存在着时间和空间上的技巧和情境,对于任何一项政策的实际贯彻都至关重要,而哲学家却对此并无多少知识。哲学家格林激发了英国1906－1914年间的许多福利改革,但他有能力起草立法议案、掌控议会时间表吗?而且,在接受哲学理论和采纳公共政策时,人们总倾向于运用不同的标准。一套哲学理论不在此时得到关注,也有可能在彼时得到公正的注意,而实际政治中的计划即使有哲学理论充实,也要面对一个更加粗俗的秩序的阻碍和反对——漫不经心的态度、偏见、既得利益等等,而且政治举措只有当下意义,没有另外的机会。①

黑格尔说,在伦理和政治事务中,只有当一种生活方式或文化形式经过了其顶峰,对它的哲学反思的澄明之境才可能获得。恰当中肯的哲学反思要求其对象已经达到了充分发展的阶段。针对马克思的实践紧迫感,我们可以反过来说,当一种思想方式经过了其顶峰,对其实践的转向便会自然发

---

① G. 托马斯著:《政治哲学导论》,顾肃等译,中国人民大学出版社2006年版,第53页。

生。如果思想领域里的实践转向是正确的话,那么在具有强烈实践性色彩的社会生活领域,更需要冷静的哲学思考、静观的知识理论,而非对实践的张扬。"实践转向"所批判的是传统的哲学思想而不是传统的政治家,因为它是针对哲学研究和哲学家的,如果简单地搬到社会实践中,导致的效果将是对哲学思想的普遍鄙视。失去宗教和伦理约束的"社会精英"如果再消除哲学思想的约束,基于当下世俗利益的行动将更加肆无忌惮,结果当然可想而知了。

哲学毕竟是理论研究,它仍然是思者思的学问,而不是行动者行动的动作,高扬实践的哲学也决不可能等于实践本身。反对传统哲学的"非实践性"是什么意思呢?是说它们与基础世界分离吗?果真如此,我们又如何能够用我们今天变动的基础世界来推定传统哲学家们所面对的世界是"动荡不定的"呢?或许我们与古人面对的基础世界不同,我们的世界充满了变动,而古人面对的世界却相对静态,这难道不可能吗?传统哲学也许的确不适于我们现在的世界,但我们决不能断定传统哲学是根本错误的,因为传统哲学面向传统的基础世界,只有我们确定它没有解决传统世界的问题,才能给出基本的判断,然而我们又何以能够那样确定呢?即使我们断定传统哲学不适于现在的基础世界,也不过表明现在我们需要改造那个传统哲学而已,因为我们不能超越具体的时代和基础世界来谈论哲学,或者所谓超时间的"哲学整体"①。与其说哲学思想本身存在对与错,还不如说,它对于某个基础世界是否合适。就此而言,行动悖论的问题在于,它混淆了"哲学整体"与某个具体时代或者世界的哲学流派、哲学体系或者哲学主流。实践观要改革的是后者,而不是放弃哲学的理论研究。放弃哲学研究恰恰是技术主义者的偏见,或者打着反技术主义旗号的技术主义者走向单向度生活的开始。坚持哲学研究就是当我们的理智建立起来的思维方式遇到困难或者相互冲突时,对各种习惯、建立起来的信仰、理解方式与世界的交互作用的反思,唯此,我们才能重建哲学的生命力。

---

① 这个"哲学整体"就像黑格尔的"整全历史"一样,只是一个虚构名称。它绝不可能得到实现,无论它是指哲学研究内容的全部,还是哲学研究历史的全部。

在传统哲学里,哲学知识和哲学研究没有将实践和现实世界当做基本层,而是将与之分离的本体层、或者主体意识层当做基本层。因为古典世界的变动性还没有优先于对本体世界的基本理解。哲学的任何言说都只是语言文字,而不是烤面包的行动、农夫的耕种、战场上的厮杀。主张哲学家放弃思考而走向农田与工厂,这是对马克思主义哲学的一种误解,一种极端化的简化处理。马克思自己从来没有上过战场,也没有耕种过,但他仍然可以是哲学家,这表明从事哲学的研究与现实实践不是简单的对等。关注现实问题,将研究的材料、问题和对象集中于现实世界,这是现代基础世界发生变化的结果,更是一项时代性的合理要求。但是,这与"消灭哲学"不是一回事。其他问题,如历史性的问题仍然具有其独特的研究价值。如果仅仅因为哲学的关注点不在当下现实就消灭哲学,那么物理学、化学等等成果不能立竿见影的许多学科都可以消灭了。经济学家也应该由华尔街的操盘手来替代,遗憾的是,后者导致的巨大的金融危机极大地破坏了世界的经济秩序和经济发展。某些人把自己标榜为实践哲学,并不能就将自己或自己的言论与实践等同起来,它仍然是思,它与实践之间的距离远大于它与其他哲学之间的距离,因为它们都不过是哲学的一个流派,只不过所关注的问题或者主张倾向不同而已。

如果继续解析,我们就可以看到哲学理论与现实实践之间的关系了。任何知识都无非是对象化的刻画和描述,不管是描述自然界,还是人的主体心理、意识思维或者社会的运作机制。无论是古代的世界,还是当下的现实世界,在思想里都要进行对象化处理。在理论知识(包含极端实践性的知识,譬如烤面包程序、刺杀方案)与实践之间,仍然存在一个"实践"的环节。为方便起见,我们可以把这个环节划分成为两个部分:实践意识和实践行动,前者是由理论知识指导的在脑海里产生了对应的行动意识的环节,它是一种准行动,还停留于主观层,它需要经过大脑与身体四肢之间的命令和动作表达出来,从而成为一种实践的行为,这个行为当然落在现实的世界当中,产生一系列时空后果,生物学的、物理学的、化学的效应,在一个现实的社会性的世界中即刻与超越生物学、物理学、化学效应之上的社会学意义对应起来,成为一个有现实社会意义的实践,譬如,为无助的老人烤出了一片有营养的面包,或者发生了一起宫廷政变。

无论如何,思想的东西总是归属于思想界,外化为白纸黑字的理论知识是其最好的表达和存储途径,禅宗的修炼是不可成就哲学辉煌的。思想的东西不能超越精神—物质的分界线,自动而直接地转化成为一片面包,它要经过人有思想参与的实践,而后者不是一个简单的机械动作。要想吃面包找面包师,而不是哲学家,要想了解思想的困惑和对复杂世界的把握,就去找哲学家,而不是面包师。人类的社会分工由来已久,盖因尺有所短,寸有所长;分工也是社会生活的一种组织形式,既现实地维系着社会的团结,产生了基于分工的各种需求与产品,也培养了人们的相互合作相互交流的习惯。布拉德雷说,"哲学不必预言具体科学的发现,也不必预言历史的演变方向;宗教哲学不必创立新宗教或讲授旧宗教,而只是理解宗教意识;美学不必创造艺术品,而只是把新发现的美感理论化;政治哲学不必与国家玩政治计谋,而是理解之;伦理学不必将世界变成道德的世界,而是把世界流行的道德简化为理论"。① 奥克肖特也反对政治哲学与实践应用的简单结合,因为它们不能将政治哲学的观念透明地转换到实践的政治经验领域。理论与实践毕竟是不同的,在一个现实社会发生巨变的时代,我们直接面对的现实呼唤我们关注社会改造或者经济建设,那么,我们的哲学主题自然不能没有这些内容,而对上帝存在的所谓完美的论证夸夸其谈,那当然是思想的浪费了,不得要领。无论如何,在还不缺少战士的情况下,是不需要哲学家拿起刺刀上战场的,在面包工人不缺少的情况下,也不需要哲学家都去当面包师。

四、现代哲学实践转向的意义

实践转向不是要哲学家放弃哲学的理论研究走向实践行动,也不是要哲学家像技术专家编写用户手册那样把哲学理论与实践行动直接对立起来,而是主张哲学研究者的论题与关注焦点需要转变,从传统的世界转移到我们变动的世界,转到我们改造世界的行动实践中来。它认为生活实践产

---

① Herbert Bradley, *Ethical Studies*, London: Qxford Universttg Press, 1927, p. 193.

生世界与意义,而且包含了意识和自然世界;人类社会的生活实践本身就构成一个巨大的世界,其中有思想与知识,有实际的行动和操作对象,还有实践的结果。实践的成果不仅要在现实中有用武之地,还需要在人们的观念世界里得到推广,中国的四大发明既有成果实物,又有实践基础,但在轻视技术为奇技淫巧的我国古代社会观念中,除了作为生活中某种方便的工具外,哪里能够找到发展的空间呢? 如果历史仅仅表现科技发明的事件,我们从中看到的不过是一片幻景,昂利·比兰纳有一句很好的概括:"(维京人抵达的)美洲之所以得而复失,是因为欧洲当时还不需要美洲。"①亦如杜威所说,看到了某个东西不叫发现,只有在它被利用并对人们的思想和行动产生了影响,被纳入到了理论与实践之中才是发现。因此,晚年的杜威更注重社会的实际效果,而非理论上的实践冲动。皮尔士曾说,如果实用主义将行动视为生活的最高目标,那就是它的死亡。因为要说我们生活只是为了行动,即不顾及它所贯彻的思想的行动,这就是说没有合理的目的。回归到实践有充分的理论理由,但不能绝对化为"实践主义",回归到现实生活是现代生活的基调,但不能绝对化为"现实的生活主义",因为那将是庸俗化的开始,是将庸俗当做高尚。

在第二次世界大战之后,"文化中哲学的角色发生了显著的变化,哲学不再是精神生活的概要的综合者,也不再有许多公共的功能。……许多学术人士仍然在谈论公共事务,但已很少是哲学家了。"②这就是哲学的困惑:介入日常社会生活,会有"行动悖论"的恶果;远离大众,保持纯洁,自我局限于象牙塔内,世界真的会更好吗? 在哲学理论上,我们的确要宣扬"实践转向"的基本精神,但在社会性的生活实践中,恰恰相反,我们要歌颂精神和理想的崇高,更要警惕集体滑向世俗和平庸的商业主义的危险,在某些时候,这一点尤为重要。在理性高度发达的现代人类理智中,各种要素保持着基本的平衡,譬如感性与知性、感情与事业,在国家层面上有更多的辩证均

---

① 布罗代尔:《15—18世纪的物质文明、经济和资本主义》(第一卷),顾良等译,三联书店1993年版,第410页。

② 金迪斯等:《人类的趋社会性及其研究:一个超经济学的经济分析》,浙江大学跨学科社会科学研究中心译,上海人民出版社2006年版,第147页。

衡,如公平与效率、当前利益与长远利益,在哲学上则有一个最基本的均衡,那就是强调理性与强调实践的均衡。当我们的时代更需要实践或者理性有余而实践性不足时,我们就鼓吹实践。当世俗之风盛行而我们的理性仍然幼稚地向往古老的理想社会时,我们则要反问:戴着昂贵首饰的头脑是否空空如也?

总之,哲学史上的任何焦点或论题的转换都不是彻底的推翻,不过是随着生活世界的变迁而发生的视角变换,或者对生活世界中不同层面的关注。哲学反思意义上的生活世界不是我们的一切,也不能取代其他世界的存在。对实用主义的误解之一就是把实用主义的反思性的"实用原则"当做一切,而不是当做一条反思原则,特别是当做重新回到扁平的主客二分模式的对立世界中的一个简单调节工具,简单地用中间的作用过程取代主观一方或者客观一方,实际思想仍然处在同一扁平层面上。同样,对实践转向的一个误解是用实践来排挤思维和自然,排除一切,似乎除了实践,就没有意识、潜意识的地盘,除了生活世界,就再没有其他任何世界,除了基础层面,就没有任何高级层面的可能性。①

对于实践层面的指称,我们不能认为它直接等价于一个终极的实体世界,因为这个层面是生活世界的一种呈现,它更属于功能意义上的,而不是形而上学的。我们要放弃获得所有层面的全体知识从而构造出"大全"的幻想,我们要放弃在一句话、一段文字、一本书中完整地言说到这个层次性结构所指称的方方面面的可能性。对于一个哲学体系,如果组织表达得好,一句话只能表达一个笼统的观点,十句话也不过是一个粗略的简介,百句话的一篇文章也许可以给人一个简单的概述,千句万句之书才可能关涉到方方面面的主要问题,但对于细节,对于与其他流派体系甚至其他领域之间的关系等等,这在任何一个科学门类里都没有做得,也不可能做到,在哲学里同样不可能。人类日常生活世界的表现形式使我们习惯于将不同层次的语

----

① 由此,我们对哲学家的评价也不可求大求全,最好的理解方式是采用边际方法,即寻找他与其他已经存在的哲学家的差别,这些差别就构成了这位哲学家的思想边界。对马克思这是一个很好的方法,可以澄清哪些是马克思的真实思想,哪些是他的思想创造,哪些不是,对于杜威也是如此。边际方法可视为层析方法的一种变形和特例,详见层析方法一节。

言混淆在一起,而要分清究竟在那个层面上的指称与意义,只能在同样的生活世界里,在同样的情境认知中进行。"哲学家们只是在用不用的方式解释世界"就是指各种不同的视角,而"问题在于改造世界"却不在同一个叙述层面上,没有对马克思的特定情境的理解,就会混淆语言使用的层面,从而导致意义可能相反的误解。

与复杂多变的现代世界相比,传统哲学面对的基础世界——即生活世界——是简单的,这也是传统哲学家的思想对于我们今天的理智来说显得单一的根本原因。如果将生活世界划分为两个层面:一个基本的生活世界与一个由思想和知识所构建起来的"高层"的思想生活世界。那么,基本的生活世界是所有人都离不开的一种生活方式,所有人都离不开的一个现象感强烈的直观世界,只要人还有肉身,就必然立足于这个世界之中。无论是思想的巨人,还是大字不识一个的文盲耕夫,无论是今天的复杂思维载体,还是跑出森林进入农耕村落的闪族。基本的生活世界是我们与外在的客观大自然直接接触的世界,是我们从中而来的世界,从时间的历史上,从逻辑的先后次序上,从物质性的决定因果顺序上,这个世界具有的基础性地位是不容置疑的。

但是,如果人类仅仅停留于这个世界,满足于这个世界里的生活方式,那么它会是怎样的一个世界呢? 看看某些国家的土著人的生活就可以知道。"高层"思想所建构的生活世界则是对基础生活世界的一种超越,其根本不同在于有了知识和思想,而这些摸不着的东西都表达在具有外在性的纸张这种物质上,并在纸张所承载的世界里,在人与人之间、社区与社区之间、国家与国家之间传播,它甚至可以让人们在不同的时间传播与交流。文明的价值越来越强烈地表现在这个"高层"的、思想的生活世界里。因此文明的核心内涵更多地指称这个世界,如果没有这个世界,文明的历史就会顿然消失,人类社会就退回到前文明的历史、非文明的世界去,尽管还可以有基础的生活世界。经过数千年的文明发展,在高度理性化的现代文明世界,哲学思想已经修筑起无数道防线,任何想要消灭它的行动,无论是从外部攻击还是从内部瓦解,都必须一道一道地填平那数不清的壕沟,而不是仅仅消除那最后的一道就认为大功告成。我们的意识不再是扁平的非此即彼的开关,而是具有层次性的包容性结构,没有人会幼稚地认为纯粹的主观意识能够诞生世界,但是,为我们展开层峦叠嶂的世界美景的却依然是理性——实践的理性。美国大学的教授们认为,马克思和尼采还没有对笛卡尔—康德体系构成根本威胁,大声嚷嚷的激情不能瓦解理性的立体防线,而杜威的新经验观为我们提供了用理性本身来分析理性缺陷的最佳通道。

即使在古希腊世界,哲学传统也并不支持哲学家在实践面前保持沉默。苏格拉底曾说,我们的探究不是无足轻重的,而事关我们整个的生活方式。他既反对超出人类现实生活的东西,也反对智者学派短视而"现实"的主观论,主张在哲学理论与生活实践之间保持一种恰当的平衡尺度。非此即彼显然是幼稚的,问题不在于此或彼,而在于彼与此之间一种恰当的平衡,而这个尺度的唯一依据来自我们现实生活中复杂的结构性世界,其中既有当下实践的诉求,又有传统文化传承下来的方方面面的内容。1944 年刺杀希特勒的"七月密谋"的策划者施陶芬伯格上校曾说过,这件事干则是背叛党魁和军人职责,不干则是背叛作为人的道德良知。显然,他认为现实职责与良知在其总体性意识的精神天平上不相匹配,其中来自文化传统和知识中的道德良知更为重要。

现代哲学的实践转向并不是从一个世界到另一个世界,从知识体系的理智天国落脚到世俗的世界,而是在两者之间恰当地把握分寸。不再游离于纯粹概念的游戏,也不再是莽撞的无头苍蝇。思想的新境界是既脚踏大地,又有精神的升华。这似乎是对苏格拉底的回归,但有许多苏格拉底不可能拥有的丰富内容,无论是在纯粹的理论方面,还是在实践的维度上。

实践转向不是哲学思想的断裂,更不是后现代主义者夸大其词的所谓"整个哲学事业的失败"。在整个哲学史上,实践转向不过是哲学研究的主题、核心问题与问题境域的转换,是人类思想历程中的多次拐点之一罢了,是对近代哲学从中世纪哲学的问题域转换的一种继续,继续远离纯粹的观念,远离纯粹的"一尘不染"的上帝和对绝对性的迷恋。细读黑格尔的《精神现象学》,我们就会发现,即便这位大师心里的"整全"概念,也绝非与我们的现实世界隔岸相对、阴阳两隔,它恰恰就是现实世界的"整全的历史"。另一方面,整全的历史并不只有现实的当下,因为现实世界的文明渊源于历史中的文明,虽然科学技术的成就和快节奏的生活总是鼓动我们遗忘历史,总是倾向于将当前的境遇当做人类历史上唯一的境遇,认为当下的时代性需求就是人类历史上唯一的需求,认为当下的生活世界就是历史上唯一的基础世界。健全的历史意识是对历史全体的意识,而不是站在当下遗忘过去;历史意识的缺失会导致"当下的自私"、迷恋于当下生活世界的确定性。

实践转向是对近代认识论转向的反转,是对古典哲学本体论超越式的回归。正因此,过程学说的倡导者怀特海说,包括现代哲学在内的全部哲学都是对柏拉图的注脚。考虑到现代哲学丰富的分化内容和显著的细化成就,我们也可以说,实践转向是几种转向的一种总括。一是非理性、意志、生存的转向,其实是对黑格尔本体论式总结进行认识论转向的存在论半转向、对存在论的部分补充,因为黑格尔的本体论中只有绝对精神、上帝和理性,而没有生命冲动,这在弗洛伊德的精神分析的潜意识模式中得到了最明确的说明。二是语言学—逻辑实证的分析转向,这既是认识论意义上的,也是方法论意义上的,不过要说是存在论意义上的则有些牵强,虽然分析哲学家们都如此主张,但在实用主义和行为主义的启示下,现在分析哲学家们不再固守语言原子的基础性了。三是实用主义的调节性功能最终在杜威的体系化尝试中归结到经验转向,实用主义的调节作用发挥尤为明显之处在于认识论,所以与语言哲学最容易产生集成效应。它弥补了语言哲学与存在论之间的基础性断裂,试图绕过实用主义,或者在前实用主义的情境中为语言哲学寻找存在论的根基是困难的。可以这么说,直接把现象学与语言哲学关联起来要么是肤浅的,要么是牵强的,其间的最好桥梁就是实用主义,这是海德格尔"语言是存在之家(或者寓所)"神秘性说法难以获得清晰解释的根本原因,也是维特根斯坦的前后期转向给我们的哲学启示。

第二章　杜威的经验理论和两个发现

　　对于杜威来说,哲学的根本问题就是"人类具有科学研究允许的信仰,相信事物的实际结构与过程的信仰,也具有关于调节其行为价值的信仰"①,并将这两种方式的信仰有效地结合起来。杜威对哲学的改造建立在他对"经验"改造的基础上,其中包括对经验的概念定义以及与经验有关的观念。理解杜威的"经验"至关重要,经验是杜威哲学中最重要的基础概念,是其经验自然主义的核心要素。许多对杜威哲学的误解和偏见都与他们没有真正理解杜威的经验、自然等基本概念有关,即使了解到杜威对经验进行过全新意义的改造,但是对于其哲学的内涵理解不深,或者对杜威的"原初经验"、"反思经验"的划分置之不理,对经验的认知、非认知之区别以及其种类的区分不以为然;不是认为杜威的经验改造缺乏深度,就是认为它是对哲学研究走向清晰化和概念细化的逃避,是在走哲学发展的回头路,目的只是为了简单地避免形而上学的问题和相关的争执。总之,经验概念既是杜威批判传统哲学和形而上学的立足点,也是我们进入杜威哲学的最佳切入口,更是理解发生在杜威身上的许多哲学争论以及解开一些不可回避的有关杜威哲学问题的钥匙。从哲学发展的角度来看,对杜威哲学的辩护和重新评价也需要从"经验"开始。

　　杜威将"经验"按照思维的参与角色的不同,划分为原初经验和反省经验两个阶段,并通过这种划分发现了原初经验和选择行为。原初经验是人

---

①　QC. 22.

与自然之间的前反思的存在关系的集中体现和具体展现平台,也是反思的认知结果回复到其中从而得到验证的标准。由于原创经验直接地连接着人与自然世界,反思的经验与行动最终要回到原初经验中来,不仅在其中得到验证,同时还会拓宽原初经验的界域,所以,原初经验还是经验的效果和意义得到充实和扩展的场地。选择行为是反思经验中人的倾向性行为的表现。人作为一种有机体不仅体现于原初经验的生物性特性,而且在反省经验中也表现出作为物种类的特有趋向,人类行为所具有的选择性揭示出人的思维模式中的不同定型和建构性中间产品。选择不仅表征着行为倾向,它还是自由和个体性的直接根源,它们共同建立起个人与社会之间的辩证关系:个人有着远远超出社会的因素和模糊地带,正是这些模糊的边缘地带的生长和展现出来构成社会共同体的一致性交往的潜能,而社会包容着个人的公共域和建构性平台。杜威对经验的改造价值得到了 20 世纪 70 年代以后认知科学成就①的支持,心灵的涉身性驳斥了理性的先验特征,它不仅依赖于身体的生理结构,而且由脑神经结构的特殊细节以及人在世界中的日常行为所塑造。理性、心灵、概念和思维都是涉身的,无法截然两分。

第一节　杜威对"经验"的改造

杜威高度评价詹姆斯的心理学,认为这种以人类经验与本性为基础的研究最为科学,它一笔勾销了所有妨碍人理解自己的努力的传统"问题",并证明事实上它们根本就不是问题。② 安克施密特十分推崇杜威的经验概念,认为杜威把经验提升到与认识论真理对等的地位,将原来对真实性问题的关注转向全方位性的经验,拯救了传统认识论③。杜威不仅将传统哲学

---

① 江森(Mark Johnson)在总结 20 世纪 70 年代以来认知科学的成就对传统哲学的挑战时说,认知科学的三大发现是:心灵本质上是涉身的;思想大部分是无意识的;抽象概念大多是隐喻的。其中前两者深受杜威影响。

② MW.12.206.

③ Frank Ankersmit, *Sublime Historical Experience*, Stanford: Stanford University Press, 2005, p.9.

中的经验与知识真伪问题区分开来,而且将经验作为一切哲学问题的基础。我们可以说,现代哲学的实践转向在杜威的经验理论下就是经验转向,就是对经验概念的改造。由此可见,经验概念在杜威哲学中具有基础性地位。

杜威对"经验"的改造①,是在批判传统哲学经验观的基础上进行的。传统哲学的经验观虽然有分离的缺点,但也有某种连续性或者与人类生活世界相切近的倾向性,比如,古希腊哲学的经验还是一种朴素的术语,既有与理性知识分离的缺点,也有连续性和整体观的优点:与经验者的经验行动、与世界的相互关联以及经验的产物连为一体。杜威在对传统哲学的经验概念进行反思和批判的基础上,承继黑格尔的整体观,结合达尔文进化论、实验心理学、现代物理学等科学的新成果,赋予经验以全新的哲学内涵,从而改造"经验"概念,以此弥合传统哲学的二元分离,在自然与经验之间、知识与行动之间架起相互作用和沟通的桥梁。这为其所倡导的知—行结合,关注日常的生活经验,重视科学实验的经验方法奠定了理论基础。

一、传统哲学中的"经验"及其问题

杜威对哲学史上的经验观,即如何定义"经验"、如何处理与经验有关的问题,进行了详细分析。他区分古希腊哲学与近代认识论对经验不同的概念定义及其不同的观念,所以,对他们的批判有着不同的侧重点。他认为,古希腊哲学贬低经验而崇尚理性知识,把经验与知识分离开来;而近代二元论哲学对经验与自然的分离导致了问题和困惑的产生。杜威对传统哲学的改造就是从其"经验"入手进行分析和批判,他视近代认识论的二元对

---

① 关于"经验"概念,需要补充说明一下,这里所谈论的杜威对"经验"的改造主要包括两个方面:经验概念(对经验的术语定义)以及经验观(关于经验的观念、思想和看法)。也就是说,他对传统哲学的分析批评和重建包括:对经验概念的定义、如何使用以及怎样看待与经验有关的问题如经验与自然和人的关系等(即经验观)。仅仅重新定义经验概念,并不与改变整个经验观等价,相反,经验观可能包含的内容比经验概念更多。一个理论包括概念和基于概念的原理、法则、观念与思想等,概念、词汇术语只是其中的基石材料,这一点对于自然科学很容易理解,对于哲学社会科学也一样适用。所以为规范化起见,我认为,张梅的博士论文题目"杜威的经验概念"以及其中的有关章节标题值得商榷,因为其主体内容更多的涉及杜威的经验观,而不只是或者主要侧重于经验概念,也许说"杜威的经验理论"可能更恰当一些(参见张梅:《杜威的经验概念》,复旦大学研究生院,2008 年)。

立为哲学的"根本谬误",尤其痛恨唯理论派对静观知识的崇拜和对实践行动的偏见。

对于古希腊哲学中如何使用"经验"一词,杜威运用溯源方法①进行解读。他说,"对于希腊人,经验乃是各种实际行动、遭受和感知所积累起来的结果,而它们逐渐构成木匠、鞋匠、领航员、农民、将军和政客的技巧。在经验中没有什么仅仅是个人的或主观的成分"②。可见,在古希腊世界里,经验是指个人在日常生活中,对各种劳动和具体行为所涉及事物外在联系的体验,从而形成的行动习惯和处理具体问题的技能,而且"每个动作在发生时都是孤立的,个别的,与它相对应的是瞬间的欲望和感觉"③。古希腊哲学家认为,经验是自然的一种真实表现,是各种自然事件的"客观"结果,其具体的表现形式就是各种对象和行动的产物。这种经验就是苏格拉底说"修鞋必须去找鞋匠"的原因,因为鞋匠的经验最终要落实到如何修好鞋上,显然,他认为这是一种技艺,与具体人的实际活动相关。苏格拉底认为,专业的模仿是基于外在的自然特征,因为"鞋匠总是鞋匠,并不在做鞋匠以外,还做舵工;农夫总是农夫,并不在做农夫以外,还做法官;兵士总是兵士,并不在做兵士以外,还做商人,如此类推"④;他与智者派辩论是为了理性的知识而辩护,他认为人的具体经验是有限的,是从特殊事物出发的,所以不能超越具体的情景而形成具有普遍性的知识。在柏拉图的心目中,哲学家"永远酷爱那种能叫他们看到永恒的不受产生与灭亡过程影响的实体的知识"⑤。柏拉图认为知识比经验更真实、更具有客观性,它是心灵的对象,所以更值得追求;经验由于其偶然性与变化特征而缺少"真实性",所以只能产生反映现象或者假象的意见。从他关于幻象与真实对比关系的著名"线喻"中,我们可以清楚地了解到柏拉图对经验世界的看法:灵魂的转向是从

---

① 参见本书第四章第一节。

② John Dewey, *Experience and Nature*, 2nd edition, London: George Allen and Unwin, 1929, p. 230.

③ MW. 12. 125.

④ 柏拉图:《理想国》,郭斌和等译,商务印书馆 1995 年版,第 102 页。

⑤ 柏拉图:《理想国》,郭斌和等译,商务印书馆 1995 年版,第 230 页。

最低级的感性事物,离开经验世界而朝向彼岸世界的太阳。对经验和现象的偏见使得柏拉图甚至把最"经验的"、完全感性的、最有生命力冲动的爱情也置于理性精神至上的原则之下。他对确定性形式的追求被亚里士多德继承,"经验与真理格格不入"。在亚里士多德的哲学体系中,神与经验处于真实性的两个极端,前者是最高的知识来源,因为知识具有一种理性的、必然的和不变的形式,它是确定的。另一种是关于变化的、经验的、特殊的,是偶然的、盖然的而不是确定的,是信仰或意见。虽然亚里士多德在政治实践中没有重蹈柏拉图的覆辙,因为他认识到,现实政治所依赖的特殊环境和社会条件的独特性不是理性能够完全把握的,但是,在知识观上,他依然坚持理性和固有形式相对于变化的经验所具有的"真理性"和优越性,而柏拉图的对话集所蕴涵的多元可能性与开放性却被忽视。

古希腊哲学家对经验的偏见尤其表现在他们的艺术观上。除了把经验当做是行动的习惯和技艺外,他们还认为对现象世界中的事物和假象的模仿(即艺术)是最不真实的"经验"。显而易见,他们的艺术概念与杜威基本一样,但是,对待艺术经验的观念却与包括杜威在内的许多现代哲学家完全不同。在古希腊哲学家看来,艺术是某种自然的偶然性、变动和片面性的象征,是在具体的运用中感觉和知觉所产生的经验,是对现象的意见或者假象的模仿技巧;而艺术对非理性因素(如直觉、感情和心理冲动)的张扬、生命的创造性、对思想的启发价值则完全被忽视或抹杀,但是,这个层面上的因素和价值是与他们所崇尚的理性知识、尤其是"形式"所表征的普遍一致性相对立,是互补的,都是我们现实世界中的真实事情和成分。此外,他们还贬损实践和具体的劳动行为,把生产各种生活用品的劳动看做是奴隶们的事情,是低级的。在他们这些作为高贵的、自由的哲学沉思者看来,行动与实践是依附性的,受到外力推动的,只有知识的科学理论才具有必然性和普遍性,是独立自足的自由,是至善的真理和科学,是真正的美,才是哲学家所追求的永恒事物。总之,经验与艺术产生于需要和某种不完备性;而知识与科学理论才表现出实有的丰满和完整。①

---

① EN.354—355.

在杜威看来,传统哲学对经验的偏见尤其体现在近代二元认识论中。与其对古希腊分离经验与理念世界或者实在的批判相比,他对近代哲学的批评更为激烈。无论是英国经验主义者宣扬的感觉经验,还是唯理论派作为向理性提供感觉材料的不可靠的经验,杜威在《经验与自然》、《确定性的寻求》等著作中都进行了详细的分析。他的分析表明:近代认识论为了达到某种普遍性和统一性,以及圆满的逻辑体系和确定性,采取划分领域的方法,感觉与理性分离、经验与自然分离,"一个相当于通俗传统的宗教的和超自然的世界,而由形而上学描绘成为至高无上的实在的世界……另一个……日常经验的、相对真实的现象世界"①,这就是近代二元论的基本前提。

近代哲学之父、唯理论派代表笛卡尔认为经验导致幻象与谬误,所以他用"普遍怀疑"的沉思和演绎方法追问知识之源,最后将知识的本原定位在"天赋观念"上,天赋的观念给予我们明确的知识。他说我们可以怀疑一切经验之物,但无法怀疑"我思",即理性的思维本身,即"我思,故我在";他还认为,依靠经验人们根本无法判断自己是在梦中,还是在清醒的现实中看到一个真实的苹果。对于唯理论派,经验就是外在事物及其对于人的感官刺激而形成的表象、即感官经验,它们并不一定是真实可靠的,比如海市蜃楼就是感觉的幻象。笛卡尔曾说"有许多经验逐渐破坏了我以前加给我的感官的全部信任"②,所以真正的知识只能存在理性之中,而且来源于天赋的观念。斯宾诺莎完全继承了笛卡尔的理性精神,以及从观念出发的理性演绎方法,同时也继承了他的哲学问题,提出上帝大全说和属性—样式的平行论。莱布尼兹的单子说虽然考虑到世界中每个个体的存在,但是单子里有前定和谐为前提,而且单子的等级划分也是来源于理性,而不是经验世界。可见,他们的哲学里主导的力量是理性,而不是经验;理性、观念都高于或者优越于经验,被认为是知识的来源;而且他们的知识也主要是指理性知识,而不是经验的积累。即使对于综合了唯理论和经验论的康德来说,其"经

---

① 杜威:《哲学的改造》,许崇清译,商务印书馆 1958 年版,第 12 页。
② 笛卡尔:《第一哲学的沉思》,庞景仁译,商务印书馆 1986 年版,第 48 页。

验"也依然只是向理性提供感性杂多的"给予材料"的途径,是知识的一个环节。而黑格尔的辩证法与绝对精神更是理性至上。

经验论派与唯理论派对经验的概念定义基本相同,都认为是感官对某种外在事物的知觉或者表象、人的直接感受和行动体验,但他们的经验观却很不同。这体现在其认识论上,经验论派的知识观更信任经验而不是理性观念;与唯理论派的"知识来源于天赋的观念"不同,洛克等近代英国经验论派哲学家却认为知识来源不在于理性或者天赋观念,而在于经验,虽然观念与理性反思对知识有一定的贡献,但归根结底,知识来源于经验。贝克莱甚至极端地把物质世界作为感知经验的外推结果,即所谓"存在就是被感知";他认为"观念之间的联结,并不表示因果关系,它只是表示一个记号或符号同用符号标志的事物的关系"[①]。休谟自始至终地贯彻经验原则,他区分印象与观念,把因果关系解释成为暂时性的、或者习惯性的印象联结,而不是某种必然的关系;因为我们从未观察到发生在事物中的那种必然联系,他说,"不论外界或内心存在的任何东西,没有一个不被认为是一个原因或一个结果的,虽然很明显地没有任何性质普遍地属于一切的存在,使它们应该得到那个名称"[②],所以理性的普遍知识是不存在的。

经验论派批评唯理论派,说他们之所以可以提供诸如"所有的苹果都是圆形的"这样的命题知识,只是因为苹果本身就是圆的,唯理论派并不能闭着眼睛说这个物体到底是不是苹果,或者这个水果是不是圆形的,而只有经验论派可以做到这一点,因为他们是根据直接的感觉经验说话。所以,经验论派认为知识就来源于去"看"、接触体验从而获得的经验。然而,对这个常识性的"经验"定义、对它与外在事物对象、理性反思、知识之间关系的深入分析会揭示出两派共同存在的、深刻的认识论和存在论问题。近代经验论派认为,看到的苹果作为对象是物质,属于物理性的存在,当然就可以在空间中定位。但是唯理论派的反驳看似也有道理:人脑中形成的苹果表象却不是物理的,不存在于空间中,无法通过观察来"发现",苹果表象与理

---

① 北京大学哲学系外哲史教研室编:《十六—十八世纪西欧各国哲学》,商务印书馆1975 年版,第 560 页。

② 休谟:《人性论》,关文运译,商务印书馆 1980 年版,第 90—91 页。

性思维之间直接地相关联着,但物理的苹果却不是大脑的理性反思可以直接接触和操作的,它要通过表象环节;同时,作为对象的物理苹果是通过表象而间接被感知到的。这样看来,前者将导致一个有关知识论的问题,后者揭示出一个有关存在物的问题。而且,这里存在一个基本假定:对象作为存在物,而表象是意识产物,两个属于不同的领域,它们之间存在一个不可跨越的巨大鸿沟,这就是唯理论派和经验派共同的基本假设,正是它导致近代认识论上的二元分离。而且,基于二元对立的认识论模式还需要解释从物质世界(即对象所属的存在世界)到精神世界(即表象和理性所构成的思维世界)的某种因果关联机制,因为,常识告诉我们在没有苹果的地方,苹果表象只能是幻觉而非真实。但这是一个在单纯的理性思维中或者单纯的感觉经验中难以得到解答的问题,为此近代哲学家们费尽了心机,洛克发明的机制是一种不可感觉物在大脑中引起振动而产生观念①,笛卡尔用一种松果体来解决,"外界所引起的感觉由神经传到大脑,在松果体里告知动物精气(灵魂),由动物精气发布对付的命令"②。近代哲学的这些问题和困境实际上都与其二元分离的基本假定密切相关。

二、杜威对传统经验观的批判

杜威对"经验"的改造,是在批判传统哲学的经验观基础上进行的。他认为,古希腊对经验的贬低是因为他们把经验与假象、现象世界相关联,经验只是对实在的模仿,而理性、理念世界才是真实的实在,而且两个世界是分离的;哲学家当然追求实在的真理而非表象的意见,所以轻视经验及艺术。杜威批评柏拉图对真理与经验的分离,从而在某种意义上恢复了普罗泰戈拉的"人是万物的尺度",假如使用杜威的语言,即经验是万物的尺度③。杜威批评柏拉图因为那些生活在实用的、工业的和政治的世界中的人们忽视形式而产生的后果感到苦恼。而亚里士多德虽然赋予自然界以一种完成了的形式,从而避免自然界与理念世界分离的困惑,但他对奴隶实用

---

① 洛克:《人类理解论》,关文运译,商务印书馆1959年版,第136页。
② 笛卡尔:《第一哲学沉思录》,庞景仁译,商务印书馆1986年版,第3页。
③ LW.11.75—76.

性劳动的蔑视体现出他作为优闲阶级对静思的偏好、对劳动实践之类经验的偏见。杜威还批评古希腊哲学家普遍存在的对艺术经验的轻视。在古希腊世界,艺术被认为是对偶然性的刻画,是出于实用性需要的暂时行为,而感性的情绪、冲动和偶然性的意义还没有受到哲学的关注;理论是完满的,所以是静止的,而艺术则是缺失和需要,所以是动态的。但另一面,杜威欣赏古希腊哲学对科学与人生世界的密切关联性的观念,"科学—艺术—实践"是典型的人类实践活动,艺术因为其直接性是自然界完善发展的最高峰,而科学是为了完满的手段与工具,是婢女①。

　　杜威批判近代二元论哲学假定事实与价值相分离、知识与行动的相互独立,认为这种分离使得知识理论既没有回到实践行动中,也没有获得验证,所以日常经验的事物作为原初经验的材料没有获得相应的意义,更不要说得到"意义的丰富和扩大"。由于没有将一种得到检验的、有意义的题材反过来用于日常经验和问题情境验证的互动环节,"经验"就变成为抽象的、空洞无用的诡辩之词。杜威认为,事物与感觉表象之间的划界只有方法论和逻辑意义,而无存在论意义。没有石头,我们固然不可能有脚踢上去产生的疼痛感,但如果没有脚踢它,痛感也不会产生,而且在某些人那里,那种疼痛感还可能被压抑或者转换成为满足感和快乐,好像从来不存在疼痛感似的。如果说在某些实证性的研究模式中,我们需要把石头、脚、踢、痛感作为独立要素分离开来,从而有助于我们对整体事件的理解,那么,在哲学的整体观中,由于它们都是一个经验过程中的要素,必须在经验整体中来理解各自的位置的存在特征,从而得到充分的理解,因为这些要素只是要素,而不是实体。

　　实体概念的退出必然会消除物理性的事物(比如苹果)与精神性的感官知觉之间的本体论差别,任何自然事物在没有获得经验的表象之前是没有意义的,不被理性所关涉。然而,它一旦被经验到,进入我们的思维,就是被经验所捕获的,就是自然的,而又属于经验之内的要素。同时,被经验到的事物也不是僵死的、固定不变的实体。因而,笛卡尔的天赋观念,莱布尼

_____

① 　EN.358.

茨的前定和谐,康德的先验图式和范畴等等,如果没有二元分离假定,也就失去了存在的意义而瓦解。杜威批判二元对立的武器,就是继承于黑格尔的生长性的整体观思想,它是杜威思想中"永久的积淀"①。杜威最难容忍的传统哲学的"最根本谬误",就是假定精神思维与自然物质这两个领域的彼此分离和相互独立性,譬如康德"在认识上确定的对象和那些具有同样完备的实践道德上有保证的对象之间划分了领地"②。杜威批评这种"借助于区分领域来协调自然理性与道德权威的作用的方法",把丰富的经验环节划归到提供感性材料的"物质性"领地。他认为,由于一般人生来就是有唯物论倾向的,因而"唯心论的主观主义是个进步",但唯心论却固执地走向了另一个极端,他曾如此批判唯心论:

> 把人与经验同自然界截然分开的观念如此根深蒂固……经验对于具有经验的人们来说是重要的,但是它的发生是太偶然、太零散,以致在涉及自然界的本质时它就没有任何重要的意义了。另一方面,自然又被说成与经验是完全分开的。……认为经验不仅是从外面偶然附加在自然身上的不相干的东西,而且它是把我们与自然界分隔开的一个帐幕。……某种非自然的东西、超经验的东西,用理性或直觉的方式就被引进来了。③

主观主义的典型表现,就是认为经验可以分解为与实施经验的动作相关联的特性以及一个被经验到的客体。前者是主观性的因素,后者才是客观的,可以成为知识的材料。经验的动作和过程由于是个人的行为,受到许多因素的影响,比如每个人具有不同的认知水平,还有不同的感情、心理情绪等等,无法准确把握,也没有一致性,与知识的目的不相符合,是需要舍弃的。而经验的对象物是确定的客观事物,具备知识的特征,所以成为知识的备选,理性就在这里落脚。但是,经验物与人,以及经验动作过程真的能够剥离开来吗?

杜威批判唯理论派混淆了经验与能经验的动作,主观主义的经验划分

---

① LW. 5. 154.
② 杜威:《确定性的寻求》,傅统先译,上海人民出版社2005年版,第43页。
③ EN. 1a.

认为经验物是客观的,可以成为知识的材料,而与实施经验的动作相关联的特性是主观性的因素;还认为经验过程是个人的行为,受到许多因素的影响,比如每个人具有不同的认知水平、感情、心理情绪等等,所以无法准确把握,也没有一致性,与知识的目的不相符合,故而是需要舍弃的。但是,经验物与人及经验动作过程真的能够剥离开来吗?唯理论的经验是作为认识的开始阶段的感觉,看似"客观",但只是强调了经验的认知方面,而忽视了经验的非认知内容,即个人的情感、冲动等心理因素,以及具体的体验方式与情境,实际上是把经验看做某种外在于真实的经验过程,认为它只是给认知提供感觉材料的一个假设环节、一个传送杂多的感性材料的通道,因而越简单、越透明越好。而且,唯理论在对现实经验中的因素进行反思分析后,把反思分析的结果当做是原始的东西,也就是说,把经过思维"污染"的认识对象、经过推理而得到的条理秩序当做是最后的实在和终结,而抛弃它们所由派生出的材料和事物,这在杜威看来是一种"数典忘祖"的行为。而且,把理智的经验及其内容视为原始的出发点,就割断了经验与自然之间的连续性。

当然,杜威也对经验论、尤其机械唯物论贬低经验中的理性力量进行了批判,"自然被认为代表某种完全物质的和机械的东西;依据自然主义术语来建成一个关于经验的理论,因而也就是贬低和否定经验所特有的高贵而理想的价值"①。而对于洛克等英国经验主义者,经验被假定为与理性的反思相对立的知识的本源领地,而不只是一个通道。虽然近代哲学赞赏艺术、尤其是创造性的艺术,但由于张扬理性知识而贬抑行动经验,消除艺术的生活之源以及类似工业技术的实用性方面,从而割裂艺术与日常生活经验之间、高雅与通俗的艺术之间、美的艺术与作为实用技术的艺术之间的连续性,甚至艺术与非艺术之间的连续性,导致在艺术与审美之间建立起一道人为的障碍。所以杜威认为近代哲学仍然受到重理论轻实践的传统思想的制约,这一点在唯理论派那里表现得尤为明显。

总而言之,杜威认为近代两派认识论哲学对于经验的理解都是基于这

---

①　EN.1a.

样的两分：物质世界和思维世界相互分离而独立的存在；正是这个"两分"
导致行动与知识的分离：行动的经验发生在物质世界，而知识发生在思维世
界。经验论派由于认定感觉经验是知识的唯一来源，把自己局限于被动经
受一个方面，而唯理论者抓住自我，排斥外界，用"我思"作为知识的根源，
这样，两派各执主动性和被动经受之一端，并把它们完全割裂开来。总之，
杜威认为传统哲学对于经验的观念的错误在于：面对动荡的、不确定的世
界，死抱着"存在"、"真理"等自我制造出来的词语不放，而期望这个世界具
有完全的、完成的、确定的特征，从而发明一些诸如理性、概念、原子、实在等
外在于自然世界的东西。因而，杜威对经验的改造就是从消除这个二元分
离的尝试开始，试图重新捏合和统一这个标示某种"客观性"、而实际只是
"我思"延续的主体意识所强行的二元分裂。

　　杜威对传统哲学经验观采取扬弃的立场，在批评的同时也有继承和发
扬。他认为近代认识论哲学比古希腊哲学家追求纯粹外在世界的形而上学
更接近于人的经验世界，对经验的认知分析更为深入细致。而古希腊哲学
家对于理智的行动与认知过程还是持连续性的观念，即使对于实用性的劳
动，也认为行动与认知在其中结合为一体，虽然奴隶们的世界是"表象的低
级世界"，而不是像哲学家的沉思、面向理性的"实在世界"。可见，他们没
有在经验行动与认知思想之间进行绝然的划分，他们虽然轻视经验而重理
性和科学，但理由不是近代哲学中的所谓主客之划分，而是两个世界的划
分，在世界中人、事物、认知和行动都是处于一个整体之中。这对于杜威的
知识与行动结合的观念尤为重要，他认同这种连续性观点、连续性整体中的
经验与环境中生命之间的相似性，主张在经验中实验性的思维与自然之间
存在互动参与的过程，而反对近代旁观者式的认识论。如罗蒂所说，杜威就
是用改造的经验、和基于经验的哲学方法来对待传统形而上学的①。

　　杜威对传统哲学的批判并不是对严肃地处理此类知识问题的拒绝，而
是试图恢复到近代认识论之前处理这类问题的方式，尤其是古希腊哲学家

---

　　① 罗蒂：《实用主义哲学》，林南译，上海译文出版社 2009 年版，第 73 页。

面向生活经验的视界①。杜威所看重的是哲学对现实生活起到直接指导意义的这个方面,而不是远离现实中具体情境的那些纯粹的理论问题,当然更不是要推翻或者摧毁整个哲学传统。在这个意义上,他与海德格尔、维特根斯坦、萨特等人一样,直接面对现实的世界,而且认为经验即是生活经验,生活是一个通过面对环境的行动而自我更新的变动过程。对于杜威来说,经验主要是一个"主动—被动"的事情,而不是基于静观认知的;感觉是情感的和实践的,而不是认知的和理智的;情绪、情感和反思一样重要,因为其中包含增加经验意义和扩大经验域的成分。而在二元论的哲学体系内,经验不是纯粹的知识就是知识的过道或者孤立感觉的被动接受,没有积极和情感的阶段,经验就失去了生长的活生生的原动力。而这正是其本质的不可缺失部分。

三、杜威的经验观念

"经验"是杜威哲学中的核心概念,是他在英国传统经验主义基础上经过改造而重建的新观念。杜威的"经验"是一个包含人在内的有机体与环境及其相互作用的有机整体,其中有人、经验过程、经验情境、经验对象以及产物等等要素。在这种经验观中,人所经验到的世界既不是外在的"客观"世界,也不是纯粹心灵的"主观"世界,而是经验中的必要环节;这种经验不是把人与自然界隔绝开来的屏障,而是被人理智地用来揭示自然真实面目的手段。杜威说,"经验是关于自然,并在自然之中(Experience is of as well as in nature)。被经验到的不是经验,而是自然——岩石、植物、动物、疾病、健康、温度、电力等等。在一定方式下交互作用的许多事物就是经验,它们是被经验到的东西。当它们以另一些方式与另一种自然对象(人的有机体)相联系时,它们就又是事物如何被经验到的方式"②。杜威的"经验"也不是我们日常生活中所说的经验,它要比后者的范围宽广得多。日常生活中所说的经验一般是指,在某个方面由于长时间的接触而形成的成熟操作

---

① MW. 6. 440.

② LW. 1. 13.

和认识习惯,是与科学和理性相对立的。

杜威的"经验"是这样诞生的:

> 生物体按照自己的或繁或简的机体构造向着环境动作。结果,环境所产生的变化又反应到这个有机体和其活动上去。这个生物经历和感受它自己的行动的结果。这个做和受或者遭受的密切关系就形成我们所谓经验。不相关联的做和不相关联的受都不成为经验。假如在一个人睡着的时候,火烧了他。他的身体的一部分被烧伤了,这个火伤不是以清醒的知觉从他的行为归结出来的,在教育性的意义上没有什么是可以叫做经验的。再说一次,只有一连串的单独运动,如在痉挛中的筋肉收缩等。这些运动简直不成东西,它们对于生活没有一点结果。就是有,这些结果和事前的动作是没有关联的。既没有经验,没有学习,也没有积累的过程。但假设一个顽皮小孩把手指头放进火里去,这个动作是随便的,既没有目的,也没有意图或反思,但结果是有些事情发生了。这个小孩遭受到热,感着痛苦。这个做和受,伸手和火烧,关联起来了。其一进而暗示和预定着另一。于是就得了一个意义非常重大的经验。①

这段引文有点长,但包含了杜威关于经验的丰富内容,而且也直接地显示出生物学、心理学对杜威哲学思想的影响。

杜威显然不愿像皮尔士那样对康德的先验世界依依不舍,也不愿自缚于古典经验或者理性的独脚桩。我们可以看到,杜威的经验概念包含有主动和被动的因素,它们以特有的形式结合着,而单纯活动是分散的,并不构成经验。在主动的方面,经验就是尝试(trying),尝试的经验包括变化,而且有意识地和结果联系着,否则变化将是毫无意义的转换;在被动的方面,经验就是遭受(suffering)、经受结果。我们对事物有所作为,而事物反过来对我们有所影响,这是一种特殊的结合。正是由于经验中存在这两个方面的联结,我们才可以测定经验的效果和价值。对于一个经验的价值测量就在于对它所导致的关系或者连续性的观察,这种观察需要我们经验的反思,

---

① RP. 86.

思想或者反思就是对我们要去做的与结果发生之间的关系的区别。没有思考,经验就没有意义。经验不只是对过去所做的总结,也包括对已做的事情的深思熟虑的控制,以寻求有效的方法。概言之,杜威的经验概念既包括人们所做的、所遭遇的事情,也包括人们怎样活动和接受活动。

经验作为一个起点,确定我们所探究的问题;经验作为终点,检验思维和理智对于问题的解决方案和推理的有效性。杜威的经验还是知识受到检验的终点,是哲学最后的测验和判定标准,"杜威对成功的哲学的标准是在有经验生活的社会和文化的领域里寻找,对安全和扩展美好事物的挑战就是一个哲学的真正检测"①;它指导我们走向一种提高的、富有成果的、繁荣的人类生活,这本身就是哲学的标志。他认为专业哲学家在这点上是失败的,他们处理的是分离的和技术性的领域,而这些领域是远离人类日常生活的。在杜威的心目中,苏格拉底是一个伟大的典范哲学家,因为他完全沉浸在过好生活的关怀之中;而柏拉图和亚里士多德之后对确定性的寻求导致了哲学与真实的远离。杜威以美洲大陆的发现为例,说明即使北欧人已经"知道"了美洲的存在,可是由于他们只是停留于这个内心的"知道",而没有转化为实践中的行动,改变地图和课本,从而在将来的航行和其他人的经验中得到利用,所以,这个"知道"可能仅仅用于解释他们的某次美洲遭遇,而不能算做真正的发现②。除非它像哥伦布的美洲航行那样,对后来的经验产生影响,带来积极的效果,整个"人类经验的世界"得到改动,比如移民、探险、金矿的发现、土地的开发等等,才能算是真正的经验。

按照与"实在"的接触程度与形式,杜威把经验分为原初经验和反思经验两个阶段,前者是人作为有机体直接地接触自然实在的经验,侧重于做,而后者则有思维的参与,侧重于受和想象。杜威认为,直接经验就是有机体与环境的直接接触,同时具有做与受的直接性和明晰性;而这在古希腊思想家看来,却是最远离"实体性的真理"的。正是在这一点上,杜威认为近代哲学走向主观性是对于古希腊哲学的一个进步。他并不认为原初经验包含

① Raymond Boisvert, *John Dewey: Rethinking Our Time*, State University of New York Press, 1998, p. 27.

② EN. 156.

整个自然或者自然界，但是事物一旦被经验到，就成为了经验之中的，经验也正是通过它并扩展和延伸经验的网络，所以，经验是我们不断深入到自然深处的一条途径，而且是唯一的一条通道。杜威也不排除外在世界的某种独立性，比如由苹果等物质和"事实"（fact）构成的自然界，即不仁存在①，但在其与经验之间的关系之中，一旦被经验到，就被经验所关涉，成为原初经验中的要素，他曾经自豪地说"原初经验"的发现是他对哲学的重要贡献。而且，反思经验也要通过回到原初经验才能得到验证，并且扩大对象物（如苹果）的意义，同时，原初经验也得以深入自然。总之，杜威的经验概念包括各种经验过程中所涉及的要素，更不是理性私有的精神领域，而宇宙作为一个整体就是纯粹经验的总和，经验与自然融为一体，是最后的实在。

杜威的"经验"还包含社会和历史的因素，即包括同一个社会共同体中其他成员的，甚至全人类的、历史上的、各种各类的经验；在一定方式下相互作用的许多被经验所覆盖的事物，或者被人直接接触经验到，或者以一定的方式与人相关联，都囊括在杜威的经验之中。它是有机体、习惯和社会结构的产物，而这些要素是人从过去继承而来的。作为一种人类历史中的生活手段和方法，杜威的经验包含这样三个层次的涵义：1）经验是生活，从旧到新的生活；2）经验是人对付环境的能力，是用旧的经验来预测、对付将来的能力；3）是一个有意义的连续的系列，而不只是非反思的情感事件、僵死的"刺激—反应"。这种内涵丰富的经验概念的定义，为杜威阐释基于连续性的自然主义哲学作了准备，同时也为其经验方法在社会政治理论、伦理学等各个实践领域里的运用铺开了石路。

对于杜威来说，经验是诸个体对环境的调节、以及连续性的生产过程，不同的经验生产出不同的产品：美感经验、道德经验、理性经验等等，而各种经验之间存在普遍的联系。杜威哲学中经验的范围十分宽泛，包括梦、疾病，还包括巫术和迷信，以及科学等等，以至于有人认为，实际上在杜威那

---

①　不仁存在（brute existence）：中国哲学中有"天地不仁"之说，故译为"不仁的存在"或"不仁存在"。也有人译为"粗野的存在"，但显得有点粗糙。

里,在经验之外便没有任何东西,可以与经验对立的只有"无"①。而且,按照不同的因素和参照标准,经验可以有不同的分类,比如,按照其在认知的探究过程中的角色,可分为认知经验和非认知经验,它们与经验物之间产生了"前对象"与"对象"的差别。故而有人批评杜威的"经验"和"对象"概念②,但那依然是在经验分离的基础上的质疑,因为对象是知识对象,所以在探究之前不存在。"实在"就是不可还原的存在特征,这就是杜威的经验所要讨论的实质内容。此外,按照经验中原初经验和反省经验所扮演的角色来确定的,杜威的经验还可分为三类:日常经验、科学经验、哲学经验。当然,其中各类所经验的内容与经验的具体方法也有不同,日常经验中由原初经验来主导,科学经验中既有原初经验,又有反省经验,科学如果遗忘"返回到原初经验中去以求验证"这个环节,就会变得主观、封闭和独断,而且很可能得承受意义的虚无化结果。如伯恩斯坦所说,杜威的"经验"改造,是结合了亚里士多德的经验观念与现代的实验科学方法的一种新经验主义运动。他最推崇的是科学实验的经验模式,并希望用这种理想的模式来全面改造哲学。而常识哲学充满了时代特征的流行风俗习惯,停留于原始观察的表面而没有科学技术的手段和推论,所以没有什么深刻价值。杜威曾说哲学结论所带来的麻烦丝毫不是由于它们是反思和推理的结果,而是哲学在从各个来源引入一些概念和论断时,没有考核其所面对的特殊经验,也没有考察它们所指向的经验对象等独特情境,便直接把"流行观念"搬运到哲学里面,如:

> 柏拉图与毕达哥拉斯学派交流并输入数学概念;笛卡尔和斯宾诺莎采用了几何学推理中的那些基本假设;洛克把牛顿的物理粒子输入到心灵论中,把它们转变成所予的"简单观念";黑格尔无限制地借用和一般化了当时新兴的历史方法;现代英国哲学从数学中输入了原始的、不可界说的命题这个概念。③

---

① EN. 11–19.

② C. McGilvary, "The Chicago Idea", *The Journal of Philosophy*, 9(1912), p.593.

③ EN. 34.

科学如果遗忘"返回到原初经验中去以求验证",就会变得主观、封闭和独断,而且很可能得承受意义的虚无化结果。杜威曾经自豪地说"原初经验"的发现是他对哲学的重要贡献;他心中最崇尚的当然是科学实验的经验模式,并希望用这种理想的模式来全面改造哲学。

四、杜威改造"经验"的意义

通过对经验概念和观念的改造,杜威的自然主义经验论与英国传统经验主义区别开来,也不是美国传统的自然主义。如果说在英国经验主义传统里,经验是个主观的东西,包含感觉、印象和思想,而作为一个整体,是由个人的、主观的、意识的等等来标示,那么杜威的自然主义的经验论就完全不同,它是关于经验—自然的理论。他明确地使用外延指示方法来澄清其经验的连续性,是关于感觉的,分布在关系中的关联性,以及在自然中发现、在探究中合理地建构而来的连续性。杜威的经验概念不仅是连续性的整体,而且还包含、并在某种意义上凸显出主体的能动性因素。这形成了一种替代唯理论派中先验性的建构思想,无论在哲学还是教育、社会思想,杜威拒绝各种还原主义,而认同多元论、可错论的建构主义,这尤其表现在其晚年提倡对文化建构的思想上。

通过对经验概念的改造,杜威发现了原初经验的存在论意义和选择行为的自由价值。原初经验是人与自然之间前反思的、存在论意义上的集中体现,也是反思的认知结果回复到其中从而得到验证的标准。反思的经验与行动最终要回到原初经验中,拓展经验的域和意义。也就是说,原初经验是经验的效果和意义得到充实和扩展的场地,选择行为是反思经验中人的倾向性行为的表现。人作为一种有机体,不仅有体现在原初经验之中的生物特性,而且在反思经验中也表现出一定的思维和行动的特有倾向。每个人由于不同的人生经历、面对的不同情境、社会背景和直接经验状况等等,即使对于同一个问题也会表现出不同的思维方式和行为特征,作出不同的反应。这说明,每个人行为的选择性中包含有不同的思维模式及其建构性中间环节。所以,选择行为不仅表征着行为倾向性,它还是人格自由和个体性的直接根源。原初经验与选择行为共同构成了个人与社会之间的这样一个辩证关系：个人有着远远超出社会的公共因素的"模糊地带"，它介于公共领域与私有领域之间，而社会共同体所具有的潜在的交往一致性，就是因为这些模糊的边缘地带的生长和显现过程的存在；另一方面，社会共同体又包容着个人的公共域、和共同经验的建构性平台。这是杜威的进步教育理论、实验伦理学、参与式民主政治等思想的哲学基础。

通过对经验概念的改造，杜威实现了对传统哲学的问题域的转换：从古希腊外在的"客观"世界和近代认识论哲学的心灵"主观"世界转换到现代的"经验场"。由于受到现代生物学和开放的科学精神的影响，杜威希望按照现代经验的方向，发展其生物学意义，而不是内省主义，他认为经验是一种交互作用，是有机体与其物理的和社会的环境之间的交往过程。他还汲取古希腊的哲学资源，因为古希腊的经验就是积累起来的有关过去的知识，不仅有个人自己过去的，还有社会过去的，它是通过语言、更多的是通过各种不同的工艺学习的方式转化而来。这种经验基本上是一种通过实践和习惯而得来的知识，它与一种更高形态的知识即因果关系形成对比，其中还包括通过重复行为而积累起来的知识，它不是自足的，而只有理性和科学才是自足的①。

斯密斯(John Smith)认为，杜威对经验的重建是其对哲学的最重要贡献。理解杜威的经验改造至关重要，许多人对杜威实用主义哲学存在误解和偏见，这很可能与他们没有真正理解杜威的经验、自然等基本概念有关。即使了解到杜威对经验进行的改造，但对这个改造后的经验的哲学内涵和意义理解不深，或者忽视杜威的原初经验、反思经验之划分，对杜威有关经验的认知、非认知之区别不以为然，也难以准确把握杜威的经验理论。这使他们不是认为杜威的经验改造缺乏深度，就是认为这个经验改造是对哲学研究走向清晰化和概念细化的逃避，是走哲学发展的回头路，只是为了简单地避免形而上学的问题和相关争执。总之，"经验"既是杜威对传统哲学和形而上学进行批判的立足点，也是我们进入杜威哲学的最佳切入口，更是理

---

① William J. Gavin, ed., *In Dewey's Wake: Unfinished Work of Pragmatic Reconstruction*, State University of New York Press, 2003, p. 65.

解发生在杜威身上的许多哲学争论,以及解开其不可回避的诸多问题的钥匙。从哲学发展的角度来说,对杜威哲学的辩护和重新评价也要从他对经验的改造开始。

如果没有对传统"经验"概念的改造,杜威哲学可能难以言说有存在论意义上的根基,他努力想要开辟的、通往人的社会生活实践的哲学之路,就会变成没有起点和基础的虚幻设想。通过对经验的改造,杜威首先扭转了对哲学根本问题的发问方式。我们不再需要问理性知识如何可能,或者它如何真实地反映并且符合物自体或者世界的事实本身。因为杜威的经验已经包括了被传统哲学分离开的思维与物质,它们都属于连续性的有机统一体。这样,经验就变成了自然显现的一种哲学方法,变成特定情境之中对于特定经验物质的做与受的整个过程,而不是思维和知识面对自然的屏障。近代认识论将主体与客体相分离从而导致的许多无解问题,在杜威自然主义的建构性哲学中要么消失,要么没有意义,故而不会有二元论那样成为与其根本假定相矛盾或者循环的死结。有了杜威对经验概念的改造,曾经令近代哲学家绞尽脑汁的理性的知识如何把握世界的可能性问题就迎刃而解,也不再存在横亘于我们的思维与世界之间的屏障问题。经验不再是无生命力的、充满错误的、阻碍认识真相的、需要否定的环节,而是人认识自然、到达自然、揭露自然秘密的唯一途径。

杜威改造了经验概念,认为经验不是反映实在,而是根植于实在,它深入到人的生活经历这一最基本的层次,从而揭示了意义的丰富的深层认知内容。原初经验是一切经验、知识和哲学反思的基础,因此对它的研究也就是对认识者的存在结构和过程加以研究。杜威在 1929 年《经验与自然》第三版之后,逐渐改变了原来对"经验"概念的看法,因为在经过一系列关于经验概念的误解、批评与回应之后,他认识到,要让自己对"经验"这个词语的使用被别人广泛接受和理解是不可能的。杜威在其 1951 年新导言的草稿中这样写道,"假如我今天来写(或者重写)《经验与自然》,我将用《文化与自然》为书题,并对特别的主题进行适当的修改。我会放弃'经验'这个术语,因为我越来越认识到,对于实际的效果来说,妨碍对我使用'经验'的理解的那些历史障碍是不能超越的。我将用'文化'这个术语来替代它,因

为,就现在它确定的各种涵义来说,它能够全面而直接地传达我的经验
哲学。"①

　　按照传统的哲学领域的划分,这既是认识论的,又是本体论的。杜威并
不象海德格尔倾向于存在论而轻认识论,杜威的真理观与对经验的自然主
义态度是结合在一起的。人类的实践活动乃是一切知识的基础,而人的行
为又展开于一定的具体情境中,所以对认识基础的考察必然既是认识论的
又是本体论的。在现象学运动中、在日常语言哲学的发展中亦然。这是现
代哲学的总体趋向。罗森塞尔(Sandra Rosenthal)认为现象学看重古典实
用主义之处,在于其对人的丰富复杂的经验的独特分析,但是"实用主义与
欧洲存在论现象学——特别是海德格尔和梅洛—庞蒂的学说——之间的亲
缘关系要远甚于它和分析哲学传统的关系"②。对于杜威与胡塞尔、海德格
尔、梅洛—庞蒂学说的思想关联我深以为然,但不认同实用主义与分析哲学
传统的间距更大,它们对传统经验主义的内在继承、对科学追求明晰性的精
神和经验的实验价值的认同常常被当代哲学研究趋向所忽视。

第二节　原初经验的发现

　　杜威通过对传统经验的改造,区分原初经验和反思经验,发现了"原初
经验"。人们通过原初经验才知道性质、关联和连续性。经验以及原初经
验在杜威哲学中的基石性地位不可替代③。杜威曾经自豪地说"原初经验"
的发现是他对哲学的重要贡献;他心中最崇尚的科学实验的经验模式所具
有的生命力就在于原初经验,而且,原初经验是杜威解决传统哲学的问题和
困难不可或缺的理论工具。

---

　　①　LW.1.412.

　　②　罗森塔尔:《从现代背景看美国古典实用主义》,陈维纲译,开明出版社 1992 年版,第
160 页。

　　③　在作为《经验与自然》总纲性的第一章中,"原初经验"(Primary experience)的概念就
出现了 31 处之多,是除了"经验"、"经验方法"和"哲学"之外出现最多的术语。

一、杜威的"原初经验"

传统哲学中的二元分离在原初经验概念中得到克服,精神与物质只不过是理性的反思与经验中的行动的对应词语,但是没有一个经验是没有相伴随的行动的,也没有一个经验没有理性的参与,而理性反思的参与总是透过原初经验的环节,所以在原初经验中,既有作为有机体的人在情境中对某个经验事物的做与受的完整过程,也包含这些基本的经验要素,如人、对象物(如苹果)和体验过程。杜威所崇尚的古希腊哲学对行动与知识之间的连续性就这样得到恢复,经验是关于自然的而又发生在自然之中,这种经验与自然之间的相互渗透从而融为一体的关系是杜威整体观的体现,它最典型地表达在原初经验概念中。虽然反思经验有超越原初经验之处,即概念的把握和反思,不过这种超出是不可脱离原初经验的,它要依赖于原初经验来检验从而保证其"客观性"。原初经验是一个不可分析的整体,而一旦进入分析的阶段,就已经陷入一个概念的话语体系,受到反思的理性所"沾染"。所以,在逻辑的和发生的时间上,杜威否定经验是主体与客体之间的连接,更不认为主客分离是哲学的起点,而认为原初经验植根于自然之中①,它的题材是粗糙的、宏观的、非精炼的,充满着自然原始的气息。

杜威的"原初经验发现"揭示出经验意义不断生长的秘密:原初经验具有潜在的、远远超出反省经验(或称为反思经验)的可能性。在存在论意义上,原初经验所具有的可能域远远大于反省经验,也就是说,原初经验具有不被反思经验所能够把握和覆盖的地方,譬如个人的生活体验、情感、情绪和冲动等要素,这都是因为原初经验存在不可预见的潜能的缘故,同时,原初经验的潜能可以引起或者提高人们对于具体经验的尊重以及对潜能本身的关注。经验的生长之源在于原初经验中存在模糊地带:既被"经验"到,但又不被经验所"把握",更不被理性的反思所把握。反思经验有概念指导下的清晰部分;两者之间的差异就是使得经验不断伸展到自然内部并企图反卷自然的动力之源,而且还是经验情境中所面对的问题的真实内涵所在。如果说自然"大"于经验,那就是由于自然源源不断地提供原初经验的材料

———————

① QC.240。

和场景,而不是自然优越于经验的某种先在性。杜威并不反对思维的价值在于概念和清晰,但概念和清晰是建立在原初经验与自然之间内在的原生态式关联的可能空间上,而模糊意味着一种潜在的开放性。

杜威认为人类生活的原初存在状态就是直接感觉。"存在的起点是直接性质。即使不是作为意义而是作为存在的意义也是基于直接性质的,如知觉或者感觉,有机体的活动及接受。"①这些感觉状态是简单的"存在",而不是认知和所知。即使在潜意识层面,这些感觉性质对有机体的行为也有很大的影响,它们指导有机体进到相似的反应种类或者新的经验中去。对于杜威来说,原初经验就是日常经验,原初经验中的粗糙的、宏观的和未加提炼的题材是作为最少偶然反思的结果而被我们所经验到的东西;反思中精炼过的、推演出来的对象,即是由于继续受到调节的反思探究而被经验到的东西。杜威认为粗糙经验(gross experience)之原初性(primacy,亦原始性)与最后性(ultimacy,终结性)是解决二元论的关键,这两个特性在原初经验(或者粗糙经验)那里集于一体,是黑格尔意义上的整体观,而不是笛卡尔的二元分离,"当这种经验是在一种未经控制的形式中给予我们时,它就是原始的;当这种经验是在一种比较有节制和有意义的形式中(这种形式之所以可能是由于反思经验的方法和结果)给予我们时,它就是最后的"②。原始社会中的原初经验很容易理解,因为原始人类的生活并没有像我们现代人经过了漫长的历史过程中理智活动的参与,从而覆盖了一层又一层的文化沉淀。但是,就在我们的日常经验中,仍然随处可见原初经验的显露,比如,自行车不是一个原初的工具,但是骑自行车的经验就是一个原初经验,在这个经验中人与物可以无缝相连、融为一体,人在拐弯、加速、减速、停下时几乎不会感觉到对自行车的刻意操作,而引起人更多关注的是路面情况和周围环境。杜威的连续性观念直白地体现在这种经验中,整个情境难以分出主体与客体的明确分界线。对这种情境的解释根本不需要传统哲学中的二元论,而且,二元论也不会产生通达的解释,相反,用杜威的原初

---

① I.W.1.226.

② EN.15.

经验来解释就自然而然了,海德格尔的"锤子的上手"等例子也有类似的解释功效,因为它真切地触及人的生存境遇。在杜威极力提倡的教育改革中,传统的概念化教育模式就被认为是对人成长过程中的原初经验的剥夺,是灌入一套"高效率"的训练材料的粗鲁过程①。

罗蒂认为杜威的原初经验是康德的"物自体"的一种替代品②。这个说法是对"原初经验"的误解,如果要把杜威的基本哲学概念与康德相类比的话,杜威的不仁存在、不仁物理事实(brute existence、brute physical fact),作为一种未被经验所牵涉和包容的自然,更类似于康德的物自体概念。不过那仅仅是一种"家族相似",因为杜威从未明确地说那种自然是什么,也没有说它如何被原初经验所关涉。杜威不仅没有给予它以康德的物自体那样的哲学地位,而且还要设法消除康德的物自体与意识的"确定性"分离及其独立性地位。杜威的经验与自然有着无法分隔的关联性,也不可用近代哲学的追求清晰的领域格式来划分;进行类比也是牵强的,那仅仅是一种为了方便的理解而已。内在循环的关联只能以共生的形式显现出一种"自然而然"的发生。哲学在自然世界与精神之间的关系问题上的解释困难表明我们的思维、反思能力相对于经验与原初经验具有某种有限性。

二、"原初经验"的性质

1. 直接性

杜威的"原初经验"概念就是指行动、行为和实践。它是直接的,所以,生活的原初存在就是直接感觉,人与自然环境的直接接触、融为一体,其中无论是对自然的"做",还是对自然的"受",都是非认知元素。显然,杜威不会赞同对"意识"的这样两个十分不同的定义:某些直接明显的性质或者感觉事物所具有的性质的总和,抑或是实际知觉到对象而觉察出来的意义。所以他尽量不用"意识"概念,因为它涉及心身问题的实质。然而,在涉及

---

① 我们当今的教育模式依然没有从根本上扭转机器化的培养过程,离"人"化培养模式还有很大差距。这不仅仅是由于应试教育的竞争压力,更主要的还是缺乏教育观念的改造和教育方法的落实。

② Richard Rorty, *Consequences of Pragmatism*, University of Minnesota Press, 1982, p. 83.

对这两个发生与经验过程中的相互影响的要素的分析,包括意义发生所必需的语言工具时,他还是把存在意义上的存在的起点给予直接性质,"即使不把意义当做是意义而当做是存在的东西,它们也以直接性质、以有机活动和可接受性的感觉或'感触'为基础的"①。这些感觉状态是简单的"存在",而不是认知或者所知。即使在潜意识层面,这些感觉性质对有机体的行为也有强烈影响,它们指导有机体进到相似的反应种类或者新经验中。从根本意义上说,来自于自然的存在具有超出经验的潜在部分。我们不是生来就有任何先行的、结构性的感觉和概念,因为经验的这些方面是在我们的反应中产生出来的,它们变得符号化了,"在直接状态下,每一个知觉的觉察都可以无差别地称为情绪、感觉、思维、欲望"②。所以有机体原初的感觉状态是非分化的,比如没有任何人类理性观念和思维模式的新生婴儿,其感觉就只能被直接指示,而不能由概念表达定义。直接感受贯穿于人的一生之中,它发生在任何时间、任何空间,无论是遭遇到困境时,还是顺利到达既定目标时。它也即杜威称之为经验的"非认知",或者"前认知"的方面。同时,它也不是从经验的认知方面更高的、更复杂的功能中分离而来。当然,认知的和非认知的方面并不存在清晰的界线,相反,它们之间是连续的,存在过渡的区域。而逻辑实证主义者则将它们进行了清晰的划分,从而导致感觉和认知分离的激进二元论。

原初经验的直接性体现在经验的非认知特性上。杜威认为经验中的性质和关系是可以立即被感知到的,此外,非确定的情境、有机体遭受到探究的连续性、情境的完成阶段、以及对感觉的知晓都是立即感知到的。只有当立即感知到的性质被关联起来,或者由原因、由结果从被感知的所知晓中才产生感觉、思想、情感和欲望。在逻辑中,当讨论直接知识的不可能性时,经验的非认知方面就得到说明。直接性的原则还扩展到杜威的价值理论中,而且杜威在其许多著作中明确地用到了认知和非认知的关系,而在扩展到探究、感知和经验的问题之外时则是隐含地用到它。

①　杜威:《经验与自然》,傅统先译,江苏教育出版社 2005 年版,第 191 页。
②　EN. 304.

经验既是公共的又是个人的,它是一种深思熟虑的方法,而且自然和经验积极地参与其中的交互作用。杜威相信这种经验观念可以避开传统哲学的二元对立。但有人认为这是将人类经验的特征解读为自然,他们批评杜威的自然观念是拟人化的。譬如桑塔亚纳就认为这是一种直接性的神秘主义,因为经验概念是内推的,其经验观念是一种客观唯心主义的,通过将所有的事物溶解在经验的直接性中,杜威实现了经验与自然的统一①。的确,杜威哲学涉及经验的两种涵义的转换给我们留下了值得质疑的问题:"是自然包含经验,还是经验包含自然?"②按照批评者的哲学立场,无论是唯心论还是实在论的,杜威的直接性经验原则都可能导致一种循环论证。杜威从经验的直接感觉性质中建构出常识的和科学的客体,譬如恒星,但杜威拒绝讨论真实的恒星是什么,因为外行眼中常识的恒星和天文学家眼中更复杂的恒星,都是为满足特别探究的需要而建构起来的。他还否认这意味着恒星客体是对天空中微光的虚构的想象的推断,恒星本身通过物理学和光学的理解而被说成是引起微光的真实客体。它可能会导致这样一个循环:我们从所见光开始由之构造出一个恒星,而星产生光,那么究竟是光前星后,还是星前光后,而且到底是谁产生谁呢? 如此一来,杜威又将面临这样一个两难问题:如果客体恒星本身引起我们对它的感觉,那么杜威就其知觉理论而言是实在论,必然说客体是其真实所是;如果他强调客体的种类由探究的需要而决定,那么他持知觉现象学观点。

此外,杜威在认知和非认知的知识之间的区分,对人类判断中的怀疑和不确定性的看重,给予意识在扩大经验和提高探究中的显著作用,引来实在论者罗素和实证论者赖欣巴赫等人的批评③。他们认为这是一种逃避困惑

---

① G. Santayana, *Dewey's Naturalistic Metaphysics*, 1951, p. 256; See S. M. Eames, *Experience and Value: Essays on John Dewey and Pragmatic Naturalism*, Carbondale: SIU Press, 2003, pp. 3-13.

② John Laird, "Review of Experience and Nature by John Dewey", *Mind*, (1925)34: pp. 476-482; see S. M. Eames, *Experience and Value: Essays on John Dewey and Pragmatic Naturalism*, Carbondale: SIU Press, 2003, pp. 3-13.

③ Thomas Dalton, *Becoming John Dewey: Dilemmas of a Philosopher and Naturalist*, Indiana University Press, 2002, p. 269.

的诡辩,在这样的知觉经验中,知觉经验的性质是有意义的。认知经验中所表象出的东西是在经验之内还是经验之外呢？如果我们谈论过去的一个事件,我们不是被迫划分现在的观念和观念所指的过去事件吗？对于此一问题,杜威必然认为知识是表象的,并自认是二元实在论者,否则,他必须将知识客体看做无超验所指也无外在所指,并承认自己是一个唯心主义者。这样一来杜威面临的问题将是:如果经验是支配性的并包含自然,那么杜威就是唯心主义的,如果自然占支配地位并包含经验,杜威就必须给自然赋予某些特性,自然不关注它是如何被经验到的,那么他就是一个实在论者。

　　杜威的原初经验是其自然主义的基础(有关其自然主义将在下一章展开讨论)。对于有关实在的说法,杜威的反应表明他既非唯心论者又非实在论者,而是一个自然主义者,他拒绝在描述时超出人能够经验到的自然的领域。为此他扩展其经验描述,杜威声称,当前直接的定性知识可以通过非认知的过程来获得,即在原初经验之中,这在杜威的批评者看来是主观主义的,是矛盾的;但是批评者忽视了杜威对认知经验和非认知经验进行区别的实际涵义,也就是说,没有认识到杜威原初经验的哲学意义。非认知层面上的性质不具有知觉知识的意义,感觉知识只发生在、表象在经验中的性质是与其他性质相关联而"获取"时,这也就是意义的发生。对客体的建构就是揭示自然真正的关联,因为感知客体超越了当下直接经验而与过去和未来相连,而过去事件是当下知识的客体,因为它与当下的经验相连,后果由之而出并被带入到当前经验之中①。另外,杜威主张经验的两个方面可以帮助我们超越实在论和唯心论的两难困境。有机体与环境之间的交互作用是多重的,而原初经验在最宽广的意义上覆盖了它们。然而,认知经验只是那种交互作用中的一部分,是经验—自然交互作用的唯一阶段,只有当认知关系是这个互动中维持的唯一关系时,杜威才会被迫在表象的实在论和唯心论之间进行选择。经验与自然之间的关系问题也渗透到认知和非认知经验的区别中,经验方法向我们揭示出,对自然的渗透是从作为"拥有"的经验到作为"理解"的经验的转变,而不是认知经验中性质简单的那种"是"。对

---

　　①　MW.13.40f-49f.

于发生着的经验,其中的关联都是自然结构的一个展示,而自然的总和都在可能的经验范围之内。许多质疑,包括关于真理的主观—客观、关于知识客体的唯心的一元论或实在二元论、关于感知的现象学或实在论、关于经验和自然的唯心论或人本自然主义,都可以用经验的认知和非认知的区分来避免。由此可见,我们完全可以做到对原初经验的清晰而有信服力的描述。

2. 具体性

杜威之所以可把原初经验从经验中提取出来,是因为经验在前反思阶段有人与环境之间的直接融合性,就像动物为了生存的行为一样。海德格尔也曾强调人与世界的"沉瀣一气",这种直接性就是建立在人作为一种有机体生物与生存环境之间的自然关系之上。每个经验都是一个做与受的完整过程,都是具体的过程,在一个特定的经验中一定有特定的事情发生,有特定的事物被经验到。经验除了经验者(人或者有机体)和经验发生的特定时间和空间、各种特定的社会情境之外,还必须有被经验到的东西。而构成每个经验发生的这几个要素都是特别的,与另一个经验不同;即使是同一个人或在同样背景下,时间也不一样,就如赫拉克利特所说"人不能两次踏入同一条河流";同样,人也不可能存在两个同样的经验,每个经验都是具体的、独特的。

经验的具体性表现在原初经验的题材上以及原初经验产生的问题上。这些题材和问题确定了反思经验的性质与内容,"明显的是,原初经验的题材规定了问题并为构成第二级对象的反思提供第一手资料;而且,对于后者的测验和证实是由通过返还到粗糙或宏观的经验中的事物来保证——即一般日常生活中的太阳、地球、植物和动物等"①。

经验紧紧地贴着生命的过程,而生命是具体的。生命存在具体的情境和过程,就像鱼浸润于水中,它需要有机体不断地与环境相互作用,产生摩擦和问题,找到解决办法,提高理智力,增强能力,但又在新的层面和情境中产生新的问题,如此不断,于是一个完整的过程便构成了一个独特的经验,"由于活的生物与环境条件的相互作用与生命过程本身息息相关,经验就

---

① EN.4-5.

不停的出现着。……但是,所获得的经验常常是初步的。事物被经验到,但没有构成一个经验。……我们在所经验到的物质走完其历程而达到完满时,就拥有了一个经验"①。而传统经验主义者在提到经验时总是空空如也、泛泛而谈,没有具体所指的经验情境和内容,停留在类和种的概念层面上。不错,"各种各样的经验中存在着共同模式。存在着一些必须符合的条件,……这种共同模式的主要原则是由这样的一个事实所决定,即每一个经验都是一个活的生物与其生活在其中的世界的某个方面的相互作用的结果"②。但经验的具体性和个别性是由世界的各个方面之片面性所决定的,经验的完满并非针对整体世界,而是针对某个具体经验过程中前后行动过程的意义完成而言,即是否走完此经验的一个完整过程,产生后果并且实现了意义,而不是对经验所在的世界是否被完全地经验到,与其所有可能的方面都发生了相互作用。因为那是不可能的,什么时候在什么条件下与世界的那个方面发生何种作用,都依赖于具体情境,都是不确定的。一个经验就是一种可能性,它既是世界显现出来的一个方面,也是有机体、人与世界的某个方面的一种交互关系。

3. 暂时性

每个原初经验都是暂时的。当一个经验的"做"发出后,有机体凭借视听触闻嗅等相应的具体感觉对"做"的后果有所"受"的感知,对情境的改变导致材料和经验者本身的变化,从而进入下一个经验。一个经验与下一个经验形成一种时间上的分割,所以每个经验都是一个完整的过程,有始有终,但是终点上的经验是这个经验的完成,而不是作为全体经验的停止,因为可能还有下一个经验。经验的暂时性并非因为某种外在的时间性,相反,是经验本身的暂时性与其不断的起伏产生时间性。每个经验发生中的元素都表现出一种暂时特性,无论是物质的,还是对它进行范畴包装的理论,都是针对这一特定性的经验。然而,它不是因为时间的流逝而为暂时的,而是每个经验本身存在一个变化的过程,其中发生变化的要素对所有其他经验

---

①　杜威:《艺术即经验》,高建平译,商务印书馆 2005 年版,第 35 页。

②　杜威:《艺术即经验》,高建平译,商务印书馆 2005 年版,第 46 页。

并不适用,因为材料或者情境都发生了变化因而不同,目前的经验的意义必须得到开发,从而表现出一个内在暂时的事件,"暂时性是经验的性质,而时间不是与自然的推动分离的自动的实在"①。在这种显现出来的时间河流中,经验就像那数不清的水分子,前后相继,形成连续流动的经验之流,永不停息。

每个经验不仅依时间而不同,还依赖于发生的情境不同而相异。也就是说,每个经验都有自己特定的情境,而情境随着时间的前后相继构成连续的情境系列。情境总是不同的,多重情境的存在本身证实了连续性,它们具有生长成为圆满的、性质的、有意义的经验的可能性。对于杜威,包围经验的自然中人的情境从根本上说是暂时的。暂时性反映在可能的和实际的维度之间:世界同时具有偶然性和条件性、有序和无序、确定与不确定的特征,它始终处于交互作用中,各种冲突要素的力量总是此起彼伏。时间是重要的,"时间作为'空无'并不存在。存在的是行动和变化的事情,它们的行为的持续的性质是暂时的"②。每个暂时性的经验都是一个真正的偶然过程,前后相续的经验流使得每个完整的经验成为丰富多彩的生活世界中的一环,既相互关联,又由于差异性而展现出各种可能。一个充满事务的世界是个现状向所有可能性开放的世界。经验的暂时性朴素而真实地表现在原始人的生活世界中,原始人的集体表象中没有任何东西是死的、静止的、无生命的,生命的活力就像他们的记忆力量一样令人惊讶③;逻辑的反思是借助概念和运算来进行分类的;原始人的普遍性是有限的相互矛盾的不成体系的概念,使得他们无法反思。

4. 情感性

原初经验的直接性与情感特性密切相关。人类所有感性的情绪特征都依人的特定生活经验而定,情感就是人类超出动物性的力量,也是人类经验在原初经验中的艺术性源泉。各种类型不同、丰富程度不同的刺激给我们

---

① Raymond Boisvert, *John Dewey: Rethinking Our Time*, State University of New York Press, 1998, p. 22.
② LW. 10. 214.
③ 列维—布留尔:《原始思维》,丁由译,商务印书馆1981年版,第104页。

的感官和心理造成的效果也不同,所以,不同的人由于不同的人生经历和情感积累而有不同的情绪敏感区和情感反应模式。如列维—布留尔所说,经验的事实包括它在其自身的改良中指导自己的过程,因为我们在处理日常事物时的情绪是既稳定又不稳定的、既反常又不反常、既令人满意又不满意的。一句话,我们的感性力量参与到我们的行动之中,理性并不是经验的唯一要素,甚至也不总是最重要的主导力量。

原初经验的具体性在没有现代人的各种知识和理性"污染"的原始人那里表现得更加充分。有人认为,他们的经验比我们的经验更加复杂,更加丰富①,就如杜威所说,"使一个经验变得完满和整一的审美性质是情感性的。……经验是情感的,但是,在经验之中,并不存在一个独立的,称之为情感的东西"②。完满即是情感性的,直接经验就是情感性的,因此杜威突出强调直接经验的价值和动态的价值。情感依附于运动过程中的事件和物体;但是,如果经验中缺乏"做"与"受"的匹配和对称,模糊的知觉会产生片面和扭曲的经验,意义就会变得贫乏和虚假。所以并非所有的经验都是完满的,意义都是那么充足的。

不过,杜威说意义取决于知觉所遭受的结果,应该并不排斥它依赖于具体的经验情境,否则会遭到质疑或者表述不够充分的反驳。假如经验的意义不是依赖于我们对经验的准备和身心投入,不是依赖于我们对于同一类经验的历史把握深度、经验的充分交互过程,而是取决于"知觉"受的结果,那么经验的意义似乎变得像钞票那样"现实"了。可以简单地说,前者是质而后者是量的,而这个量的比较就忽视了黄金与沙子之"质与量"的对比效果。在有些情况下,虽然受到的"知觉"因为经验情境的各种因素的制约而变得非常艰难,例如开采金矿;而另一类经验发生则是情境简单的知觉涌现,例如在沙漠里取沙。那么,何以认为前者的意义贫乏而虚假呢?质与量是经验不可忽视的两个方面,当然这并不排除在同样的情境之下,意义越丰富,经验的体验就越真实。但是,对于不同情境的对比需要考虑诸多因素,

① 列维—布留尔:《原始思维》,丁由译,商务印书馆1981年版,第375页。
② 杜威:《艺术即经验》,高建平译,商务印书馆2005年版,第43页。

而不只是知觉的"受"的一个方面。

　　杜威在艺术经验中高度关注"知觉"的重要性。在这个方面,更加凸显出他的原初经验与现象学中的知觉现象学方法之间的某种相似性,而杜威的反思经验与胡塞尔的现象学,或许还包括海德格尔的存在的某种性质形成一定的对应性。同样,杜威的"经验—自然"理论几乎可以与海德格尔的"存在—世界"理论相提并论,这是值得进一步探究的有趣论题。

三、原初经验与生活世界

　　"生活"概念是杜威使用得最多的哲学术语之一①。对于杜威,生活就是生长,每个人的生长就是一条独特的生活中经验流的生长。亚历山大说,"只有不忘经验生长、在生长的过程中呈现意义这个基本教条,我们才能理解杜威的思想。这个经验的自然生长允许我们发展科学等工具来扩展和丰富经验"②。经验伴随意义的圆满和其精心培养的可能性才能在生活中得到理解,变成生活中的诸多经验的内容。

　　生活世界③或者日常经验是一切现实的和一切可能的、经验的来源,因为经验的意义只能在生活的世界中得到实现和理解。没有生活意义的纯粹经验和纯粹理论是无根的虚幻和假设。我们的理论就像混沌体中的一条踪迹,可产生很大的差异性,但终归是与生活世界相连,发生在生活世界之内,其目的和意义也发源于生活世界。不同的可能世界即是另一个可能的思维

---

　　①　参见本书附录表—3。

　　②　Thomas Alexander, *John Dewey's Theory of Art*, *Experience*, *and Nature*: *the Horizons of Feeling*, Albany: State University of New York Press, 1987, p. 80.

　　③　对于欧陆现象学来说,生活世界是自然态度中的经验实在。这与杜威的日常经验、生活经验等用法很相似,也与维特根斯坦的生活形式类似。当然,杜威并没有对这些概念进行过严格的界定和区分。在非严格的意义上,它们具有相通之处。如果参考倪梁康曾对生活世界的理解包含其"奠基性的、直观的、主观的世界"(参见倪梁康:《现象学及其效应》,三联书店1994年版,第130页),那么,可以将胡塞尔的生活世界的两个方面(自然态度中的经验实在、与奠基性的直观的主观的世界)与杜威的经验概念的两个环节或方面(原初经验与反思经验)相类比。可以更恰当地说,胡塞尔的"生活世界"概念与杜威的"原初经验"概念相对应,而不是"经验"或者"日常经验",虽然"日常经验"具有表达原初性经验的侧重点和倾向性。

世界,譬如一只具有形而上学反思能力的青蛙可能会认为所有可见的事物必然都是运动的。这种信念显然与其进化论的塑造相一致,它的世界和真理观也显然将与人类的世界不同,因为,在青蛙的世界图像中,只有运动的物体。同样,在蛇的视觉图像世界中,一位站在身边的艳丽时装女郎远不如一只运动着的青蛙更鲜明、更能吸引眼球。杜威的"经验"产生于有机体与环境的相互作用,对于人类来说,它主要是在一个社会或者文化的情景里(即"生活世界")的事件。人类活动的世界构成了任何符号体系必须在其中发生作用的矩阵——文化矩阵。博伊兹弗特认为杜威的生活经验(lived experience)就是生活世界[①],而哲学就植根于每天的日常经验、尤其是原初经验之中。

杜威还用性质来表达经验的直接性,认为它是质的、直接的、立即的、不可定义的,情境中的"性质"定义和区分不同的情境。然而这一点备受质疑,如格瑞特(R. Garrett)列出杜威系统地对性质解释的矛盾:一方面,认为性质不涉及因果关系,无关的、排他的,在发生上是绝对唯一的,不可知的;但另一方面,将性质解释成为在某些条件下产生的,涉及对象、事件或者情境从而是相关的,在因果关系中起符号或者一般作用,作为一般的必须是知识和反思的对象。格瑞特认为杜威的第一方面是错误的;亚历山大也质疑:"性质指经验的直接方面,对于媒介的关系:两者如何结合成为一个事件?"[②]

如果说原初经验就是实践,而反省经验是理论性的活动,那么,它们两者之间是通过其对象而衔接起来的,因为原初经验中的主题题材规定和设置了可能产生的问题,而且为构成第二级对象的反省行为提供了第一手材料。这与我们所熟悉的"理论—实践"模式很相似,只不过杜威的原初经验并不再可以还原到物质中去,而反省经验不只是纯粹的理论,而是包含了理论指导的活动。杜威完全认同:实践不仅出真知,而且还是检验真理的最根本标准。

---

① Raymond Boisvert, *John Dewey: Rethinking Our Time*, State University of New York Press, 1998, pp. 13-26.

② Thomas Alexander, *John Dewey's Theory of Art, Experience, and Nature: the Horizons of Feeling*, Albany: State University of New York Press, 1987, p. 65.

　　杜威哲学具有大众化的形式。它与中国传统文化中的入世观以及重视实际的传统是相近的,这在输入中国的西方思想中是少有的,尽管对中国有钟爱之情并在中国讲演停留两年的杜威,并没有在中国产生广泛而持久的影响。一个现实的例子是,中国留学生的科学研究能力远比美国学生差,这是中国应试教育培养没有创造能力的高分低能学生的必然结果,其根本原因就在于脱离"原初经验"。只在各种符合系统内部的运算推理,而不把它与自然界、实践的经验场勾连起来,将是毫无意义的;中国历史上的赵括纸上谈兵的悲剧,表明了同样的道理。没有原初经验,就不能实现一切知识和各种高度智慧的思想与自然这个大地的紧密连接,无论如何高度发达的机器人,正是由于无法实现"原初经验"而只能成为一种工具,而不能成为人。也许这就是我们的生活世界,也许这就是我们的独特民族经验。这让我想起李文斯通讲的故事:"我没有一次成功的说服祈雨法师们中的一个相信他们论据的错误,他们对自己的咒语有着无止境的相信。"①互渗律让原始社会的人们吃尽了愚昧的苦头,"尽管狗吃了许多人的舌头和心,也从来没有看到哪个巫师立即死去,但阿比朋人还是严格地扼守他们祖先的遗俗"。②

　　杜威的原初经验观实际上包含着对"那托普问题"③的回答。因为,原初经验的情境不仅是意义的发生源,而且也是其回归的终点,反思和推理都紧紧地绑定在原初经验之中,其中的具体情境与人的活动有着千丝万缕的联系,不可能割裂开来,而且整个发生过程、联系过程是连续性的。这里本原性的内生关系是与经验本身一起流动着的,不可能被对象化所固定或截断,它不能与经验脱节。这一点在海德格尔那里是放置在一个结构性的体系中进行论证的,也许海德格尔更愿称之为原初科学。

第三节　选择行为的发现

　　杜威用经验方法、或者直指方法(denotative method)不仅发现原初经

---

①　列维—布留尔:《原始思维》,丁由译,商务印书馆 1981 年版,第 53 页。
②　列维—布留尔:《原始思维》,丁由译,商务印书馆 1981 年版,第 54 页。
③　参见《海德格尔全集》,第 56/57 卷,第 100—103 页。

验,而且还在反思经验(reflective experience,亦即反省经验)中发现人类行为的选择性的存在。人们面对各种情境时的经验行动,对于杜威来说,就是一种有机体与环境之间的相互作用。而人对于环境的积极反应表现为反思经验中的选择活动,它给我们的思维套上一层具有倾向性的思维隐形膜,从而使原初经验的材料在经过反思经验时被这个转换媒介"做了手脚",被赋予我们思维的积极意义与价值,而我们还常常自以为是地认为"所思即所得",以为"所得即所是"。杜威的经验方法帮助我们揭穿这层面纱,表明这样一种认识论的根本假定是错误的:认为那所思得的东西就是一种先于反思、甚至先于经验的自然界的某种存在物。笛卡尔的"我思"没有逃出这层选择性的反思"膜"的束缚,就是因为他将经验作为一种要清除的东西而抛弃掉,把自我与经验、自然隔离开来。杜威认为,经验的方法可以让我们避免这种"先验"的偏见,因为通过这种方法我们知道,所思的东西很可能只是经过我们反思的、带倾向性的选择活动之后的某种机能。认识到经验中的选择性行为,我们就可以识别出传统哲学中的独断性错误,无论是机械唯物论,还是唯心主义的形而上学,因为它们把经过我们的反思行为的某种选择性结果当做是普遍性的、必然性的知识。

一、杜威的"选择行为"

　　杜威的经验方法指出,在反思经验中存在思想与行为的选择性。人们对于某种要去完成的东西是通过行动实现的,在行动中选择得到验证为真的事物,哲学家则常常依据思想中的某种具有特定价值的关联性而"选择"对象,并视之为唯一真实的事物。显然,哲学上的这种简单化"忽视追求更好效果与证明选择之诚实性的行动的这种需要,把所需求的东西转变成一个实在的前提的和最后的特征,这个实在似乎只需要逻辑上的根据,以便被静观地体验为真实的存在"①。由于经验是我们与自然之间发生相互作用的唯一通道,所以经验方法也就是我们能够发现这个作为自我倾向性的选择行为的唯一途径。无论这种选择具体是什么,是这种行为方式,还是那种

――――――――――

① EN.28.

选择路径,或者是有任何独特性的事物参与导致不同结果的选择程序,其结果总是要回复到经验域。因为经验方法将一切行为的、机能的产物作为待定物放回到原初经验的情境中来检验、审视和考察,并在原初经验与反思经验的对比中发现一种意义,进而丰富这种意义,甚至还扩大经验域;但是不会因为不同的选择而有不同的结果。如杜威所说,选择是一个事实,其活动过程和后果也是经验的方法可以指出的客观存在。

作为一种有选择性的行为,它当然强调或者关注事物、事情的某个方面而舍弃其他方面。然而,在日常生活和科学探究中,当我们进行选择时,被舍弃的东西并不是不存在的事物、或者是事物不具备的特性,而只是对于当前的现实生活、或者科学研究来说没有直接的目的相关性而已。这种选择行为对于这两种实践活动来说都没有害处,是正当的,一旦目的转变而涉及其他方面时,关注的重点也自然会转变。然而作为哲学和理智主义的偏见,"选择重点原则"对于杜威来说却不然,因为它已经接触到各个方面而偏爱认知对象及其特性,轻视或者否定激起欲念、指挥行动和产生情操的特性,就会扼杀其他方面展示出来的可能性。这与杜威"经验"概念中的选择行为是完全不同的。

在杜威看来,反省思维是导致选择性的动力,但选择性不是一种我们需要刻意避免的特性,对于它的否定其实是导向唯心论的伪装和欺骗;而诚实的认可将导向事实本身的显现,"公开承认的选择,乃是在它的优点方面进行尝试,而由其结果进行检验的一种实验"①。理论的选择,或者杜威所称的"反省的选择"发生在对某种理论和思辨行为的偏爱上,表现为简单化的倾向,因为它追求安定和静止,关于选择的依据价值却是带有随意选择的性质,即它有依赖于人反思中的各种感性和理性需要的方面,尤其是理性追求超出事实本身层面上的超验知识特性,给人以孤立于事实的独断感。通过对整个中西方学术史的反思,我们可以发现,西方学术史以古希腊哲学为基础进行批判和再批判,反思的力度越来越深,从而衍生出越来越广博的学术体系,其中不仅仅只是反思的,还有不可忽视的"原生态"体验,如古希腊悲

① EN. 30.

剧、莎士比亚戏剧、海明威的《老人与海》等。而中国两千多年来的学术历史总是在研究老子孔子说了些什么,孟子批驳墨子却不质疑孔子,而在如何解释孔子学说之中渗透自己的新想法。没有反思的清算,无论如何也不会锻造出精致的思想,有人对此不以为然,但请想一想到底是原初经验本身深刻,还是反思性地体味这种原初经验的"思想容器"深刻?① 总之,解释是把未来与现实的某种政治需要关联起来,从来没有考虑去选择其他的方式,如西方对象化的反思方式,也表现为一种理论上的选择。原初体验被海德格尔等生存哲学派以及现象学派所迷恋,但是没有展开的原生态形式在今天常常被错误地认为已经包容了博大的反思体系,或者对这个巨大差别语焉不详,这尤其表现在当前的中国哲学研究中。杜威认为各种哲学理论对其选择特征的遗忘或者否认是传统哲学和形而上学的"最大的错误",并因此形成本末倒置、数典忘祖的历史②。虽然思维不只是理性的,然而理性是最基本的。人类正是由于理性才认识到欲望、情感、兴趣、直观等其他形式,才认知到有直觉和感性活动的存在,理性本身的有限性,生活的无限复杂和丰富性。正所谓"不可言说的东西"可以通过言说来划界,不可定量的事物可以定性。理性可以扩大感性的空间,让感性超出而不停留于本能。智力活动过程是极其灵活、复杂、微妙的,它所包含的心理活动因素比唯理论所想象的多得多。也许高级智力机能真的如孔德所说,需要借助于比较方法从社会学上来研究,"知觉的产物立刻被一些复杂的意识形态包裹着,其中主要的是集体表象。他们用我们一样的眼睛和五官,但用不同的意识。所以他们感知到的外部世界与我们的不同"③。对于实践来说,理性是感性活动的翅膀,让人类不再用"四足行走"在飞禽野兽的食物链上。

　　杜威说,"科学和哲学的思考意图不是要消除选择,而是让选择呈现出更少的武断、更多的意义。如果选择具有这样的品质和结果,即当别人按照

――――――――――

　　① 在反思的道路上,思想的容器即指反思本身的理论模式和方法,它以整体的形式承载所被反思的思想内容,后者成为被容器所把握的对象,在这个意义上,反思容器当然比反思内容、反思对象更深刻、更宽广。

　　② EN. 108.

　　③ 列维―布留尔:《原始思维》,丁由译,商务印书馆 1981 年版,第34―35 页。

所指示的情况进行工作时足以引起他们的反思,那么它就没有武断性;当进行选择的理由被发现是重要的而其结果是紧要的时候,它就变得有意义"①。选择性本身的发现就揭示出传统形而上学竭力避开选择性的原因,因为在反思性的发现中,我们了解到反省行为本身与选择行为一样都有偶然性,而追求绝对确定性的形而上学总是逃避偶然性、从而逃避选择行为。选择行为就是哲学上的简单化,"选择标志着一种道德上的兴趣,即广泛地关心好的东西。我们经常的无可逃避的关心是有关兴衰、成败、好和坏"②。一般来说,通俗的目的论有选择地挑选好的对象来当做自然的终结,并且有意无意地忽视和否认选择行为本身的随意性,因为它与目的论的确定性相抵触。实践的选择在于实践和经验活动;原初经验之中的行为是没有选择性的,因为那是生物性的或者可以归结到文化和潜意识的必然性。

对于审美选择性的原因,杜威的解释是爱好,"爱好就是一种动作,即使不是明显的,也至少是一个性情倾向和方面。……每个动作总承担一个风险和责任,而且是盲目的。因为存在中爱好总有相对抗的要求。偏爱这个就排斥那个,任何爱好都是无意中的选择。没有拒斥就没有选择,兴趣和偏向是有选择性的、有所偏爱的"③。爱好的倾向性需要在评价中显示出其本性,评价所爱好的东西和价值的标准是其可靠性、选择所象征的自由和价值的充实。选择性还贯穿在具有强烈个性的艺术以及人类社会的历史成就的道德生活中,杜威认为,对艺术和道德的评价在人类的社会生活和组织之中,在美感和道德方面的评论也要基于已存在的、在静观享受和社会交际中那种自然显现出来的好和善,从而自觉意识地、有意义地进行选择和表现一种爱好。

杜威并没有像科斯特洛所质疑的那样,忽视选择的当下意义。选择的直接效果也没有切断未来广阔的可能空间,而且未来的特征归根结底是由当下判断所开启的。杜威其实完全赞同科斯特洛的说法,"这些实践判断的题材到目前为止都是不完全的……这个题材的一个本质部分永远都只是

①　EN. 30-31.

②　EN. 28.

③　EN. 429.

一种可能性,我们之所以要进行判断,是因为我们必须选择和拒绝,而我们所拒绝的东西永远在我们实际证实的经验范围之外",并且谦虚地说愿意收回任何可能说过的与此矛盾的说法①。科斯特洛认为实践判断决定了当下的选择,也不存在未来的所有可能性问题。不过,我们仍然能够想象一个逻辑的可能性构成的空间,所谓最佳、次优等性质上的等级分别就是在这样的一个可能空间中参照进行选择和判断的材料和资源条件来确定的,否则就回到了决定论。也正是因为选择判断关闭未来其他选择的可能空间,从而打开这个选择项所指向的未来可能域,选择的意义和背负的责任就凸现出来。

二、发现"选择行为"的意义

杜威认为,反思经验的选择性是导致人类普遍追求"安全"、"稳定"的心理偏好的根源,而且人类更偏好于将给我们带来安稳的东西"自然"地看做是永久的、美好的,而变化、动荡不安都成为我们尽可能要逃避的危险。我们的情绪受到了这种诱惑,我们的理智和实践选择也受到了影响。在杜威看来,原初经验是粗糙的,其中充满着各种没有清理的纷乱和复杂性,所以追求确定性和规范性的静止思维的哲学模式避之而选择"永恒的实在"。"选择的发现"把我们从理智上的迷惑中解脱出来,"我们不能永久地剥夺自己的理智习惯,它是在我们吸收自己时代以及所处的文化时染上的"。②

选择行为的发现指出了"先验"的虚假性以及反思本身固有的弊端(其实原初经验中也有)。因为只要人类本身的生物特性表达出来,就必然导致固有的选择性,比如我们对颜色和声音的感知在一个有限的域内,我们对甜的偏好,对视觉的强烈依赖程度,对大小的划分以自身的尺度为基本标准,对时间的长短也是以自身的寿命为基本尺度,所以不会体会到远离这个尺度范畴的自然发生的现象,比如,周期极其漫长的石头变化(其变化极其缓慢以致我们根本觉察不到,但变化在地理地质年代中可以看得清楚,是实

---

① 杜威:《评价理论》,冯平等译,上海译文出版社 2007 年版,第 122 页。
② EN. 37.

实在在的),或者肉眼看不到的细菌的生长死灭等等。生物属性的固有选择性还是我们表现在原初经验之中的特征,而作为人,思维本身同样具有选择性,表现出反思行为的选择倾向,我们不再如动物一样任由自然力量来支配,也不任由情绪、意志和冲动来主导,决策和主导的权力让位给思维、反思能力。这个选择倾向不同于表达在原初经验中的生物性特征,而是精神主动性的外显。人类的文明历史中充满着选择的踪迹,凡是存在反思的智慧和精神面对情境问题表现出有限性的时候,就是精神进行选择和决断的场所,在反思的思维模型中,问题表达为多重疑难,而受到理论指导的思维无法把握完全,疑难导向了若干个不同的方向,每个都指向一个行动及其可能效果,考验思维的时候到来了。固然有情绪、潜意识的冲动的影响,但进行选择的决策是在理论的框架内作出的,是反思经验的结果。这里,可能性的展开为选择提供了空间。

杜威认为,唯理论最基本的哲学谬误(philosophic fallacy)就是对经验中存在选择行为的否定,追求确定性和绝对,避免从事选择,否定选择的必要性。将自我思维变成关于自然的形而上学。但是在充满可能性的世界中,向我们显现出的不畅通、不完善和模糊的各种事实本身就表明,世界原初的形态并非如追求绝对的、最后的实在那么确定和完善。在杜威看来,是经验方法让我们发现,并明确地指出和界定选择活动的存在,所以选择的发现"保护着我们,使我们不致把后来的功效转变成为先有的存在:那种转变可以说是最根本的哲学谬误,不管它是以数理的潜存、审美的本质、自然界纯物理的秩序或是以上帝的名义进行的"①。通过经验方法从而发现我们选择性行为的存在,这一点提醒了我们,并给予我们以警觉,从而将我们的理智从各种习惯和经验方式的"片面性"中解放出来,让我们认识到我们的行为、反思本身都是受到我们作为人这种有机智能生物的各种限制。还有具体经验发生的场景时,行为选择依赖于特定条件发生的变化,从而产生完全不同的可能后果。并且去除掉这种头脚倒置的"先验"谬误(即把产生的后果当做根本的和在先的原因)。杜威指出:

---

① EN.29.

凡是我们归属于对象的性质,都应归因于我们自己经验它们的方式,而方式又是由于交往和习俗的力量所致。这个发现标志着一种解放,它纯洁和重塑我们直接或原初经验的对象。习俗和传统在科学和道德的信仰中的力量从来未曾受到过一次严重的考核,直到通过分析才揭示了个人的信仰方式对于所信仰的事物的影响,以及这些方式在不知不觉中为社会习俗与传统所固定化的程度。①

其实,对于人类思维模式的选择性及其有限性,康德已经指出"人为自然立法"的真相:我们的思维图式规定着、制约着我们对自然界事物的感觉和知性认识:一切都离不开时间空间、知性范畴的规约。康德虽然认识到这种先验性并不能解决所有的认识论问题,以及试图给道德律令颁布立法所导致的困难,但还是认可这种先验性的基础假定,他没有针对先验范畴的有效检验方法。也许我们对生活在18世纪的康德提出更高的要求会超出那个时代的思想条件,因为,并不是任何哲学思想在任何时代都能够提出来的,假如康德知道相对论和量子理论,他还会坚持时空的先验感性直觉观吗?他会不会因此而取消所有的先验性而走向建构主义?在麦哲伦环球航行之前,"地球是圆的"这个说法只能停留于一种假设,而试图基于这个假设的任何开创都显得虚无缥缈。如果人类不是借助于各种望远镜从而"看到"了宇宙的边缘,有谁会确信宇宙的有限性?如果不是在用隔板隔开的箱子的两个格子里"看到"了同一个基本粒子的"涂鸦",谁会相信构成我们整个物质世界的基本粒子的行为的确是那样的奇怪、捉摸不定?但这些是真实的,就像眼前看到的一个红苹果,你可以用嘴咬它一口并吃下,从而确证其真实性。天才不是上帝!天才也是出生于某一个具体的时代,他所能够受到的教育、思想的内容、面对的问题等等都处在那个时代的水准线上,而无法像上帝一样全能地游离于某个特定时代之外。今天,资本泛滥和渗透到每个角落的时代,呼唤天才的哲学大师的出现就更是艰难异常,因为绝大多数的天才选择了被资本俘虏,而不是选择沉浸于思想的星空。游走在大街上的成功人士,无论是红顶商人、还是紫亮的明星,整齐划一地用对崇

① EN.14.

高不屑的斜视余光,来数落最后一缕对思想敬畏的贵族气质。

选择行为的发现蕴涵着杜威实用主义与分析哲学的内在关联。它关于可能世界的启发意义既在选择行为的存在性探究中,又在于其逻辑价值;它具有不同于现实状况的可能性是存在选择的逻辑前提。关于可能世界、可能事件、逻辑可能与现实可能,这些在分析哲学中占用重要地位的概念或可化归为现实与潜在、必然与或然,它们都是选择行为的逻辑基础。譬如,普特南的"孪生地球"就是逻辑可能,智能动物世界也是逻辑可能,但它们都不是现实的,也不存在现实上成立的条件。它们只发生在我们的思维之中,是我们对现实事件和现实世界的语言描述解释的系统中概念和观念的语词的逻辑领域的扩充和延展,从而形成的与现实事件和现实世界相似的一种纯粹语言结构。它没有所指却有意义,有的逻辑可能是完全荒谬的,因为它们既没有所指也没有意义,没有一种参照于我们现实世界的意义体系而言的意义。

三、选择与自由

杜威的选择发现最终导向他的自由与"解放"的观念。选择总是在若干种可供选择的可能性之中择其部分而舍弃其他部分的行动,认识到这一点就是将我们的理智与已经形成的习俗识别出来,从而发现我们的理智所具有的主动性。思维的能动性不再是天赋的,固定不变的,而是我们在经验中通过思维与行动而建构起来的。选择行为本身是变动的,它既是在原初经验基础之上的展现,也是通过与世界的接触以改变世界,同时改变思维和行动方式本身的力量,从而实现人类社会的圆满经验;所以,就像杜威所说,我们的传统习惯既有好的方面,也有坏的方面,而坏的习俗也是我们需要在未来经验中通过选择行为来加以改造的。人类的理智就为此而行动并承担责任,因为选择对后果的影响发生在人的身上,改变其生存的环境、或者理智本身。可以看到,杜威的自由与"解放"观具有崇高的人文价值,在他看来,这是哲学(和宗教)不可推脱的责任。

在杜威改造后的经验理论中,选择行为是一种对他最不认同的理智专断主义的解脱,它是一个预示着一种新型"个人主义"的伟大解放。个人主义的选择曾经使得人们把信仰、政治和经济的社会控制力分开,给予每个人以表达个人思想的自由、展示个人能力和价值的机会和权力,然而随着经济社会的发展,个人的权力和自由变成与经济成功(或者赚钱的能力)简单地等同起来了,不仅不再是社会生活中相互和谐的手段,而变成社会出现阶层分裂的根源①。变动的社会情境需要人们重新发挥理智的选择力量,把个人的潜力解放出来,在这种新个人主义中,人通过反思从而发现具体的自我,以及自我的动作、思考和向往的方式,"我们不可能恢复到原始的淳朴状态。但是可以得到一种在眼睛、耳朵和思维上被培养出来的淳朴,它只有通过严格的思维训练才能获得"②。人类凭借理智进行的正确选择不仅是真正实现和保持自由所必需的行为,而且也是实现社会各种要素调节的控制手段,"正确"的选择还将适当地释放出欲望、信仰和追求。

在选择行为的发现中包含着杜威的自由理论,个人的经验所具有的行为选择性本质上就是个人自由的体现,按照杜威的意识观,杜威认为自由个人有相对于社会的差异性选择。虽然个人诞生于一个社会的群体之中,但是个人经验可以超出社会的公共经验之外,这从根本上说也是一种选择的结果。在潜能和可能性的开拓方面,个人的可能性域大于社会所定义的个人的域。因为社会包括了人的公共性,但不包括个人的私有内涵,不过正是私有内涵具有无比的生长力量,突破现有的被公共承认的域度。然而,就像反省经验中有原初经验所没有的概念等内容,社会也有超出个人的部分:社会性规范;另一方面,个人总是有社会所没有包容的模糊地带。杜威晚年才认识到这两个方面的分离需要弥补,所以想用"文化"来替代"经验",也许这就是杜威的"文化乌托邦",遗憾的是,杜威对个人—社会关系的改造不像其经验概念那么成熟。

人类的一切现实问题都起因于秩序同自由的矛盾性,而求助于秩序原则的要求总是与人追求自由的观念与行动形成对抗的紧张关系。在存在论的意义上,只有人具有选择性,就像只有人具有经验一样。与选择孪生的是

---

① 杜威:《人的问题》,傅统先译,上海人民出版社 1965 年版,第 98—100 页。

② EN.37-38.

责任,是道德生活的不可避让。亚里士多德曾说善是合乎德性的心灵活动;德性只能通过习惯、训练或学习才能养成;而一个人可以通过学习而成为建筑师、演奏家,但是一块石头,不论你把它向天上扔多少次,也不能使它学会自己往天上飞①。克尔凯戈尔是黑格尔之后第一个发现个人选择自由的思想家。不仅仅在他那本著名的《非此即彼》的书名上,而且贯穿这本书始终的概念就是选择:取此舍彼,或者相反。按照克尔凯戈尔的观点,选择是个人的、主观的、暂时的而又绝对的、不可更改的,但是自由的。每个选择,无论是伦理的还是审美的生活,选择总是基于经验,个人的认识上帝的经验②。所以克尔凯戈尔的自由是对于最终回归到上帝的选择自由,归根结底是信仰,在信仰之中完成个人的暂态性与上帝的永恒之间的结合而实现,充满着悲观的宗教神秘主义色彩。

但是,杜威的"自由"是乐观主义的,它是个人基于生活经验之上的行动选择。在杜威这里,个人自由在经验改造中的发现是选择发现的必然推理。个人具有社会所不可包容的"原生态"内涵,个人经验的原初性大于社会经验的原初性,前者是经验的生长源泉,后者几乎让位于社会的公共域,被反思的集体经验主导;另一方面,社会在意义的提炼层次上是个人的价值之源的重要维度,它与自然界对于人及其经验、个人目的和意义的实现有着同样的决定性,或者说社会塑造了个体的自我性,让个体以如此这般的独特性在公共的领域中以差异性的形式展现出来,既有社会共性,又有可被他人理解和认可的独特的差异性。在个人的社会性方面,杜威的"社会经验"深受米德的社会理论影响。

选择发现还是杜威哲学作为一种价值评价标准的存在论的解释基础。选择的行为不仅是实践中差异性和创造性的源泉,而且是哲学理论的差异性和创造性的根本原因。杜威对选择行为的发现揭示出选择所具有的深刻意义:观念—现实之间的互动关系,观念在历史上主要表现为成文规则和制度,但这显然是不够的,其外还有许多非成文要素,不表现为成文形式的观

---

① 亚里士多德:《尼各马可伦理学》,廖申白译,商务印书馆2003年版,第35—36页。

② 克尔凯戈尔:《非此即彼》,陈俊松等译,光明日报出版社2007年版。

念,如微观的影响观念要素和宏观的影响观念要素。而这就是现代历史学企图科学化的出路,因为政治事件的不确定性研究需要另辟蹊径,寻找其他要素,如地理的、边缘的、长时段的、短时段的等等。哲学也是如此,黑格尔之后的现代哲学就是宏大叙述的完成,不过这里有个假定,那就是某种实在的存在,缺失了它就会走向相对主义和虚无主义。对这个世界的抛弃不顾是不可能的,无论怎样的行为都是立足于其上的选择活动。尽管孔子曰:"是可忍,孰不可忍?"(《论语·八佾》)季氏并不会因为孔子的谴责就不演奏八佾舞。并且真正吸引弟子们的肯定不是孔子所倡导的"礼仪规范",而是他对现实社会生活的反思和超越,企图对现实进行改造的一种理想的追求。

虽然选择行为是在反思的经验中被揭示出来的,但选择的存在却不在反思经验之中。这就是杜威的知—行观、反对寻找终极确定性的存在论根基。梅洛—庞蒂也持如此观点,他说,"即使人的存在是强加给我的,我也可以选择存在方式,……人们称之为自由的障碍的东西也是通过自由显现出来的"①。从理论到实践的各种应用中,在无法实现完美的确定性之前我们必须选择。法律中的条文规定看起来公平明确,然而实际情况却有天壤之别,面对安全威胁和生命危险,人们必须采取选择性的决断行动;绝对严密的逻辑没有现实意义,否则永远不可能建立起嫌疑犯的行动与事实结果的逻辑链条。选择行为的合理性不是建立在外在事物或者既有的东西上,也不是源出于过去的知识和观念,由于"用所从事的操作去界说观念的性质,用这些操作所产生的后果去检验这些观念的有效性,就是在具体的经验范围内建立起联系"②,具有选择性的反思行为就在行动的过程中创造并展示出潜在的可能性。

只有在重新定义经验概念以及改造传统的经验观之后,才可能在经验中发现选择行为的存在。杜威通过对反思经验中的选择性的分析和解释,消解了感觉经验论对思维和行动的偏见,也把我们的主观能动性从唯理论

---

① 梅洛—庞蒂:《知觉现象学》,姜志辉译,商务印书馆2005年版,第545—546页。
② 杜威:《确定性的寻求》,傅统先译,上海人民出版社2005年版,第87页。

中的天赋观念、或者先验范畴中解放出来，从而有效地弥合了近代二元论哲学对经验与人和自然的分离，以及知识与行动的分离，恢复实践经验在哲学中的重要地位和生命力。反思经验中的选择行为并不是孤立的存在，也不是人性中固定不变的天生倾向，或者独断专行的力量。由于反思经验与原初经验是杜威的经验概念中不可缺失的两个环节，与原初经验一样，选择行为也依赖于经验发生的情境条件、问题情境和经验题材。在杜威看来，选择行为一定发生在有机体与环境之间相互作用的过程之中。承载着各种任务的选择行为最终将在原初经验中得到检验，评判其效果是否实现预想的目标，是否把我们的思维和行动渗透到自然的深处，从而真正地扩大经验的意义。人类的理想未来、参与式民主和美好的道德生活只有通过有理智反思的选择行为才可能建构起来。杜威后来从"经验"转到"文化"，就是由于认识到人类理智的选择行为所建构的文化环境对于自由的实现价值，而人与文化之间的交互最终一定能够发展和满足人的需要和愿望。

第三章　杜威经验自然主义及其要义

　　如果要在建立哲学理论与倡导实践行动之间选择一个,那么杜威会毫不犹豫地选取后者。他明显地倾向于实践行动,并给予实际行动相对于理论知识的优先性地位,因为,他认为理论与知识是在行动中产生的,而且最终不能脱离实践,理论终归是要返回到实践中去的。人是通过行动生活在实践世界中,而不是生活在书本之中,实践行动具有最根本的决定意义。然而,杜威对实践与行动的理论辩护似显朴素,也正因此,有人指责他的哲学无根①,或认为他陷入相对主义泥潭,如克鲁塞就曾批评杜威,说他多于对传统哲学的批判而少有理论建树②。但是,类似这样的看法忽视了杜威的经验自然主义这个根基。杜威著作中虽然关于世界和存在的论述不多、也不明确,其中反对传统形而上学的大量论述掩盖了他对作为"存在最一般特征的学问"形而上学的正面态度。同样,他在批判静观的认识论后,仍然保持对认识论的功能性肯定,而这一点也经常被忽视。他从根本上把哲学当做是人类的一种实践工具,而不是任何独立于人的行动、与之无关的理论;他也并没有像真正无根的后现代思想潮流那样走向相对主义,尽管后现代主义成功地利用了他反对传统形而上学的资源。

　　杜威的自然主义植根于美国的自然主义传统,而这个传统向上可追溯到古希腊的思想世界。自然主义在哲学史上曾以不同的形态表现出来:前苏格拉底时期的朴素自然主义、亚里士多德自然主义、近代洛克与马赫所代

---

　　①　Joseph Margolis, *Pragmatism Without Foundations*, N. Y. : Blackwell, 1986.

　　②　克鲁塞:《J. 杜威的虚无主义》,纽约:哲学图书出版公司 1955 年版,第 ix 页。

表的经验自然主义,等等。在古代,自然主义就是唯物主义、享乐主义和遵从世俗的观念。在近代哲学中,最大的自然主义者也许是斯宾诺莎,"对他来说,世界上的万事万物,包括人类的心灵在内,都是广延的特殊样式,而且能够在运动和静止方面加以表达"①,但斯宾诺莎的自然主义观念给予自然与神一样的地位。而作为一种哲学体系的真正意义上的自然主义却是18世纪现代科学的产物。其主要观点就是:认为人生活在一种可感知的现象世界里,不存在所谓神圣的事物,这在很大程度上还是伊壁鸠鲁的无神论延续。所以自然主义的另一称号就是无神论:每个事物都是自然界的一部分,原则上可以用自然科学加以解释,没有神秘的超越性。19世纪随着近代实验科学对自然现象的成功解释,黑格尔式的绝对观念和理念世界的概念被逐渐消解,黑格尔苦心孤诣而成的自然哲学理论在现代科学面前不堪一击。特别是达尔文的进化论,强调感觉经验的马赫主义,冯特的实验心理学,都认为人类知识完全可建立在感觉基础上,倾向实证的科学在这个时期完全战胜了理论思辨,这可视为是自然主义与科学结盟的一次演练。

第一节　杜威的形而上学观念

形而上学来源于亚里士多德对知识的划分。但中世纪以来对形而上学中"神学"的不断强化,对绝对存在者与亚里士多德"存在"的分离,使得近代形而上学笼罩在强烈的宗教色彩和二元分裂状态中。随着科学革命带来的思想观念上的巨大变化,对待形而上学的态度被彻底颠覆,"形而上学"几乎成了一个贬义词。康德以科学的方式论证"形而上学不可能";黑格尔宣称每个人在它面前就像在染上黑死病的人面前一样,唯恐避之不及;马克思继承黑格尔的辩证法,但把形而上学和辩证法对立起来,并用辩证法来消灭僵化的形而上学;尼采把形而上学视为一种与人类的根本错误相关的科学,不过他承认它好像还是真理;而卡尔纳普等逻辑实证主义者则通过对语言的逻辑分析拒斥形而上学。

---

① 亚历山大:《艺术,价值与自然》,韩东晖译,华夏出版社1999年版,第62页。

现代以来,尤其是自海德格尔以来,存在论取代了传统哲学中的形而上学、本体论,因为本体含有固定不变的客体性质,"存在"并不包含某个外在客体意义。虽然杜威本人并不采用这样的哲学术语,甚至还反对形而上学、本体论和认识论的划分与说法,但他讨论的问题没有、也不会超出作为一门学术领域的形而上学所涵盖的主题内容之外。施太格缪勒总结了关于形而上学可能性的两种对立态度:一是承认形而上学是哲学的一个重要学科,而且是一门基础的或者与专门学科享有同等权利的学科;二是拒绝形而上学,认为它是非科学的,甚至是无意义的,例如卡尔纳普等逻辑实证主义者;前者或从经验的基础出发,认为形而上学与专门学科存在密切联系,或者认为形而上学必须严格地与专门学科分开,或者认为它是一种无法得到确证的、非科学的活动。① 这里还使用这些术语,是为了更方便地探讨杜威的概念和观念。关于学术的规范和领域划分本身并不等同于一种生活和实践态度,这一点在当今各种学科日益细化的状况下很容易理解,因为划分并不简单地排斥各个领域之间存在主题的交叉和关联。更不表示所讨论的"实在"世界是如此分割开来的。将这两者混为一谈是没有真正认识到理论和实践世界之间的关系而片面强调其某个方面(如实践)的非冷静的看法。

形而上学在今天的名声是亚里士多德不可能想到的,但形而上学所涉及的问题依然没有得到圆满的解答,而且这又是我们无法绕开的根本问题,像卡尔纳普这样最坚定的消除形而上学者最终也认识到语言本身的逻辑缺陷,对形而上学有所让步。只要有反思思维的价值存在,形而上学就依然有意义,有思考价值。虽然欧洲启蒙运动以来对形而上学的批评不断,但是启蒙运动并没有取消形而上学,而是澄清或转移了形而上学的主题:它不再是对某种终极的、确定性的东西的追求,无论是实体还是规律,而是对人类实践中展现出来的理性的发展不断探索。

就康德的"形而上学不可能"这句话来说,他是针对传统形而上学问题而言,即用发生在现象界的必然性关系模式来研究形而上学是不可能的,因为本体界的物自体不可知,对这样的一个无法进行理性言说的本体,当然不

_____

① 施太格缪勒:《当代哲学主流》(上),王炳文等译,商务印书馆2000年版,第32页。

可能用他成功地解剖因果关系的理性来论证。为了解决这一难题,黑格尔和海德格尔取消了康德的本体—现象界之划分,分别发展出辩证法逻辑与存在哲学,它们与亚里士多德的"存在说"都或多或少地带有明显的神学踪迹。海德格尔不仅成功地将形而上学的关注点从存在者转移到存在,从寻求终极本体转到寻求事物的终极根据,并试图用一个清晰的结构来理解存在本身。由于这个焦点的转换,拯救形而上学依然是可能的;如果"取消形而上学"、"消灭哲学"不是一句意气用语,那么就是独断地割裂哲学思想的历史,将洗脚水与孩子一起抛掉。难道一百多代人的努力如此不堪一击?

一、杜威对传统形而上学的批判

杜威曾经激烈地反对近代认识论的二元模式,与海德格尔一样反对传统形而上学,尤其是唯理论,"把反思的逻辑转变成为一个关于理性存在的本体论,乃是由于任意地把一个统一的后来导致的自然功能转变成为一个预先存在的、作为原因的实在之故;而这又是由于一种想象的倾向所致"①。但有趣的是,在如下一段引文中杜威没有提到黑格尔,也没有提到唯物主义和当时的逻辑经验主义,而且对形而上学的用词没有像他对近代二元认识论那样严厉:

> 最令人喜爱的形而上学的有些区别似乎只是,依赖于一种复杂的理智上的技术后所产生的一个,在通俗的信仰中关于超自然和自然地、神圣的和人间的这些粗俗概念的精致副本而已。我所指的是这样的事情:柏拉图式对理念模型和物理事件的区分,亚里士多德式作为现实性的形式和作为潜能的物质的区分,一种实在等级上的区分,康德的本质事物、物自体与作为现象的自然事物的对立,此外还有当代绝对唯心主义者普遍的实在与现象之别。②

杜威并不否认形而上学所涉根本问题的重要性,也不反对形而上学和认识论研究的现实价值。他只是想改变这种研究的方式和切入口,抛弃传统二

---

① EN.68.
② EN.56.

元分离的僵化模式及其前提假设,避开研究"可能—不可能"问题的传统进路,搁置到底是思维包容物质还是物质最终决定思维的反复纠缠。杜威在另外一个维度上用实用原则进行了回应①,把关注点转移到为建构人类美好社会和实现人类圆满生活经验这个根本目的上。

杜威对世界的存在有其基本立场,并非如罗蒂那样完全否定实在论而走向相对主义。与所有哲学家一样,杜威的思想在其较长的哲学生涯中是有变化的,随着其哲学思想的成熟,他逐渐认识到理论本身的重要性,理论与生活实践的脱离绝非一个简单的"工具"就可以弥合,他越来越关注到"文化"这个人类生活的伟大平台的重要价值。文化是他曾经试图用来替代"经验"的新阵地,其中有习惯、传统等一系列的历史建构产物。在变动世界里,文化要保持适应性和相对的稳定性,这是人类作为存在的一般特性所需要的性质。在对于这个文化经验的世界与自然界之间的关系上,杜威的立场与海德格尔的此在世界—大地之关系非常相似。杜威的经验自然主义虽然没有像海德格尔的存在哲学那样有一套完整的体系结构,但其主导观念还是清晰的。杜威赞同哲学就是爱智慧,而形而上学是认识和描述各种存在的最普遍特性,比如个体与一般的关系、偶然与必然(偶然是直接性的占有,必然是理性对确定性的把握)、运动与静止等等。人类之所以爱知识,是因为实践和求利避害的生物性天性②。然而传统哲学中的所谓"爱智慧"却变成通过思辨而对存在进行不费力气的转换,就和追求抽象的、绝对

---

① 哲学家对于形而上学是否可能的问题通常是通过回答这样一个根本问题来表态的:从根本上说,到底是思维包容、优先或者决定物质,还是反过来? 不同的历史时期的不同理论,只是对思维、物质、决定等词语的涵义进行一定的修改从而最终回到这个根本问题上。即使在康德论证"形而上学不可能"之后,它仍然被反复提起,譬如心灵哲学家仍然对"心—身"问题争论不休。心灵哲学能够彻底解决这个根本问题吗? 它试图回答的也许只是其中的一个实证性环节,而非根本问题的全部,因为它最核心的要点不可能在认知科学层面上得到解决。或者说,它们根本就不处于同一层面上。杜威和实用主义从另外一个维度开辟形而上学空间,是一种"间接"回答问题的尝试,这个维度可能建立起一个对全部形而上学或者哲学的评价准则,从而可以对它们进行像对科学理论的范式研究的反思。罗蒂很看重《哲学的改造》中杜威对形而上学的消除,但不满其《经验与自然》中试图建立一种关于经验的形而上学,以后现代主义的片面立场,批评杜威没有真正克服传统的基础主义倾向。

② EN.51.

的那种形而上学一样。如果我们遗忘反省是为了指导实践与选择,就不会
打开经验通向自然的深入和扩张之路,"与伍德布里奇的交往,使得杜威认
识到一种形而上学理论模式的可能性和重要性。这种形而上学理论模式不
承认依赖于没有以经验为根据而证实的一些原理,这充分反映在《经验与
自然》一书中。他们都承认多元论;多元论是与绝对论相对的,也是与一种
把主体和客体作为它的限定词的认识论相对的。他们两人也同样不相信直
觉感知理论"①。

对旧有理论的改造绝不只是重新定义和解释一个概念就可以做得到
的。维特根斯坦在《论确定性》中说,劝说一个人转变思想就是对其整个思
想体系进行替换,与别人的沟通实质上是两个思想体系之间的沟通。对于
杜威来说,改造传统哲学的最好方法不是推翻形而上学传统或体系,而是寻
找新的途径。杜威的新途径就是舍弃近代哲学从主、客体分离的二元认识
论方面考察形而上学,从古希腊、从亚里士多德那里获得形而上学的灵感,
这与海德格尔不谋而合。杜威的学生再多认为亚里士多德是与杜威最相近
的哲学家。"潜能与现实"代替"四因说"的思维模式转换意义深远;假如进
化论出现在亚里士多德的时代,那么亚里士多德的种、属概念可能不是固定
不变的。在杜威的自然主义中,潜能与现实,偶然性与规范性,各种性质不
同的个体性中都渗透着亚里士多德主义的精神,"在其彻底的功能主义中,
他将物质与形式按照功能的语境进行了亚里士多德式的翻译,不仅仅是其
基本的社会与伦理概念,而且在许多重要事情上,他比其他任何哲学家都更
接近于(亚里士多德)"②。

如伯恩斯坦所说,杜威无意发展一种新的形而上学理论,但他指出形而
上学的探究方法与一般实证科学有所不同,如果形而上学是研究世界的终
极特性,那么其研究方法必须把这个特性与终极的原因或目的区分开来③。
在对近代哲学的批判中,杜威认为唯理论的最根本哲学谬误就是追求确定

---

① 简·杜威:《杜威传》,单中惠译,安徽教育出版社 1987 年版,第 43 页。

② Raymond Boisvert, *Dewey's Metaphysics*, New York: Fordham University Press, 1988, pp. 141–154.

③ 伯恩斯坦:《杜威论经验、自然与自由》,台湾商务印书馆 1981 年版,第 202 页。

性和绝对性,避免从事选择、否定选择的可能性和必要性,将自我思维投射到外在自然界而变成关于自然的形而上学。杜威对怀特海的如下评论清楚地表明了他的形而上学观念:怀特海先生说哲学的任务是给"经验的描述性普遍化"定型结构,对此任何一个经验主义者都应该无保留地赞同。它也就是任何理智经验主义的目标。①

作为实用主义的代表,杜威关注的焦点当然不是在有关存在的最一般特征上,他承认某种不仁的存在,并把它作为经验的基本前提。但这些存在是面向人类的经验世界的存在,是经验中的存在。因为它已经被经验,为经验的方法所关涉并变成了经验中的要素。而那个逻辑上属于经验前的自在之物是没有意义的,尤其不是一种外在于经验的决定经验的"君主"。它并不是一个纯粹理论上的物质或者精神的先后决定问题,如果说理想—现实之间的关系是某种精神—物质的关系,那么杜威并不认为哲学能够明确界定之,"哲学,再说一遍,不能'解决'理想和现实的关系问题,因为那是人生的永恒问题"②。不可否认,杜威对有些根本问题的回答不够明晰,例如他说自然外在于经验而经验又包容自然,这给人循环的感觉,他并没有给出类似海德格尔的"此在—存在—世界"的结构,也没有解释学循环那样的阐述。我们将这归因于实用主义的理论弱项未尝不可,但是,我们应该了解到,杜威更关注解决问题的行动,关注如何把自然产生的经验的功能所具有的诸善推广到人类各种实践中,以解决随处可见的现实问题,这是美国的现实世界自然而然的"要求"。在美国特有的生活方式下,实在论、自然主义和实用主义就具有基本一致的哲学倾向,以实用主义为主导精神,以实在论为基本态度,以自然主义为思想方法;只要在美国,哲学从来就不是一种纯粹的理论学科或者专业,而更多的是一种人生态度和生活方式③。关于实在,如果杜威哲学中有实在的话,那肯定不是传统形而上学中的某种确切而

---

① Sidney Hook, *John Dewey: An Intellectual Portrait*, Amherst, N.Y.: Prometheus Books, 1995, p. 57.

② RP. 130.

③ 江怡:《杜威哲学和人的问题》,载俞吾金主编:《杜威、实用主义和现代哲学》,人民出版社 2007 年版。

固定不变的、有规律性的外在于人的实体性存在物,或者完成了的东西。

　　毋庸置疑,杜威的形而上学立场是自然主义的,是与其经验法和直指方法的旨趣相一致的。杜威认为关于自然或自然界没有太多可说的,自然是在我们的实际经验中以它本身的方式向我们显现出来,显现的程度还依赖于人的经验的广度和深度。在杜威看来,由于传统形而上学探究的是终极因,而这超出了科学方法的应用之外①,因而应该对哲学进行改造,将焦点转向经验的现实,转向如何利用科学的实验方法,从而在现实世界与人类的理想目的之间架起一座沟通的桥梁,"现实和理想之间的联系与缺乏联系的问题一直是哲学在形而上学方面的中心问题,正如存在和观念之间的关系乃是哲学在认识论方面的中心问题一样;这两方面问题的汇合就是现实和可能的关系问题"。②

二、杜威变动中的形而上学观念

　　杜威对传统哲学、形而上学的态度也并非一成不变。其前、中、后期的基本立场都有所不同。例如,对认识论的看法,在《哲学的改造》中,杜威还说改造形而上学是为了使它可以去解决最困难而又最重要的那些疑问③;在后来经历了与罗素、桑塔亚纳等人的辩论之后,他对形而上学和认识论的态度变得宽容一些了,这与其前期的激烈态度有明显不同。杜威将不同的看法归于不同的视角,"在有关自然与经验的联系问题的争论中,视角问题是最根本的。我发现通过一个由特定观点所决定的视角,可以把各种不同的问题和假设联系起来,便得到一个体系。在这一点上,我不得不收回过去曾经对哲学需要体系存在的看法所持的批评"④,而且还试图重建认识论。他在《经验与自然》中对理智主义的批评,词语的激烈,与其后来著作中的言论对比,显示出他对形而上学立场的转变。

---

　　① 　MW.8.5,《形而上学的探究的问题》被认为是《经验与自然》的纲领(参见杜威:《杜威文选》,涂纪亮编译,科学社会文献出版社 2006 年版,第 183—194 页)。

　　② 　QC.285.

　　③ 　杜威:《哲学的改造》,许崇清译,商务印书馆 1958 年版,第 75 页。

　　④ 　John Dewey, *Problems of Men*, Philosophical Library Inc,1946,p.40.

在参与社会政治活动的实践中所遭受的挫折,也给杜威留下了深刻的印象,激发他对改造世界的步伐是否超前的思考,反思对形而上学和哲学的看法。由于其长寿和资料的相当齐全,我们可以使用统计学方法来研究其他基本哲学立场的转变。这个方法可以在哲学研究中得到广泛使用,亚历山大就曾对杜威的《经验与自然》的原稿和修改稿中关键词的使用次数进行了统计分析①,如下表:

表3-1:杜威《经验与自然》的原稿和修改稿中相关关键词的使用次数统计表

序号	词语(英文)	词语(中文)	旧版	新版
1	Experience	经验	142	209
2	Ordinary(Ordinary experience)	日常(日常经验)	0	16
3	Primary Experience	原初经验	0	23
4	Nature	自然	17	54
5	Philosophy	哲学	27	50
6	Empirical method	经验方法	18	33
7	Science	科学	24	14
8	Denote	直指	16	5
9	Denotation(Denotative method)	直指(直指方法)	12	2
10	Reflective analysis	反思分析	0	4
11	Reflective	反思的	0	18
12	Reflection	反思	19	28

从上表可知,杜威在其后期对原初经验的强调更为明显,这表明他对形而上学的基本术语,如事实、世界等实在的关注,而不再像以前如在《哲学的改造》中的那样,强烈地反对和排斥偏理论型的形而上学与传统哲学模式。这仅仅只是杜威哲学中许多方面的一个,这种前后的明显差别还揭示出杜威的哲学著作中的一些问题,如概念使用的模糊性和观念不一致性。

杜威曾经极力反对传统的形而上学研究,对哲学改造的目的是要"从

---

①　Thomas Alexander, *John Dewey's Theory of Art*, *Experience*, *and Nature*: *the Horizons of Feeling*, Albany: State University of New York Press, 1987, p. 30.

无用的形而上学和认识论的重负解脱哲学,不是剥夺哲学的问题和论辩资料,而是另辟一个途径"①。他将这条哲学新途径放在评价理论上,认为哲学就是对诸善、人生价值的评价,而不是对某种确定性的寻求。这与其关注现实的人生而非永恒的世界真理的基本立场一致。他认为,人生的诸多不确定性在我们的实际经验中不可能确定地把握到。但是将这个结论提升到哲学的高度,就可能会贬抑世界的某种相对稳定性,因为人类社会不会因为个人的生命终结而消失,这是无可置疑的,也是某种意义上的相对确定性。即使杜威的参与式民主的政治思想凸显了人与人之间的交流与互动、动态社会的建构性,但是,它却忽视了个人在文化世界中的前后相续的历史性这个重要维度,因为人类的价值延绵于人类的历史时间中,而不限于一个时代。如果没有一种确定性的建构和假设,历史是连接不起来的;如果没有一种稳定的意义传承,整个社会就没有历史性,不仅建立不起来,即使建立起来了也会瓦解。人类社会不仅仅指当下的社会,人类社会还有渊源于一切过去历史的历史性。

总之,杜威对待历史的稳定性的态度与其把形而上学与哲学划分开的基本哲学立场有关。在他心中,传统形而上学曾经是无用的,而哲学面向生活,应该改造成为对生活意义的评价和批判。与杜威相比,海德格尔对时间的阐述就更充分尊重到历史性,历史意义和历史价值的诠释。

杜威后来注意到这一点,并试图用"文化"范畴来代替"经验",因为文化承载着历史性的变化和连续性的延续。假如杜威活得足够长,他可能会承认理论与实践一样重要,形而上学和方法论一样有价值。他在后期逐渐关心并系统地阐述自然主义的形而上学,论述存在是普遍性而不是优越性,不是依附于某些固定不变的所谓终极事物。他对叙述的形而上学的兴趣来自对特殊问题与感觉困难的关怀,当他处理这些问题时就被迫研究经验与自然的根本范畴,于是,其根本的形而上学观点就一个个地显现出来②。杜威感兴趣的是"对所有存在表现出的普遍特性进行叙述,而不考虑到它们

① 杜威:《哲学的改造》,许崇清译,商务印书馆1958年版,第68页。
② 伯恩斯坦:《杜威论经验、自然与自由》,台湾商务印书馆1981年版,第12—13页。

是分化为物理或者伦理的"①。

简单来说,杜威的形而上学观就是经验自然主义。对自然的人化处理使得杜威的经验自然主义完全不同于古典亚里士多德的自然观,既不同于近代以来法国的唯物主义和马赫的自然主义,也不是美国传统的自然主义。这种基于人化自然的自然主义对习惯于传统思维模式的人来说确是一个挑战,他们常常将杜威看做是摇摆于唯物主义和唯心主义之间的一种中间理论②,因为杜威结合主观和客观的要素于一体。所以要理解杜威的形而上学,还是要回到杜威对"经验"与"自然"的观念与改造。杜威的工具主义只是其真理观的自然主义理论,其伦理学是对于善的工具主义理论,也是真理观,心灵和物质是自然事件的两种功能(中性主义)。人类的观念只是自然发生的事件,这些事件是连续的流(情境主义),事件是独特的、历史的、偶成论的(美国实用主义哲学主张自然界的变化主要是偶然的结果)。杜威从达尔文自然主义出发,认同人类是进化的偶然产物,这使得实用主义者与海德格尔、德里达一样怀疑西方形而上学传统中的伟大两分。达尔文主义共享尼采对柏拉图他者世界性的怀疑;尼采论证了心身和主客两分等主张需要进行重现规整,以便从柏拉图的假设中清除出来,并给予切实的自然主义涵义。③

第二节 自然与自然主义

在杜威"经验"的发生环节中有许多确定的、不确定的因素,有许多可以明确把握和不能明确把握的可能性。所谓确定的,是因为我们经验的理性能力,而不确定的,是因为原初经验总是超出我们理性反思的范围和把握能力——原初经验相比于反思具有无限的可能性。杜威对人类经验发生的

① Arthur Murphy, "Dewey's Epistemology and Metaphysics", in Schilpp, P. A. ed., *The Philosophy of John Dewey*, 3rd ed., New York: Open Court, 1989, p.217.

② Thomas Alexander, *John Dewey's Theory of Art, Experience, and Nature: the Horizons of Feeling*, Albany: State University of New York Press, 1987, pp.1-13.

③ C. Mouffe, ed., *Deconstruction and Pragmatism*, Routledge, 1996, p.15.

历史起源追溯,揭示出许多超出人类经验之外的要素,那就是自然。杜威反对不可知论,认为自然本身在向人不断地显现着,因而人类经验具有不断揭示自然意义的"固有指导力量"。

伟大的进化论彻底切断了上帝对于人的渊源关系,杜威从中获知物种的变化性,在有机体在与环境之间相互作用的过程中得到生长和发展的观念,在生物的进化过程中建立起发展的连续性。杜威对生物学范畴的强调,使其自然主义的经验论明显不同于英国洛克式的传统经验主义。他把心灵当做是自身显现出来的一个自然过程,从而在认识论上把经验主义的意义理论与自然主义的世界观统一起来,并试图克服传统经验主义的主要缺点:个人主义、主观主义,认为它们正是"使人们容易从所有的意义都是经验的这种看法,转移到人不能意指他本人不能亲身经验的事物这样的看法上"①的原因。

一、杜威的自然与实在概念

在杜威看来,哲学关乎人类生活的整个情境——自然,"它反映自然的诸特征;它无可争辩地证明在自然界本身,性质和关系、个体性和一致性、最终性和效能性、偶然性和必然性都是不可分割地联结在一起"②。杜威不仅改造了"经验"概念,同时也改造了"自然"。与皮尔士、詹姆斯一样,杜威也深受达尔文进化论的影响。他视"经验"为有机体与环境之间交互作用的过程和结果。经验不是与环境中其他部分不同的精神领域,也不是个人内在的、私有的。经验发生的环境就是自然,它是偶然的和必然的、确定的和不确定的彼此之间相互混杂的一个整体。

杜威的自然是广大的,它包括经验。他说经验是关于自然而且在自然之中,一个自然世界的存在是一个基本的事实(fact),事实这个词在杜威的哲学著作中是使用得最多的词语之一(参见附录表3)。杜威对事实本身所言不多,"事实是个中性的名词,是我们用以构造一个术语的材料中一个中

---

① 莫里斯:《莫里斯文选》,涂纪亮等译,社会科学文献出版社2009年版,第60页。
② EN.421.

立的立场"①,既没有事实的详细结构,也没有对这个似乎是当然的事实有更详尽而明确的阐释。在传统的唯心唯物两分体系里,杜威有时被误解为唯心主义者,就是由于他关于经验包容自然的说法。但另一方面,杜威也说过自然外在于人和其经验,他不否认人出生之前或人类诞生之前的自然世界,自然事物是真正的原初经验产生一切变化与后果的根本因素,而且包括人本身,虽然思维诞生后具有不可还原到简单物质性事物的特性。但杜威的自然却包含许多文化性的建构成分等非自然的东西。

杜威的"自然"概念的重心不在于原始人生活之前的那种外在世界,而在于现实的人生活所直接涉及的世界内容,"人需要地面来行走,需要大海去航行,需要空气去飞行。人类必然要在这个世界中活动,而且为了本身的生存,他必须在某种程度上把自己作为自然的一部分来调节以适应其他的部分"②。

杜威的自然观包括一个基本的假设:自然是可治、可塑的,而且治理和塑造的过程本身也是属于自然的变化和进化。自然不是僵死的,它具有潜能,自然的潜能是原初经验具有不可预知力量的源泉。杜威拒绝泛神论和神秘主义而接受实在论,他不相信任何形式的唯心主义和实证主义,也拒绝极端的二元论。对于他来说,世界是由历史的、自然的事件组成;自然是一个挑战而不是生硬的外在物,也不是科学的自然,它是爱默生式人性化的、诗意化的自然,它向人类提供物品、美、语言、训练的素材与服务。自然界是精神的象征,在自然界和精神的组成部分之间存在着对应关系,在自然界全体和精神整体之间也存在象征关系;训练使知性和理性获得教益,"唯有生命世界才有死亡。这些事实曾经被赫拉克利特和老子这样的思想家所颂扬过……是形成一个自然主义的形而上学的基本要素"③。杜威认同自然界的非理性成分,这是情绪、意志、欲望表达在世界上存在的理由,它们与理性的矛盾是我们可以超出理性之外来领会世界的关键:

---

① LW. 16. 53.

② EN. 414.

③ EN. 47-48.

从传统观念的立场上看,自然界本来就是非理性的。但是非理性的性质是由于它与理性的先验定义的冲突。完全放弃自然界应当符合于一确定的定义,那么自然界本质上就既不是理性的,也不是非理性的。如果我们不在认识活动中利用自然,那么自然的存在就和理性任一属性毫不相干,好像河流本身既不靠近城市,也不反对靠近城市。自然是可以理解的、可以领悟的。存在一些操作活动,通过它我们可以把自然变成知识的对象以达到的目的,就如河流提供可以用来促进人类的活动和满足人类的需要的条件。①

杜威还认为,经验在自然之中,交互作用、认知活动也都在自然中发生,经验与自然一样也是一种实在,它虽然晚于自然出现而只发生于特定的时空条件域,然而一旦发生就注定会"反卷"自然,渗透进自然中的所有时空域。例如,今天的天文学已经把人类的触角延伸到宇宙的边缘,并能够推论、思考宇宙起源的瞬间发生了什么,量子理论又让我们的视线可以钻进比原子还小的世界,历史理论还引导我们以现在的思维来包容曾经发生的一幅幅精彩的画面,如此等等。在杜威看来,对这些事实的唯心论怀疑完全是可笑的,不值一驳。他将我们所经验到的东西,即自然的显现和对于经验的直接呈现(包括物和事实)当做实在的存在,一种直接的自然"给予"。的确,哲学的出发点和根基都有相对性、被给予性,正因此导致哲学理论的多样性和多元化。然而,如何避免相对主义仍然依赖于我们的建构。杜威认为经验这个入口就是我们从生活经验的世界出发的一种能动性的建构,既非先验也不是外在的客观事物。

由于杜威将包括经验与自然在内的一个统一整体当做基础世界,当做知识之源,所以他反对象笛卡尔那样分割瓦解,从还原的碎片中找到被认为最基本的出发点。至于这个整体世界从何而来,是否先有部分后有整体,并无意义,那就是一个事实,假如从天掉到我们头上的馅饼就是一个馅饼,被我们吃了,就不必把怀疑的精力放在"它是不是馅饼"上,而要放在为何从天而降,以及如何让它掉下更多更好的馅饼,因为后者更有意义,更能解决

———————————

① QC. 201.

我们的现实问题,而前者可能只是一场思想的游戏,对待这种游戏的方法就是自然地坦然处之,悬置起来。自然与经验之间的连续性是一个自然的基本事实,它体现于原初经验之中,而非反思经验或者认知经验中,"要维持自然连续性学说的唯一方法就是承认理智或认知的经验是具有第二级的和派生的特性"①。在某种意义上说,传统哲学中对自然与经验的区分被杜威移植到对原初经验与反思经验的区分上来。经验与自然之间的连续性表现为原初经验与自然潜能的对应关系。每个经验都是一个运动的力②,显然这个力作用在被经验所牵涉的自然之上,而不是外在的物理自然界。

人生来就有唯物主义倾向。"人自然的和最初的偏见总是导向客观的,凡被经验到的东西都被当做是独立于自我的态度和动作之外。"③杜威倡导我们既要观察事物又要观察"观察过程"。原始经验的事物对于人类来说具有一种优先性,对于我们的感知器官来说具有现实的独占和决定性,我们直接面临和接触到的就是如此这般的事物,而不是其他稀奇古怪的科幻图景,我们自然地接受了它们进入我们的感知世界,这构成类似于海德格尔所说的"被抛"性的物质层面。我们不会怀疑一些直接遭遇,如同科学实验本身就证明存在科学的对象一样,如果科学家们都在玩空手道,我们今天的科学技术成果的产物就不可想象。经验的存在保证经验到的客体的真实性。杜威认为,坚持原初经验中的直接交互的事物的真实性可以抵制哲学的如此诱惑,"把反省经验中的结果本身当做具有优越于任何其他经验样式的材料的真实性,⋯⋯把知识对象和最终的实在体等同起来。"④

杜威关于自然的思想有一个发展过程,但基本观点与实在论相近⑤。他关于事物显现而成为现象的论述很有现象学意味,而且也清楚地表明杜

---

① EN. 23~24.

② EE. 38,LW. 13. 21.

③ EN. 12.

④ EN. 19.

⑤ 有人将杜威的思想发展分三个阶段:普遍意识内界定实在;朴素实在论,主张事物就是其所被经验到的样子;1925 年之后,完全的自然主义,将经验描述成为环境—有机体交互作用的产物。参见 John R Shook, *Dewey's Empirical Theory of Knowledge and Reality*, 2000:7(转自张梅:2008 年复旦博士论文《杜威的经验概念》)。

威的自然主义实在论倾向：

> 任何一个直接对象，对于探究都变成某种要被认知的东西，变成一个现象。称之为"现象"乃是动能上的一个状态而非一种实在。任何一个性质在其直接状态之中，乃是一个有着双重意义的现象。第一，它是显现出来的；它是明显的、显著的、突出的，再重复我们已经用过的语言，它是被占有的。一个事物显现出来，这意思是说，一个亮的物体在黑暗中显现出来，而其他的东西则隐晦不见。①

杜威的"实在"不仅包含认识、认识域，还包括认识方式，"幻觉就是幻觉，但幻觉的发生却不是一个幻觉，而是一个真正的现实。"②然而，这个经验之中的实在却有认知所不可穷尽的潜在可能性，因为它总是存在认识没有关注到的模糊地带，杜威认为在任何时候经验实际包含的东西要比被人认知到的东西都要广泛得多，丰富得多。原因可想而知，因为认识过程本身携带有一定的规定性，在这个"过滤器"作用下能够被认知到的当然只能是一部分，虽然认知把事物变得清晰分明了，但模糊的部分和没有被认知到从而表达出来、揭示出来的内容远远超出认知的所得。当然，这里并没有细究认知的附加作用给经验中的某些东西附加上了认知范畴，并且使之凸现出来，而只是就撇开这个附加作用之外来言说经验本身的非认知部分被认知遗漏的事实。的确，实在世界包含观念的改变，所以杜威反对把观念与物质世界分离开来，他说，"地图毕竟也是这个世界的一部分，而不是外在于它外的什么东西，并且它的意义和影响如此重要以致地图上的一个变动将包含其他更为重要的客观变动。……改变这个世界的意义导致一个存在上的改变。世界地图不仅仅是挂在墙上的一块布而已"③。杜威的"存在"就是这样的日常经验世界。

杜威用选择的发现来解读各种哲学理论对不同"实在"的证明，但他并不反对实在的存在。只不过实在并非一种绝对，既不是黑格尔的"绝对精神"，也不是斯宾诺莎的"整全"，更不是罗素的"事素"。杜威并不像有些人

---

① EN.137.
② EN.20.
③ EN.156–157.

所说"去除大写的一",他心中始终存在着那个大写的"一",但不是一种确定的、绝对的实在。如果对杜威来说有什么是最后的实在,那就是"经验",这多么像海德格尔的断言:"如果有什么最后的话,那就是存在。"经验对象和经验事件构成实在,物理的对象和事件只是其中的组件。杜威认同文德尔班的观点,认为纠缠在知识之中最终只能求助于信仰,问题在于知识性的发问方式,它把超越时间性的自然实在放置在它考究的时间性的事件之中,并以溯源方法来推理"为什么无时间性的实在需要在有时间性的事件进程中的实现,或者为什么它要在它本身中和一个在时间进程中具有与其自身性质不同的东西进行协调,这始终是一个没有解决的问题。我们不理解为何既已存在的东西还必然要发生;更不懂为什么从那个在其本身没有时间的东西中会发生一些不同的事情"①。

在杜威哲学里,所谓"实在"就是一个贯穿连续性的发展过程,而这个连续性体现在经验概念中,又超越于自然或经验之上。经验与自然密切关联,一方面,经验深入并揭示自然,另一方面,自然也不是死的、不变的,而有着"人文的"气息,所以杜威也将其经验自然主义称为"自然主义的人文主义"。这个"人文"是广义的,包括科学在内,是科学性的、经验的,而不是欧陆的作为科学对立面的人文主义,"自然与经验还在另一种关联中和谐共存而得到加速,在这种关联中经验将自我表现为达到自然、揭露自然秘密的一种而且是唯一的方法,在这种关联中,经验所揭露的自然(利用自然科学中的经验方法)又得以深化和丰富,并指导着经验进一步的发展"②。

二、杜威的自然主义概述

杜威的自然观是直接的、"自然的","鹿有细长的腿,而它们既具有腿,于是就会跑路,这是这个世界上一件自然而然的事件"③。他认同一种普通的、常识性的实在,因为普通常识可以证明经验既是关于自然的也是发生在自然之中。这是杜威哲学中一个极其重要的论断:常识就是自然而然发生

---

① EN.147.

② EN.2a

③ EN.276.

的,不必证明,自然是自我显现出来的。虽然现象学与自然主义有很大差别,但是胡塞尔在还原到直观以及反思直观后也不再认为,对"我看画"以及"我认识到我看画"还有进一步怀疑或深究的意义,他把"我思"的直接明析性建立在思维的各种直观性的认知行动中,而反思直观就是他的最后一道线①。杜威显然认同这一点:自然的呈现是自然而然的,不必问为何有的事物呈现有的不呈现,或者事物如此呈现而不如彼呈现,这些虽然有逻辑上的可能性,但没有现实的意义,不是自然之内的,他也承认存在思维不可解析和穿透的自然本底。而唯理论试图用理性证明的方式来把握常识自然正是杜威要摒弃的,因为理性疏漏了感性、情绪、意志的冲动等要素,最重要的是,有限性的理性不可能全真地把握具有无限开放性的自然。

由于强烈的进化论意味,杜威的自然主义也被称为"进化自然主义";又由于杜威对经验的改造,或称为"经验的自然主义",由于对科学实验模式的重视和哲学化旨趣而称为"实验自然主义";有的干脆称之为"实用自然主义"。杜威的自然主义不仅受到美国自然主义传统、爱默生思想的熏染,其思想之源还可以追溯到洛克、休谟②,甚至亚里士多德。杜威认为,对属于自然的特性的探究就是对亚里士多德"作为存在的存在"的探究的发展,对其形而上学的一种改造。他有时使用"自然主义的形而上学",有时则用"自然哲学"或者"自然的哲学理论"来表示自己的自然观念③。然而,与亚里士多德不同,杜威占有时代的后发优势,他吸收进化论思想,将生长和变化作为哲学的基本原则,利用进化论消解亚里士多德的"种"与"属"。杜威承认外在自然世界先于人的存在,但在人产生意识之后,一切被人所接触到的才是真正的自然世界。在人及其意识是存在起源和发生过程的这个意义上,也可以把杜威的自然主义称为发生的自然主义,一种激进的、建构

---

① 胡塞尔:《现象学的观念》,倪梁康译,上海译文出版社 1986 年版,50.1.1。

② 洛克首先提出物质的第一性质、第二性质,试图将自然的客观性表述得清楚明白。杜威称其《人性及其行为》是休谟传统的延续,他在这本书里分析了习惯的行为和在日常生活及伦理危机时的反思行为之间的关系。杜威总是希望像休谟那样对人类的行为习惯做一个自然主义的探究。

③ James Guoinlock, *John Dewey's Philosophy of Value*, NY: Humanities Press, 1972, pp. 1-2.

的自然主义。

　　杜威对生物学事实的自然主义态度是其知识真理观的基础。他把一些生物学观点看做是与自然界一样的实在、一种事实，"人类之所以天然赞赏知识，只是因为在我们趋利避害的成败上有影响之故。这是一个关于我们有机体结构的事实"①。"事实"这个词语直白地体现出杜威的自然主义，它是一种日常认识，普遍接受的观点，不需要论证，但可以通过反思和溯源方法来追溯。这也是杜威在其哲学中几乎毫无保留地采用大量进化论的术语和观点的原因。他对于生物学的进化论以及机能主义心理学的批判要比对他同样崇尚的物理学弱得多；杜威虽然推崇物理学方法，但由于爱因斯坦相对论对于牛顿物理学的颠覆性，他并不像对待进化论和心理学那样将它看做是哲学的某种基础。他似乎把物理学的方程看做是一种可能会被更新的知识，而进化论则直接指向自然实在，除非进化论也发生类似物理学的革命才可能会改变他的观念。而对于杜威来说，存在与知识分属于不同层面，知识是关于联系的、外在的；而存在是直接的、终结的：

　　　　存在的直接性是不可言说的。但是这种不可言说没有什么神秘的；它只是表达这样一个事实，即关于直接的存在我们既毋庸对自己说些什么，也无法对别人说些什么。交谈只能明白表示这样的一些联系，即如果遵循这些联系的途径就会导致人们占有一个存在物。……直接的享受和遭受有结论性地显示和证明：自然具有最后性，正如它具有关系性一样。②

　　杜威受到美国批判实在论的主要倡导者桑塔亚纳、新实在论者佩里（Ralph Perry）的影响，相信原则上全部现象都可以根据自然原因或者原则来加以解释。当然他们之间也存在明显的不同，并因此常常引来激烈的辩论。自然主义也是美国20世纪哲学中一个明显的倾向，不仅有以往的自然化的黑格尔主义、自然化的伦理学、奎因的自然主义化的认识论，还有自然化的语义学、自然化的信念与意向，呈现出一种广泛的"自然主

---

　　①　EN.51.

　　②　EN.85–86.

义转向"①。在 2000 年美国布法罗大学召开的美国实用主义国际研讨会
上,人们普遍把自然主义、实在论与实用主义看做是美国当代哲学的主要特
征。其中一个代表人物就是科学哲学家内格尔(Ernest Negel),他从其大学
老师柯恩(M. Cohen)那里接受了自然主义,从其研究生老师杜威那里接受
实用主义,最后归宿于逻辑实证主义。在内格尔看来,自然主义并不一定要
求寻找事物的多样性和逻辑上的开放性,但一定反对一种统一的固定模式
和逻辑上的必然性。他提出的情境分析主张通过特定情境中的运用来解释
逻辑概念和其原则,而逻辑原则是针对于情境而言的②,杜威的影响清晰
可见。

杜威的自然主义是一种积极的自然主义。他尊重实践的价值,并把行
动放在认知的核心地位。轻视实践并不一定是唯心论的专利,消极的自然
主义也可以轻视实践,将决定力量让位给自然,轻视实践有两个前提,这样
使得哲学的认知此实在及其本质为唯一职能:知识的对象是某种形式的最
后实有,它先于反省而独立存在;这先在的实有有决定形成价值判断的特
征。这导致社会、宗教、道德和行为目的的意向③。人的基本性向导致对统
一性的追求,从而夸大理论超出自然。这在杜威看来就是对自然要求过多,
"人的精神自然地假定现象间比其实际存在更大的简单性、一致性和统一
性。因而遵循肤浅的类推和急就的结论,它忽略细微的差别和例外的存在。
于是它编织一张纯粹内在起源的网并加在自然上面。过去所谓的科学也不
外是人所造成而加上去的这样的网"④。当然要求太少则是怯懦,所以要
"培植我们的愿望和理想,直到我们把它们转变为智慧,而按照自然所可能
允许的途径和手段去修正它们。……虽然宇宙宰制我们,我们却仍然可以

---

① Virginia Held,"Moral Subjects: The Natural and The Normative", in *Proceedings and Addresses of the American Philosophical Association*, 76:2 (2002—10), p. 7; Barry Stroud,"The Charm of Naturalism", *Proceedings and Addresses of the American Philosophical Association*, 70:2, (1996—10).

② 陈嘉明主编:《实在、心灵与信念:当代美国哲学概论》,人民出版社 2005 年版,第 167—170 页。

③ QC. 69.

④ MW. 12. 99.

信任它,因为我们的命运总是和存在中一切好的东西相一致。我们知道这样的思想和努力乃是产生更好东西的一个条件"①。

　　杜威的自然主义基本立场是一以贯之的。在杜威的"经验"和人化"自然"的改造之后,经验产生的所有条件、环节和过程,以及经验本身就是自然的内容,而不是自然之中分离开来的两种实体(主体与客体)发生作用的共同产物,为了某种外在的目的而发生的独立事件。经验与目的是一体的,而目的和意义就体现于人的经验之中。在杜威看来,经验方法、或直指法跟自然主义形而上学的具有相同的旨趣,而且这个世界必然会产生无知和探究、怀疑和假设、尝试和临时性的结论,而一个自然主义的形而上学一点也不排斥反思本身,把反思当做一件自然的事情。而近代哲学却由于二元论的假定,既不认同自然主义,也不能无视于科学而成为彻底唯心主义。例如,斯宾诺莎把科学的方法,和以绝对的认识上的确定性为基础的至高不变的善完全统一起来,保留绝对的"一"而牺牲细节,只为接受自然主义的科学和必然法则②。杜威虽然反对斯宾诺莎的理性优越于经验、试图用几何方法来论证一种科学的自然主义,但斯宾诺莎的"人与自然结为一体",并把科学伦理与宗教上对人类行为源泉的控制合而为一,从而追求更大的善的观念极大地启发了杜威对自然主义的连续性思想和整体观等问题的研究,同时也使他认识到近代自然观的信仰与理性相分离的二重性的哲学谬误。因而,认识杜威的自然主义从某种意义上说最好的途径就是认识近代哲学的二元论。

　　杜威与实用主义的自然和自然主义思想受到了一系列的批评,海德格尔、桑塔亚纳、克罗齐都曾对实用主义的"自然"概念提出了质疑。对于他们的批评,我相信,实用主义的三位杰出开创者会断然地一致摇头:那些批评本身就是实用主义要批评的,因为批评者仍然在追求确定性,追问所谓"根本",追问自然的本质,也就是说将自然进一步解析成为什么的问题。而杜威可能会说,我不知道,也不必要知道;那个问题没有价值,因为我们的

---

① EN. 420.
② QC. 56.

知识体系不必建立在它之上,也不必追求究竟建立在什么之上,我们需要问的是,我们的问题和探究对我们有何益处? 如果它是我们的实践行动所需要的,能够产生价值,能够对我们的生活产生效果,我们才会追问它。追问的意义不在于追求本身,而在于我们作为追问者为何要追问? 或者说,如果我们不能在根本上解决问题,我们宁愿缩小深度,或者宁愿用"自然"、"自然主义"的态度来对待之,因为我们还有更重要而有意义的问题要追问,还有更紧迫而有价值的任务要完成呢,我们的行动需要关照。如果有一天,我们需要追问它,那表明是"自然"提出了我们需要追问的要求。总之,我们作为人来说是有限的,我们的理智和精力都是有限的,要像经济学家们的论题那样分配资源,在有限的时间里做最有意义的事情,而不要为"自然"空操心。

克罗齐指责实用主义设定了某种超人的"自然","在实用主义的概念中永远假定历史里面有一个中介存在,那就是超人的存在,命运、机会、运气、自然、上帝,认为引导人类事物的一半是智慧,一半是运气……实用通过其自然主义走到超验论和非理性,非理性就带来了一切二元论"①。但是实用主义反过来可以说,绝对主义是在自我代理"自然"上帝的角色。对此进行简单的推演就会发现它存在一个循环的"反卷",那就是究竟是谁在(试图)代替上帝发言? 譬如:绝对论追求"完整性",那其实就是"上帝",对它的追求和探究的结果很可能就被指责为代替上帝的发言。但是相对主义者呢? 他们号称放弃"绝对"、"上帝"、"完整性"、"元叙述"等等。依据内容的实质,我们也可以说他们是在替上帝发言,"人类的一切言论都是碎片,谈论整体是不可能的,是僭越……"可以看出,只要是谈到"整体"、谈到与之相关的词语,都可能受到质疑和指责,无论是正面的还是反面的,无论是辩护的还是试图消解它的。用分析哲学的逻辑术语可以更清楚地表明这一点。

的确,我们对哪一方的批评都是不可能全面兼顾的。这从罗素的"理发师"悖论中已经得到语言学上的解释。而且类似地,只要将问题的语言层面置换成哲学层面,置换为纯粹的哲学层面,就可以看到这个哲学问题的本质。

有些哲学家试图绕过这个问题,将这个"绝对"用时间性的历史过程来

---

① 克罗齐:《历史学的理论和实际》,傅任敢译,商务印书馆 1986 年版,第 74—76 页。

替代,于是,有关"绝对"、"上帝"、"自然"的命题都变成为一个类似于 X(t) 的东西,它在历史的时间中划过一道轨迹,那就像我们思想的历程。但是,无论如何,在任何一个时间点 to,X 就有一个对应的值,即对象 Xo,黑格尔说的"上帝""大全"、"绝对"等等就是这个 Xo 对应的哲学术语,但是,黑格尔总是试图实现超越,将自己所说的"大全"指向 X(t),也就是说,他总是认为自己说的不是确定性的 Xo,而是变动性的 X(t),因为 Xo 只是 X(t) 的一个特定值、一个环节。然而,他又如何能够超越他所在历史时刻(或者时间段)的时间限制呢? 即便他说的是形如 X(t) 的东西,由于他言说中的 t 本身的有限性,至少小于比他获得更大的迄今为止的历史时间 T,那么,他的 X(t) 也就成了 X(T) 的一个环节,否则他就是一个预言家,而且是一个预言覆盖全部可能时间的先知,那其实也就是"上帝"。且不论黑格尔对"大全"的思考深度我们是否能及,就他自己的观念——历史的真理总是在终结之处完成——来说,他就不能否认他的 X(t) 只是一个环节。我们这里用数学符号来表达哲学思想,只是借用这种方便于理解的语言形式,而不是对哲学概念和思想本身的"对象化"指称。因为有些哲学概念恐怕永远不可能用任何记号来指称。

实用主义者认识到了这个有限性,便采取了主动放弃或者实行心智的战场转移,而不是将自身就当做为那个"无限的上帝"来预言,也不是绝对地否定这个问题的存在和意义。杜威多次谈到"自然",甚至被人质疑,而转用"文化"概念。

第三节　杜威经验论的自然主义要义

假如要问杜威的整个哲学的第一原则,也许很多人会引用伯恩斯坦的话:"杜威的根本信念,第一原则:适当地利用智慧,人们能够处理当代世界的复杂的迫切的问题。"①如果是针对杜威的经验自然主义、或实用主义的整体性看法,我赞同这一点,因为它恰当地反映了杜威对人类面临问题情境

① 伯恩斯坦:《杜威论经验、自然与自由》,台湾商务印书馆 1981 年版,第 6 页。

时,舍观念知识而求实际行动以解决问题的急切心情,而且也贴切地符合"实用真理观"这个实用主义的最著名标签。但是,通过对杜威的经验自然主义的结构和要素的分析,我认为,被杜威称为"自然主义的假定"的连续性原则可看做杜威的最基本的存在论原则,除此外,情境、整体性—关系、交互—交易、偶然性也都是其经验自然主义的主要特征,是他试图建立一种替代传统形而上学的哲学的基石;也是他建构其教育学说、政治民主理论、伦理学等等哲学思想的基本原则。这几个原则特征不单单属于杜威的"经验"或者"自然",而是超出经验、自然,适用于其世界、文化和人类有机体等概念。它们是理解杜威经验自然主义、探究理论和价值理论的前提;没有它们,杜威对哲学的改造就无从谈起。

当然,归纳和提出杜威的这几条特征,并不是说杜威关于它们有一个总体性的、综合而完善的理论体系。它们是体现于其哲学中的一些解释的理论依据,而且杜威并不总是一以贯之地坚持和使用这些原则,比如情境原则和整体观如何共同成立和被使用就不是清楚明白的,这可能是杜威一直没有解决好的一个重要问题,从而导致他的理论常常受到攻击:一时强调这个方面、一时强调那个方面而不顾及对立面。虽然他的情境原则具有深刻的哲学内涵,值得深入研究,但是他对时间性情境的意义并没有被充分地发掘出来,所以一直纠缠在各种因此可能导致的矛盾之中,没能分出要素的主次层级,试图在一个层面上调节诸要素以达到不可能在一个层面上达到的和解。杜威似乎认为行动的简洁明了可以映射到理论上,他无时无刻不在忠诚地关注社会实践,而行动并没有理论那样的复杂结构,所以他的理论结构不明晰的论述特性常被诟病。

一、连续性原则

杜威的经验自然主义是对自然的最一般特性的看法,它建立在连续性原则上,连续性支撑着动态的过程概念和基于归纳的科学方法。正因为连续性的假定,杜威坚持反对心身分离、常识客体和科学客体的划分,"在关于应该是什么的真理和关于实际上是什么的真理之间,没有任何认识论的区别,在事实与价值之间没有任何形而上学的区别,在道德与科学之间没有任何方法论的区别"①。他也反对维也纳学派的感知—概念、分析—综合的二元对立。可以说已经超出经验范围的连续性是经验、自然、文化相互关联而贯穿起来的中心线,是杜威进化论自然观、溯源方法和时间性情境的基石。

对于连续性,我们向来存在不同的理解,但在数学或者物理学中有严格定义。我们现在知道,一些连续性的现象是可以制造出来的,例如电影银幕上连续变化的事物其实在电影胶片上是一个一个不同的图像,这个看起来的连续性是利用人肉眼的视觉存在最小分辨率这个"生理缺陷"而获得的。随着科学的发展,我们的许多生理有限性会被揭示出来,那么连续性到底是观念性的,还是自然实在的呢?当然哲学中的连续性有不同的思想路径,洛夫乔伊(Authur Lovejoy)认为:

> 连续性原则通常是基于一种明显的或不明显的信念之上的,这种信念是:在宇宙的构造中没有任意的、偶然的和意外的东西,宇宙是一个理性的秩序。第一个原则设定:不仅对于这个世界的存在必定有一个自明的和充足的终极理由。第二个原则是由第一个原则推导出来的并与之相似,即在自然中没有突然的'飞跃';万物是无限多样性的,它们形成一个极其顺畅的连续序列,在其中不会出现断裂而破坏我们理性对无处不在的连续性的渴望。②

连续性原则对于杜威来说,就是一种自然设定,从简单的生命形式到复杂的种子生长,但它不是任意的假定,而是得到实验验证的。在自然事物的历史和过程事物中都存在连续性;知识情境涉及一个探究的连续性:从一个感受到的问题到最后的判断;审美经验的连续性从起初到完满或者实现。连续性存在于任何建构历史的基础中,不管是有关个人生活的,还是国家、全世界的;相反,自然和经验的非连续性将会使生活不稳定。所以杜威批判传统哲学和宗教有目的地把世界变得统一化和安全,因为因果关系链条不能汇聚到初始因和最后结果,不存在一种包含所有形式的形式、或者哲学家

---

① 罗蒂:《后哲学文化》,黄勇编译,上海译文出版社 1992 年版,第 248 页。
② 诺夫乔伊:《存在巨链:对一个观念的历史的研究》,张传有译,江西教育出版社 2002 年版,第 405 页。

自我臆造的抽象体系。杜威认为我们生活在一个松散地组织起来的世界、即詹姆斯的"多元宇宙"中,在统一性上并不完全。此世界的不连续性是要以实践的方式来克服的挑战,所谓实践的方式就是对自然和经验事件的科学理解,是对那些柔软和适应部分的控制艺术,比如对 SARS 的控制。理智是一个解决问题的方法,是建立经验与自然的连续性的工具;假如把理智看做是功能性的,而在功能性上其他动物解决问题的行为能力也可视为理智的,这样人和动物之间的连续性就被建立起来。

连续性不仅体现在杜威的"经验—自然"关系中,还体现在其身体—心灵、事实—价值、个人—社会、现在—历史等重要的概念对子方面。杜威正是通过建立身体—心灵之间的连续性,超越近代认识论唯物论、唯心论的二元分离;通过建立事实与价值之间的连续性关联,打破传统哲学的事实与价值的绝对分开,而且对现代哲学蕴涵着的技术性生活方式展现出其深刻的批判。通过个人与社会之间的相互建构,批判个人自由主义和国家主义的意识形态,为其基于社会共同体之上的参与式民主政治、实现个人价值的政治和伦理观奠定基础。杜威晚年更加关注人类的社会文化生活,他曾试图将"经验与自然"改为"文化与自然",以凸显作为人类群体文化的经验,而不是常常被误用为个人的或者个人与自然之间发生的经验。文化作为一种媒介,甚至作为"自然—人—文化"三角结构之一极而成为他后期关注的重点,文化中有语言、生活习惯、历史形成的习俗、道德等等,是包含人在内的社会生活整体。杜威还在艺术中发现"自然的力量和自然的运行在经验里面达到了最完备,因而是最高度的结合⋯⋯艺术代表经验的最高峰,也代表自然界的顶点"①。这里仍然可见杜威思想中那挥之不去的黑格尔"整体观"和基于连续性的进步观的影子。

杜威的连续性原则不可以按照数学中的数字、或者物理学中的物质连续性那样来理解,从而认为它隐含着这个世界作为充实的存在,没有虚空和间断。因为无论是在集体生活或个人生活中,都发生着裂痕和冲突,譬如,在经验中面对一个新问题,通常的解决方法就是基于这个问题所涉及的新

---

① 杜威:《经验与自然》,傅统先译,江苏教育出版社 2005 年版,第 5 页。

主题与旧主题之间建立起来的连续性关系的基础之上。旧问题和旧方案是对新问题的参照，问题和主题的新旧差距决定思想工具，而且还是其标准：思想是工具，工具的复杂性取决于所面对问题的复杂性，即新问题与旧问题（旧思想所把握和解决的问题）之间的差异、新的成分、新的结构、新呈现的特点。当然，这里新旧问题及其主题之间不可能像数学曲线那样无限连续，而是有基本的相似性特征，这就是连续性的主要标志。其中，间断的大小决定着连续性的影响和旧方法对新问题的参照价值，而且也是衡量思想的广度和深度的标准。经验到的直接性只是物理层面上的存在、生物学上的行为、意义层面的性质，但它们都是连续的①。如果没有连续性原则，两千多年前的庄周之梦恐怕至今难以给予圆满解答②。

　　杜威认为罗素对他的某些批评，是由于他没有理解其"实验连续性"这个基本原则之故。杜威试图根据经验与生活功能的同一性来理解有机体的特性的二元性，并把连续性原则与生长发展关联起来。杜威对连续性的自然主义解释有两个方面：在探究的操作和生物的、物理的操作之间没有断裂，逻辑的操作从有机体的活动中生长出来，并与这些活动不同。在其评价理论中也有类似观点，连续性原则使我们理解评价行为如何从其他行为形式中形成，例如，致命冲动不可还原到这些有机体的功能。在杜威的经验哲学中，"思维乃是在同一个被经验到的事物世界之内在时间上不断进行重新组织的一个持续的过程，而不是从这一个世界跳跃到另一个为思维所一

---

　　① Thomas Alexander, *John Dewey's Theory of Art*, *Experience*, *and Nature*: *the Horizons of Feeling*, Albany: State University of New York Press, 1987, p. 113.

　　② 现实与梦境其实可以用事件的连续性和解释的连续性来区分。其一，在梦境之中，所发生的"事件"没有连续性，虽然在很小的片段上表现出连续性的现象，但总体上表现为跳跃和断裂，使梦没有自然合理的"故事发展"的过程，而现实中的事件是有连续性的过程的，虽然这个过程是被意识所加工而成，终究存在一个连贯性。梦境中没有任何主体的自我选择性、主体行动的自由。而现实中则有一定意义上的自由。其二，在现实中，对现实本身的合理性存在解释，而且可以成功地、或者以经验的方式来成功地解释梦境如何发生、机制及其与现实的关系背景等。而在梦境中，对梦境本身的解释不合理，完全是机械性的，无法改变事情的发生方向，没有任何意识行为（迷迷糊糊地可能有点来自现实的渗入，但没有任何源于梦境中本身要素的东西，无法起到积极性作用）。总之，梦境对现实几乎没有任何解释性力度，完全只是现实的要素渗透进入，而成为梦境的材料。

次构成的对象世界的过程"①。

不过,杜威的连续性原则还是受到一些质疑。伯恩斯坦反对杜威对经验与自然连续性的主张,认为杜威的问题就在于其最基本的连续性原则,作为其自然主义的核心,杜威好像认为它是所有探究的常规原则,但有时又好像将它看做一个所有科学的一般化的结论。杜威从来没有给出一个对连续性的详细而系统的分析。他常常混淆形而上学和道德、科学和价值。连续性原则有更多的情感意义,而不是描述的信息的意义②。的确,连续性原则帮助杜威成功地弥合了诸多二元分离,但在巨大分离之间草草的连接也遮蔽了一个根本的异质性问题:它们在简单的连续性上的异质性没有得到关注和处理。杜威由此而产生了一些错误的观念,如将一个领域内的问题平移到另一个领域内,并借用前者的方法来解决,而效果未必如其所愿;同样对于同一个领域内的问题,也存在不同层面上的要素的影响。杜威对连续性的过高要求,源出于他对现代思想中的诸多困惑和混乱的急切拯救的愿望,他深切地感受到"无论在集体文化中或个人生活中,都发生着断裂和不相容。现代科学、现代工业和政治已经呈现给我们大量的材料,而这些材料是与西方世界所最珍贵的理智和道德的遗产不相关的,常常是不相容的"③,并竭力以弥合这个巨大的断裂作为其哲学的根本任务。这也正是他对近代哲学二元论痛恨的根本原因。

杜威的连续性是关乎目的—手段的。他探究逻辑的五步法就是一个对连续性原则实践的积极应用。为了克服困难,对于确定的结果,在探寻过程中我们很可能是偶然地寻找到一些方法,手段和目的之间的关系如此紧密,以致它们只有在思想中才能表现为分开的形式。长期的进化过程使得低级层面上的刺激反应变得自动化了,它所造成的有效性是复杂层面上任何深思熟虑的控制无法比拟的。当语言、文字等符号行为产生后,人类能够超越经验的某些部分而进行反思。对非反思层面的关系有所了解,把这些涉及

---

① EN.67-68.

② Richard Bernstein, *John Dewey's Metaphysics of Experience*, JP LVIII(1961), pp.5-8.

③ 杜威:《经验与自然》,傅统先译,江苏教育出版社 2005 年版,原序,第 1 页。

经验的不同部分的关系分化为物理客体、感觉、概念和知识操作等。这样，
人类就有了对手段—目的连续性的分析，从而解决遭遇到的各种问题。同
样，人文的方法实现人文的目的，民主的方法实现民主的目的；有效的实践
要求理想、后续措施、当前情境的连续性。对于杜威来说，哲学的任务就是
要在现代科学工业和政治为一方、西方最珍贵的理智和道德遗产为另一方
之间的冲突和断裂中建立起一个巨大的连续性平台。

二、情境原则

经验是杜威哲学的基本概念，经验的发生有其必要的情境与条件，"经
验作为一种存在，乃是只有在一种高度特殊化的条件下才发生……没有证
据显示无论在任何地方和任何时间都有经验"①。杜威的经验既是关于自
然的，也发生在自然之内。这个与经验发生如此紧密相关的自然就是经验
发生的最大情境，也就是说我们的任何经验都不是抽象的，而必定发生于某
个特定的时间和空间，以及特定的文化和社会的背景之中，即具有其历史主
义的维度。自然主义有一个基本假设：存在一个自然的世界，但它不是外在
的、与人的经验分离的客体。对于杜威来说，自然就如同一个经验发生的情
境场，"所有的情境都是直接性的，只有人类的情境有质的直接性。所有的
情境都是媒介的或者相关的，只有人类情境通过它们的关系产生意义。此
即社会的，最包容性的范畴，因为它包含和实现了人类经验的所有特征，反
映了自然潜能的最高实现"②。

经验是个体在环境之中对某一情境问题的整体反应，而个人存在于特
定环境，与情境之间存在"遭受"和"作为"的行动关系。一方面，人类在改
造环境或主动地适应环境、如开荒耕种时对环境有所作为；另一方面，环境
对人类亦提供可耕之田和各种能够生产的水利和气候条件，或增加耕种的
收获等等。杜威的情境原则不仅对于其作为探究实践的经验来说是重要
的，而且也是理解其认识论立场的基础，杜威把知识看做是通过实践达到目

---

① 杜威:《经验与自然》，傅统先译，江苏教育出版社 2005 年版，第 2 页。

② Thomas Alexander, *John Dewey's Theory of Art*, *Experience*, *and Nature*: *the Horizons of Feeling*, Albany: State University of New York Press, 1987, p. 107.

的的手段和工具,而不是如传统认识论(甚至包括古希腊哲学)主张的静观知识和绝对真理。实用主义广为所知的"实用即真理"的根本理由,依杜威看来就是因为人类生活在一个危险的、动荡不安的环境中,为寻求安全而创造各种工具艺术,知识也就来源于一个不确定的情境①,它是解决情境的工具。杜威认为,个体在分析和解决问题情境的过程中,采取各种方法、步骤和试验,并考察预订方案的可行性,这一系列的经验行动不仅解决了情境中的问题,而且扩展经验的意义,丰富情境本身。

理解杜威的经验自然主义必须认同情境在经验中的重要地位。经验作为一种人生的实践在可辩护的意义上就是情境之中的探究。然而罗素认为杜威没能提供作为所有探究的公共目标的真理以客观性和真实性,把问题解决说成是"满意",真理似乎变成了一种个人的满足②。但杜威反驳说这种批评忽视了在探究情境中的判断情境,而判断正是在这个探究情境内才得到保证的,这并不是暗示初始的怀疑或者最后的满意在个人、社会、生物学的意义上是主观的。情境和条件的客观性意味着"有保证的确信"(warranted assertibility)就是真的,符合具体的发生情境。在批评者看来,杜威对情境范围的描述存在一个困难,由于他坚持探究只有在情境之内才能够被理解,自然就要求对情境的有限制性的描述。一方面,如果情境局限于此地被探究的特殊问题,对此问题的解决的重要性也是受到限制的,那么个别的问题情境如何与其他探究情境、经验的其他部分相关联就成为一个值得探究的问题。另一方面,如果杜威并不想对情境做如此限制,而是将情境扩展到一个相当大的时间跨度,甚至认为它还包括许多复杂的问题,那么将难以说清楚情境是如何受到限制的。这样,情境会不确定地延伸到、并将包容整个经验,因为杜威是认同整体论的。③

---

① 杜威:《确定性的寻求》,傅统先译,上海人民出版社 2005 年版,第 1—16 页。

② Bertrand Russell, *New Hopes for A Changing World*, London : G. Allen & Unwin, 1951, (218pp) ; *The Philosophy of Bertrand Russell*, edited by Paul Arthur Schilpp, 3rd ed. , New York : Tudor Pub. Co. , 1951, (800pp) , pp. 148–152.

③ Bertrand Russell, *New Hopes for A Changing World*, London : G. Allen & Unwin, 1951, 139ff.

正是基于经验所发生的具体情境的差异,杜威把经验区分为认知的和非认知的两种,并以此划分反驳那些对他的误解和批评的看法。杜威认为他们没有考虑到情境问题,即使是墨尔菲这样曾经对情境主义持敬重态度的人也是如此①。例如关于情境的局限,情境开始于感受到的困难、经验连续性的断裂、痛苦或者挫折,这是非认知的经验,当问题通过处理得到最终判断时,解决就是平衡的恢复,那是可以立即感受到的满足,故而给情境设置限制的问题不会出现,因为情境的局限就是以"获得"挫折或者完成的方式发生。

关于真理观,杜威可能被置于这样一种两难境地:如果真理定义是关于主观满足的,那么他就是主观唯心主义;如果是关于主观情境的,他就是客观唯心主义的。如果这两个唯心主义理解都不是,那么他在"有保证的确信"概念里包含了真理实证论作为事实的观念,因为情境、怀疑和满足都是客观的。关于探究发生的情境,杜威必须在无关的独个情境的原子多元论和整体论之间作出选择。关于怀疑的或者不确定的情境,以及满意的或者确定的情境,杜威必须在主观唯心主义或者二元论的实在论之间进行选择。关于命题处理,他将在极端理性主义或者极端经验主义之间进行选择。关于"有保证的确信",选项是真理在探究内是确定的唯心主义或者真理作为对外在事实的符合的实在论。对这些问题的解答需要抓住杜威的"经验"概念的实质才行。

这些问题都和情境有关,而要回答这些问题,就必须理解杜威批判传统哲学的径路,他对康德的"哥白尼革命"不满就是认为哲学不能以先验的概念图式为起点。杜威从考察人类历史的角度②,揭示人类在原始初民状态的非理性、无认识论世界的生活习惯,以及各种不同的生活情境下,如何在不确定的变动过程中发生认识以及形而上学等思维方式的。各种不同的社会状态下的人所生活的情境就是不同的生活世界,因此,生活是情境的核心内容。哲学和认识论以及实用主义都只是历史的产物,都是各种不同情境

---

① LW.14.11.

② 陈亚军:《杜威对于传统哲学的分析和改造》,《南京社会科学》2004 年,第 8 期。

之下人类为了生存延续的工具,它们显然不可超越特定情境的生活世界。所谓主观和客观都是在理性和认识论发生之后的概念,本来是为了认识论分析的方便而进行的一种区分,并没有一种对应的确定的实在。这种历史分析方法从渊源上说继承了黑格尔,但显然进行了改造,因为情境和生活工具都没有一个终极的绝对,都是不确定的和变动的。对杜威的质疑似乎还是停留在传统哲学的框架之内,那些批评似乎更适合于针对实证主义等基于认识论的哲学流派。

情境是杜威的溯源方法的基础,"每一个情境或意识场都具有创始、倾向或意向、后果或意义这样一个特点"①。不把握情境原则,不了解它的来龙去脉和历史背景而直接移植哲学,就只能复制现象、甚至错误的现象,将带来学术上肤浅、政治和社会实践上幼稚的危险。中国在五·四时期直接移植的一些主义和哲学的后果证实了这一点。即使换成实用主义,只要没有理解其发展传统,结果都将是一样的糟糕。米德对此曾有论述,"19世纪的法国继承了洛克的哲学,而不是贝克莱或者休谟的哲学,但后两者才是代表了洛克哲学的发展。伏尔泰和其他人对英国哲学的移植却是来自洛克。明白了这一点也就知道法国思想对这一哲学的把握是肤浅的。由洛克到贝克莱和休谟的发展是一种必然的逻辑发展"②。

情境原则揭示出我们使用语言的局限性和条件性。我们对语言的使用,实际上是基于实用原则的,也要随着情境而变化。杜威反对固定的和绝对化的术语,主张用形容词和副词来替代实体性名称,例如用"意识的"和"意识地"来替代"意识"③。哲学家们都爱抓住一部分语言现象来构思自己的理论,然后把所有的语言现象纳入自己的理论框架。他们往往对于自己理论无法说明的语言现象视而不见或存而不论,或者宣称自己的意义理论不是一种完备的学说而仅仅是一个大纲,从而回避了大量的反例和细节上的困难。这种做法当然为产生对立的理论留下了广阔的可能性空间。不幸的是,新起的理论往往还是抓住一点而不计其余,因此没完没了的争论变

---

① 杜威:《经验与自然》,傅统先译,江苏教育出版社2005年版,第66页。
② 米德:《十九世纪的思想运动》,陈虎平等译,中国城市出版社2003年版,第506页。
③ EN.75.

得十分自然①。我完全赞同徐友渔所说,所考察的诸种意义理论中没有一种是在任何情况下都站不住脚的,同时也没有任何一种理论是对于所有的语言现象具有普适性的。即使得到最严厉批判的观念论在人们阅读小说、诗歌时常常还是适用而必需的。

　　杜威的情境不仅有经验发生现场的具体情境,在时间尺度上还有时间性的情境。时间情境是历史性的标尺,在时间上显现出来的历史事件的前后相互关联性。从历史发生过程的变动性观念,我们可以获知时间的重要性,不过大多并没有对所选取的时间段长度对于所考虑事件的性质、评判等的不同意义给予研究。在不同的时间尺度上,实用性所表现出的不同形态,对事件以及不同的哲学理论的评价不同。但哲学史上的单一化诉求,似乎每一个时代的哲学理论总是建立在对前一个时代哲学理论的批判之上,哲学发展的历史充满了这样的否定,把握从否定到肯定的合题没有一个内在的标准。而用长时段—短时段的时间性情境可以解决这个问题,把辩证法建立在一种非"绝对精神"的客观标准上:对时间性的分层理论。杜威认为,唯物主义和唯心主义的错误是"企图用旧的、非历史的因果关系的意义来进行解释"②,历史的分时段性理论在哲学上就是一种时间性情景中的哲学方法。

　　情境是变动不居的。变动的情境决定着关注的焦点和行动,"有问题的和不安定的情境之所以发生,是由于分散的或个别的和连续的或关联的东西所特有的一种统一。……虽然每一个这样的情境彼此相差很小或彼此难以严格划分,但是其内容安排的式样是从不重复的"③。杜威认为,古希腊划分低贱的劳动者与高尚的休闲自由人的社会特征是它最后毁灭的重要原因,因为其思维追求终结和静止的善,而不是去积极应对运动和变化。这种说法从古希腊所处的时代情境上说可能还需要商榷,因为,如何评估思想与政治实践对现实成败的关联程度难以一言断定,其中各种复杂的因素参

---

① 　徐友渔:《"哥白尼式"的革命》,三联书店 1994 年版,第 112 页。

② 　杜威:《经验与自然》,傅统先译,江苏教育出版社 2005 年版,第 174 页。

③ 　QC. 224.

与、包括偶然的因素在短尺度上的效应凸显都不可忽视。但是杜威的批判是针对古希腊的哲学思想而言的,在宏大的层面上有其深刻的道理,它强调哲学思想所基于的社会和现实情境的变动特征。杜威坚持不仅行动基于变动的情境,反思也是从疑难的和混乱的情境出发,"反思只发生在具有不确定性、有选择可能、有疑问、询求和假设的,测验思维价值的暂时尝试或实验等性质的情境中。一个自然主义的形而上学必须把反思本身当做是由于自然特性而发生于自然以内的一件自然事件"①。

杜威反对哲学走向传统形而上学的道路,而倡导哲学研究要面向社会现实。他认为,没有希腊宗教、艺术和国民生活,他们的哲学就不能成立。现实社会的生活就是人类最大的情境;而哲学的任务从来就是关于人类社会的和人类道德的,将来也是如此。"当它缔构在形而上的尊荣地位时,或许是荒谬而非实在的,但当它与社会的信念和社会的理想的斗争结合起来,意义就非常重大。哲学如能舍弃关于终极和绝对的实在的研究的无聊的独占,将在推动人类的道德力的启发中,和人类想获得更为条理、更为明哲的幸福。"②人类的生活是由一系列境遇组成,每个人都置身其中,面临如此这般的现实问题和困惑,又只能在如此这般的情境中寻找最有效的解决方法。情境的不同决定着问题的不同,因而解决方法也就当然是不同的了,刻舟求剑的中国典故说的就是情境变化的道理。决定经验并客观上起作用的普遍规律是不存在的,对于思维来说也是如此。在杜威看来,思维也是一种行动方式,它促使人从问题情境过渡到安全情境时采取一系列的反应行为,而行为方式可以得到在客观的观察。

对于自然主义来说,情境是人类在世的方式③。它标志的是性质和直接性,每个情境都有一个性质标识,但包含许多不同的性质。有了情境原则,才有直指的方法。杜威曾说对他影响最大的来自于人和情境,而不是书本。他曾回忆20世纪30年代他与麦克格饶(Myrtle McGraw)的合作,以及

① EN.68.
② 杜威:《哲学的改造》,许崇清译,商务印书馆1958年版,第14页。
③ Thomas Alexander, *John Dewey's Theory of Art, Experience, and Nature: the Horizons of Feeling*, Albany: State University of New York Press, 1987, p.80.

在他思考心灵、大脑和行为之间的关系时,许多科学家对他探索心灵的起源和功能、个体发生学的论断施以援手,从而使他能够在 1938 年写出《逻辑:探究的理论》。杜威的情境与海德格尔的此在的在世有类似之处。情境性在梅洛—庞蒂的病例施奈德身上更有鲜明的表现,在他丧失了某种意义发生能力情况下,他仍然能够在特定情境刺激下用身体正确完成动作①。

三、整体—关系原则

众所周知,黑格尔给现代哲学带来的影响是深远的,无论是好还是坏。其整体观和普遍联系的原则在杜威哲学中表现得非常明显。杜威也承认黑格尔给他留下的永久影响,并且对黑格尔的《自然哲学》保持着持续的兴趣,这点一直鲜为人知②(这一点可用来解释:杜威对哲学—科学的角色关系的模糊性就是出于整体观念)。杜威对"未来"的观念也深受黑格尔的历史整体观之影响:

> 黑格尔思想之所以对我有吸引力,是有一些"主观"原因的。因为黑格尔思想补充了一种统一要求。这种要求无疑是情绪上的一种强烈渴望,但又仅仅是一种理智化的教材能够适应的渴望。要恢复早期的那种情绪是更加困难的,也是不可能的。但是,在我身上所产生的分裂和分离的观众作为新英格兰文化传统的一种结果,是通过自我与世界的隔离、灵魂与肉体的隔离、自然界与上帝的隔离的形式而表现出来的。它带来了一种痛苦的压抑,或者更确切地说,在精神上存在着一种创伤。我那早期的哲学学习,曾是一种智力训练的课程。可是,黑格尔关于主观与客观、物质与精神、神与人的综合,并不是纯粹的智力公式;它是作为一种巨大的释放、一种解放而起作用的。黑格尔关于人类文化、社会制度和艺术的论述,同样也包括关于取消一些牢固的分隔墙的

---

① 莫里斯·梅洛—庞蒂:《知觉现象学》,姜志辉译,商务印书馆 2005 年版,第 148—150 页。

② Thomas Dalton, *Becoming John Dewey: Dilemmas of A Philosopher and Naturalist*, Indiana University Press, 2002, p. 120.

论述,对我有着特殊的吸引力。①

杜威自称以"漂流"的缓慢方式远离了黑格尔主义之源。但黑格尔的踪迹还是弥漫在杜威的全部哲学思想中,尤其是其整体性思想,虽然黑格尔哲学那系统性的组合形式在杜威看来是矫揉造作的,但黑格尔思想的深度让杜威惊叹不已。把逻辑的东西与历史的东西相统一的原则的确预示着哲学发展的一个重大转折点。但是,如果杜威能够把黑格尔的整体论向上追溯到亚里士多德的神学理论那里,也许就不会那么念念不忘,也可以避免引起鲍恩德的愤怒及对他的嘲讽,即"对清晰的鄙视"。

杜威的整体观是根深蒂固的,这与他极力反对二元分离的态度密切相关。他的自然概念就是一个包含一切事物的整体自然,他的经验概念也是包容一切实践所涉及的要素的一个整体,不仅有人的、心灵的、还有自然的材料,以及交互过程。他反对哲学历史上的割裂,"把统一性、长久性(或永恒性)、完备性和理性的思维结合在一起,而把复杂性、变易和暂时性的、片面的、有缺陷的东西以及感觉和欲望放在另一方面。这样的区分显然是把动荡的和不安定的东西和有规则的和确定的东西进行粗暴的割裂的又一实例"②。旁观者式的认识论的错误根源就在于:为了寻求绝对的确定性,"把理论与实践、知识与行动分隔开来"③,杜威视此为他的基本的主题思想。

杜威认为,人们应该通过反思经验解释原初经验中的对象和题材,以此来整体性地理解和把握它们,而非停留在感性接触的层次上;经验也是通过反思所开辟的明确的途径,才回复到所经验的事物中并获得意义,又通过那个途径或方法而获得了一种丰富和扩大的力量,"当第二级的物体,即被精炼出来的物体被用来作为通达它们的一种方法或途径时,这些性质就不再是一些孤立的细节。它们已经获得包括在许多相关物体的一个完整体系中的意义;它们已变成与自然界其他东西相连续,而且已经具有它们现在被视为与之相连续的这些事物所具有的意义"④。整体性不仅表现在感性和反

---

① 简·杜威:《杜威传》,单中惠编译,安徽教育出版社1987年版,第63页。
② 杜威:《经验与自然》,傅统先译,江苏教育出版社2005年版,第44页。
③ QC.25.
④ EN.5.

思的理解一体化过程中,也表现在全体与其部分之间的关系上,杜威认为整体普遍地出现于部分之中并制约着各个部分,也就是说,部分之为其部分自身在于整体的制约之下,而反过来部分又普遍地出现于全体之中并且制约着那个全体。例如,手段—后果的关联性是属于一个整体的,而不是外在的、通俗的手段,"一个对于产生一个目的真正具有工具作用的东西,也总是这一个目的所具有的器具。它使得它所由体现出来的对象继续地具有效能"①。

　　整体观是人的现实生活所必需的前提,尤其当人处于事业的低谷、遭受挫折时,如果没有对一个整体的理想价值和信念的心灵支撑,当看到自己的努力不能与其他一切活动相调和、融合而统一于一个整体中,从而获得其本身所具有的价值和意义时,生活就好像分成了断条碎片②。对于人类社会来说也是如此,有的人从事健康方面的工作,有的人从事宗教的工作,有的人在冷板凳上做着关于全人类的幸福与未来的思考。但他们都只有在这个社会整体中才有存在的意义,其价值在社会整体中才会被认可。杜威认为社会就是人类的经验、观念、情绪、价值可以得到互相交流传授而彼此和谐相处(不同而和)的场景和进程。哲学就是一个思想的社会,它追求宏大的精神把握,故有对总体性的倾向,同时他还开辟和提供一个最宽容的思想交流空间,容纳各种思想的碰撞。因为,仅仅是高度概括的结论常常是笼统而含糊的,如果没有具体事物或者蕴涵的前提与限制,一般性结论可能没有实际意义,或者既对又错、不痛不痒、无关紧要,而且意见纷呈,对理论和命题断言南辕北辙,无法像数学和物理化学等自然科学那样以一致性的整齐步伐前进。然而,没有整体观的任何研究与思想的意义和价值都是值得怀疑的,熊彼特说经济史不能只谈经济,经济学家如果不走出经济的圈子,就不能充分掌握经济事实。经济学者既不涉足政治,也不开阔眼界,兼顾文化和历史、社会因素,没有自由开发的思想和创新意识,就不能在社会的整体域中进行研究,而这个整体也是经济学所当然涉及的整体,绝不是肤浅地局限

---

① 杜威:《经验与自然》,傅统先译,江苏教育出版社2005年版,第235页。
② RP. 166.

于商品买卖等简单经济活动之中。

那么,我们应当如何面对和解决这种总体性把握及其意义的不确定性之间的张力呢? 这就是"关系"所要讨论的。关系是整体中的脉络,就像情境是整体中的情境,但情境是通过相互关联而成为一个整体的,整体中如果没有关系的存在,不是一堆杂多的散沙,就是一个空洞的框架。对于情境来说,杜威认为通过对其意义和所发生的情境的形式或轮廓的了解,"就会发现直接性和效用性、外显现实性和潜在可能性、终极的东西和具有工具性的东西,在这些情境中乃是同时出现而且是相互参考的"①。

知识是关于意义的,意义是关于关系的。关系是建立连续性的基础和前提条件,对物理学如此,对自然主义经验论也是如此。"人—经验—自然"就是一个最大的关系连接。经验是连接人与自然之间的纽带,也是人的心灵意识通达自然界的唯一通道,是被人用来揭示自然的真实面目的原初的和理智的工具,而不是唯心主义者认为的把人与自然界隔离开来的屏障。与黑格尔一样,杜威认为自然中充满着普遍的联系,"自然是一件关于各种事务的事物,其中无论每一个东西是怎样和其他的东西联系在一起的,都各自有它自己的性质"②。认为经验与自然界毫不相干是唯心论哲学失败的根本原因;而认为经验与人的理智心灵相脱离,仅依据自然主义原则建立起经验是机械唯物论的错误所在,把人类天生倾向于对自然的客观性看法当做哲学的原则是思想的懒惰,它将失去包括审美的、道德的价值在内的所有理想价值。

我们知道,杜威的经验概念不仅是一个完整的有机整体,而且是内在相关的,不仅与产生经验的情境相关,经验自身就是一个绵延不绝的发展历程,经验在发生的先后顺序上是相关的,是继续不断地成长的,而关系是经验的整体的组成部分。在不同的地方,他使用不同的词语以针对特定的侧重涵义:关联、关系、互动、交互。他在回答赖欣巴赫的批评时,将关系定义为在直接经验中的主题的实际运作的关联表现③。因为经验是多元性的,

---

① EN. 181.

② EN. 97.

③ LW. 14. 20.

即产生经验的情境、内容、关系,都是来自我们这个实践的生活世界。其核心要素人、或者任何理智的有机体不仅本身是自然的一部分,而且处于与自然的其他部分的有机联系之中。杜威反对传统哲学把统一性、永恒性、完备性归于理性,而把交往、暂时性、片面、感觉和欲望归于非理性,从而形成确定与不确定之间的对立。他认为它们在经验中是关联着的,经验通过成功的思维运作可以将不确定的东西变成确定的。

杜威将人类生活放置在这样的一个世界中:每个发生的事件都充满着既往事件的许多反响和回忆,其中每个事件都是对于其他事件的一个提示。因此与山野间的兽类只是生活在一个物的世界不同,人生活在一个符号和象征的世界里①。杜威接受米德的影响,认为人的世界是独特的,充满着经验的记忆和各种符号,比如火的意义,在不同的特定情境中有不同的意义,寒冬中家庭的温暖、火灾、战火等等。符号是一种性质关系中的性质,在常识经验中"烟代表火",杜威认为事件就是性质伴随意义而出现,性质出于性质关系之中。所以一个客体就是一个性质符号束,例如烟—火的关联意义,而推论和意义就是建立在性质—关联的经验基础上。对有机体在一个环境运作的描述中,杜威认为事件是有机体的核心,但这只意味着这样的事件在这样的有机体中被感受到;那些立即被感受到的东西必须与因果相关联以产生意义。所以,关系原则还提供理解杜威价值论的基础,例如他用此原则显示感叹的行为有因果关联。

关系是自然的性质。在杜威的直接经验中,享受和遭受以一种结果的形式显示出来。自然既有最终性也有关系性,一个性质被认为与其他性质相关联,从而凸显符号标示的基础地位,即"意义"在经验中产生之处。当符号的公式变成意义情境的部分时将涉及更多的关系;同样,一个性质与其他受到存在连累的性质也如此关联,而符号又与存在相关联,一个符号与其他符号在语言集合和符号涵义上相联系。杜威认为,爱因斯坦对迈克尔逊—莫雷实验的成功解释,意味着"要用一个操作的后果来测定事情的时间关系,而这个操作的结果构成了一个单个的观察现象的领域",而"物理

①　杜威:《哲学的改造》,许崇清译,商务印书馆1958年版,第1页。

的时间是指事件之间的关系,而不是指对象内在固有的一种特性"①。先验的理性主义的失败就在于,它坚持存在与表象的分离,从而无法逃出牛顿的绝对时空观。艺术经验的反思对于杜威来说,也是与整体中的相互关系的领会相通的,有助于消除二元论。对于艺术,他认为:

> 证明了在自然中个体和总体的互相交织;证明机遇和规律的相互关系,把一个转变为机会而另一个变为自由;证明工具性的和最后的东西之间的相互关系。它更加明显地证明把外现的和执行的活动跟思想和感觉加以区别,因而也把心灵跟物质截然分开的见解是毫无根据的错误。在创造性的生产中,外在的和物理的世界不仅仅是知觉、观念和情绪的一个单纯的工具或外在条件;它是意识活动的题材和支持者,而且展示这个事实:意识并不是实有的一个独立的存在境界,而是自然界达到最自由和最主动的境界时存在所具有的明显的性质。②

通过将潜能与自然主义关联起来,杜威成功地实现了人文意义、价值和理想——一种作为自然的真实的可能性——的有机结合。杜威认为联系的功能不是形而上学的,而是真实的,所谓物理学对象的真实不过是对于"构成这样的联系的功能而言。在它们发生功能的整个情境中,它们乃是把原来不联系的一些开端和结尾编织成为一个连贯历史的手段。从这个关联中下面的'实在'和表面的'现象'便具有为探究的功能所固定下来的一种意义,而不是一种内在固有的、形而上学的意义"③。人的解放即是人对关联的认知,要知道,关联普遍地存在于人与自然之间、自然与经验之间的连续性之中。

杜威认为,经验具有模式和结构,经验不仅是做与受的变换,而是将做与受组织成为情境之下的一种关系结构。胡塞尔的现象学也认为每个经验(Erfahrung)之中都带有一个视域结构。如果缺失做的环节,即使一个人的手放在火上烧掉也不能成为一个经验。当然,如果只有做而没有受,那么做

---

① QC. 140.
② EN. 393.
③ EN. 139.

就失去了本来由受来控制的标准而变得没有意义,从而失去进一步做的方向性,"行动与其后果必须在知觉中结合起来,……这种关系提供意义;而捕捉这种意义是所有智慧的目的。这种关系的范围和内容衡量着一个经验的重要内容。一个小孩的经验可以是强烈的,但是,由于缺乏来自过去经验的背景,受与做的关系把握得比较少,因而这种经验在深度和广度方面不够"①。

对于经验的关系问题,杜威应该还可以提出经验链条的概念,即众多经验之间的关系问题,假如他充分认识到关系的层次性结构的话。一个经验与下一个经验形成前后相续的衔接关系,时间或者逻辑上在先的经验与同一个情境之中(从而潜在地构成同一经验链条中)的下一个经验之间不仅存在物质的传递,行动域的连续性,而且存在意义的内在扩大和延伸关系。连续性和情境原则都支持经验链条的生成与存在,它也具有对经验理论的解释潜力。而且,诠释学的历史维度在杜威这里也是有的,只是没有用严密的哲学语言表达出来,譬如伽达默尔的前有、前见、前设等概念,和明晰的解释模式。

四、交互、交往原则

对于思想沟通,杜威是身体力行的,很少有哲学家像杜威那样乐于与批评者对话②。杜威早期使用"交互"(interact, interacting, interaction)等日常词语来表达关系中的相互影响、相互沟通和作用;对"互动"(interaction)的使用就是跨区域描述过程的一个尝试。但这词常常被错误地理解为两个孤立的客体或者人之间的互动,为避免这种误解,杜威后来引进"交往"、"交流"、"交易"(transact, transacting, transaction, communication)等,以强调内在地同时发生的给出与获取之间的一种双向关系。一般来说,这两个词本质上并没有多大的差别,虽然着重点不同,但在理解上不会带来实质误解,所以这里视为通用。对于这种交互机制,在杜威与实用主义哲学中,有着强

---

① AE. 47.

② Ralph Sleeper, *The Necessity of Pragmatism*: *John Dewey's Conception of Philosophy*, Yale University Press, 1986, p. 8.

烈的心理学渊源。杜威的心理学和哲学来源于美国现代心理学的发展,它直接地催生了实用主义,而美国现代心理学产生出机能主义、实验主义的方法。对于杜威来说,心理作为有机体适应环境的一种机能,注重心灵和意识适应环境的功用和意义,强调心灵对有机体适应环境和生存的价值,就在于调节并使得对环境的适应①。由此推广到人与人交往的社会层面,这种适应与调节的机制就是交互、交往,它既发生在人与自然之间,也发生于人与人、人与社会之间。

杜威认为,经验并不是可以自然而然地取得的。它是在人—自然之间的交互、人—人的社会性交往过程中得到或实现出来的;它既不是我们向自然界打开感官就可以接收到的感性杂多材料,也不是感觉屏蔽外在世界而在主体之内的构造。经验的获得只有通过人的某种行动与自然界相遭遇、碰撞,形成一种互动的往来才有可能实现。经验是人的意识对自然的一种"反卷",一旦自然的情境使得经验发生,经验就展现出其能动的力量,"当经验发生时,不管它在时间和空间上所占的地位是多么有限,它就开始占有自然的某一部分,而后这种占有的方式使得自然领域的其他部分也因而成为可以接近的"②。从逻辑顺序上说经验虽然晚于前经验的自然产生,而且只发生于一个特定的自然域,但是发生了的经验注定反转自然,俘获自然的其他部分,把它们纳入经验之内,即使不可直接观看感触,仍可想象和思维它。经验作为自然中的一个小部分却能够"吞食"、包容整个自然界。杜威以一位地质学家为例说明,即使是古代世界也可以成为我们今天的经验内容,虽然这在时间(物理时间上)上来看是不可能的。显然,这里杜威超越了物理时间上的局限,而追求意义上的关联,他常常在不明确说明的情况下,抛开常识层面上的词语涵义谈论他所关注的意义,词语的真实涵义此时此境就发生了转移,转到他所谈论的哲学层面上。

一个互动模式的典型例子就是原始经验与反思经验之间的关系。原始经验的对象为反思提供了直接材料,而反省经验的观察和证实需要还原到

---

① 波林:《实验心理学史》,高觉敷译,商务印书馆1981年版,第273页。
② 杜威:《经验与自然》,傅统先译,江苏教育出版社2005年版,第2页。

原始经验发生的具体情境之中,才能完成和实现。在这个情境之中,原始经验与反省关联起来,不仅扩大了经验的视野和材料范围,把思维扩展到自然界的其他超出原始经验的曾经"模糊的"边缘地带,而且深入到自然界的内部深处,建构起一种复杂的微观循环机制。劳动和经验对手段的需要创造了工具,它"具体地体现出一种自然的联系,一种顺序的关联。它具有一种客观的关系作为它自己的特性。……只有通过这个客观的关联,它才保持着对人及其活动的关系。一个工具表明对自然中的顺序关联的一种感知和承认"①。其最终的效果就是扩大经验的领域和意义,包容更多的材料和更清晰的观念,形成一个连续性的完整体系,为未来可能域的展开提供蕴涵着问题情境的解决方法的潜在可能性。

对于杜威来说,人类是作为自然的和社会的创造物而生活着,从自然和社会环境中产生出来,也必须与它们发生交互作用。世界就是我们的过去和未来、我们的挑战和我们的应对方法。对于互相沟通的价值,杜威说:

> 交流是具有独特的工具性和独特的终极性。它是具有工具性的,因为它使我们从沉重的事务压力之下解放出来,使我们能够生活在一个有意义的事物世界之中。它是终极的,因为它是对于为整个社会所珍贵的物体和艺术的一种分享,凭借分享意义在交流意义上得到充实、加深和巩固。由于它这种特有的中介性和终极性,互相沟通及其共同的对象就成为最后值得敬畏、钦佩和忠实欣赏的对象。它们作为一种手段是值得的,因为它们是使得生活具有丰富多彩意义的唯一手段。它们作为一种终结目的是有价值的,因为在这样的目的中,人类从其直接孤单状况得到提升而参与到一种意义交流之中。……最大的恶在于把工具性的功能和终极性的功能分隔开来。②

我们与世界的遭遇是通过交互作用而发生的。杜威对认知者与所知之间的交易持一种实在论立场,他认为交流的现实性并不需要任何先决条件,先从较窄和外在交相作用上来看待这个世界,然后渐渐扩大而严密,认知行为是

---

① EN. 122-123.

② EN. 205.

实践动作的一种方式,我们通过认知捕获到自然中发生的任何交互作用和过程,而且任何这样的作用和现象都是通过认知才可能。在某种意义上,人们之间的互相沟通也是一种交易,通过交易彼此寻求到一种最佳的合作关系,利己利人,产生规模效应,因为每个人的能力和精力都是有限的,整体合作的效果一定大于单个人的力量。

杜威试图建立这样的一个语境:将意义理解为一个由符号交流为媒介的交易事件,在社会交往过程中意义取得社会属性,意义和知识是两个相互补充的极、即个人极和社会极;而交往既具圆满终结的性质,也有工具意义,是建立合作和秩序的手段,因为合作中分享的经验将带给每个人极大的好处。这种社会合作模式把关系和交往原则,变成为杜威的参与式民主、社会和政治理论的基础。只有存在相互交往和沟通的地方,事物才有意义,从而比原始状态中的事物更加有力地支持人类的社会事务和组织,也更加持久和实用。参与式民主就是这个原则在社会学层面上应用的结果,美国的民主实践源于英国洛克和斯密等人的原子式个人主义、社会达尔文主义,但到杜威的时代,出现一种新个人主义的转换①。人与人之间相互联系的社会性价值被杜威凸显出来,其中不仅仅是生物意义上的相互需要和帮助,而且还有道德和民主所必需的要素。

相互交往也是杜威的教育理论的基础。事物从晦暗不明的直接占有变成为能够进行相互探讨、思想和阐发的事情,学习教育得以产生知识,把我们的经验与别人的以及前人的经验以语言文字的形式关联起来,个人的经验被放大到社会范围、暂时的经验与过去的历史和未来的想象衔接。意义得到扩大,效果更加彰显。有点让人难以理解的是,他的确不是专注于哲学、教育或者政治理论的人,他最有名的著作几乎都是演讲稿的结集,而不是如《纯粹理性批判》或者《存在与时间》那样有着严密的、内在逻辑结构的哲学理论著作,因而杜威的哲学著作很少能够入围百本读书名单之类的排行榜。然而,无论是康德、黑格尔还是海德格尔,他们的讲课都是生动有趣、

---

① 孙有中:《美国精神的象征:杜威社会思想研究》,上海世纪出版集团 2002 年版,第297—300 页。

教室满座,并没有因为晦涩的理论而受到影响。

在杜威眼里,旧个人主义的那种重视物质和个人权利的浪漫主义是毫无道理的,"失落个人之悲剧在于:虽然个人现在已为种种庞大而复杂的团体所掌握,但这些联系的意义尚未和谐且一贯地映入人们想象的与情感的人生观"①。哈贝马斯的交往理论受到杜威基于经验的交往原则的影响,尤其是杜威对交往行为在社会道德的建构中的积极意义,"交往、共享、协作参与事实上是建立道德的法则和目的的普遍化的唯一途径……善只有通过交往而存在和持久,联合是共享的手段,这些意义已日益深入人心,并潜伏在人道主义和民主主义的现代情感意识之中"②。

罗蒂认为杜威的交互作用不能用来解释世界的概念化问题。他说,当杜威把原始经验和康德的物自体放在同一个层面上时,他就必须对这类似物自体的原初经验何以成为概念化的现实经验作出说明,相互作用不能说明这一点③,除非用到康德的先验假定。理解这个误解的关键在于罗蒂把杜威的原初经验放置在"实体化"的康德物自体的等价物上,并且假定杜威的相互作用机制不是发生于先在的事物上,而是与它们处在同一层面上。对于杜威来说,"实体化"只是一种假定,是为了方便理解所做的假定,而不是根本性的存在;他不以实体性(唯物、唯心)为出发点,并把所谓"实体性"的东西当做是交互作用中表现出来的特性。对唯理论的物质—交互作用之"因果关系"的倒置可以解决心身问题,唯物论、唯心论只为寻求"基本",舍近求远而忽视直接事物和经验。如果他们把交互作用、关系的表现性状作为"基本",而那些实体才是通过交互作用而构建起来的东西,那么一切因两分而导致的理论困惑就迎刃而解。

五、偶然性原则

杜威的偶然性概念是一种存在的特征,是时间性情境的根本原因,是情绪、感性、意志所面对的,而不是理性通过概念思维所能够确定把握的。自

---

① 杜威:《新旧个人主义》,孙有中等译,上海社会科学院出版社 1997 年版,第 87 页。
② RP. 206.
③ Richard Rorty, *Consequences of Pragmatism*, University of Minnesota Press, 1982, p. 83.

然的偶然性正是生长的激素,在关于存在的特性中,杜威认为"每一件事情中总有一些东西是独立自足的,完全直接的,既不是一个关系,也不是在一个关系整体中的一个因素,而是终极的和独一无二的"①,对于这样的存在特征的直接性就难以言说和交流了,只能通过直指方法来体会和把握,而且这还不是神秘的事情,比如美感事物,与语言文字所承载的知识不相关,它表现出来的首先不是关系,而是直接的拥有和遭遇。杜威还扩大"审美"(aesthetic)一词的意义,"审美的性质,即直接的、最后的或自足的性质,毫无疑问就是在经验中所发生的自然的情境的特征"②。直指方法可以佐证,在杜威看来,自然中偶然性的存在既是客观的,又是审美之源。

杜威对偶然性问题的思考是从追溯人类的思想起源开始的。他认为,认识论的出发点是人不确定的生存状况,而不是固定的、先验的形式。用确定的形式来测量不确定的存在特征不可能得到真实的结果,因为所有偶然性的要素都会被剔除掉,确定的结果中显然不容许存在偶然性的原因。确定性是认识论层面上的认识或者知识特征,是人天生的理性的认知倾向,在《确定性的寻求》一书中,杜威详细论述了传统认识论对确定性的结果的寻求根源。传统认识论在杜威看来就是犯了这样的错误:追求固定不变的确定性,没有认识到变动性(不确定性)才是根本的,任何确定性都只是一种暂态、一种假定,人类的认知理性为了某种预期目的的工具性假定。试图通过认知的确定性结果对应到存在的特征,那么必然会得到一个僵死的自然,固定不变的实在。历史中的许多事情可能超出了人类能够把控的范围,于是便导致了两种倾向:一种是用固定的模式套用,其极端形式就是宿命论;另一种则是偶因论,用偶然性因素来解释。杜威大概就属于后者。

回顾哲学史,我们可以发现,在试图"用概念来把握世界"的思想运动中,确定性就是对世界认知的基本假定,世界观、本体论和形而上学的根本任务就是寻找到那个确定的"一",万事万物都从它而来。对确定性的寻求就是寻求世界,寻求那个源头、稳定的不变的"一"、黑格尔的绝对。然而,

——————

① EN. 96.
② EN. 63.

哲学所走过的道路却显现出从"确定性"的建立到"确定性"的消解过程：从古希腊的水、气、火到原子模型的建立，概念、理念到存在和上帝的确立，从近代的我思、感觉、经验到物自体和现象，再到黑格尔的绝对精神，完成了"确定性"的上升过程。但在这个建立最大"确定"的思想进程中同时也伴随着对它的消解暗流，对意志的张扬冲破了理性之网的统治，各种曾经被理性贬抑的各种边缘力量以"偶然性"的自豪感日益彰显，理性在原恐惧的驱动下走了一圈，最后像火一样剩下一点踪迹的延异，绝对的确定性彻底地烟消云散了。

　　哲学之所以从柏拉图开始就追求"客观存在"，与人类由来已久的宗教信仰有关。大众化的宗教一定要有被信仰为客观存在的一个"天堂和上帝"，对一般人才有说服力，久而久之，客观变成了有说服力的代名词，而不客观则表示没有说服力。那么，在哲学的开端，要想让大众相信一种学说，就一定得有个客观的支撑点，水也好、气也罢，哪怕是数字，也能够让人有现实感、可触摸之感，毕竟感性认识是人类思维的第一个阶段。亚里士多德的物理学不也是依赖于常识吗？常识是向我们开启的世界，常识是引导我们走向真理的必经通道。这种学说的开端从根本上来说渊源于原始宗教，但只有到反思阶段才走上与宗教不同的道路。反思能够寻找新的路向，也能够自我批判和清除。科学何以能够吸引那么多人，科学崇拜就在于其"客观性"：不是客观的言词，而是客观的技术产品，可触摸之感最让人放心，可见、可验证的效果决定一切。近代认识论的错误不在于基础主义，而在于把认识与基础分离开来，并专门关注于认识而忘却了对存在的关注，黑格尔和海德格尔弥补了这个缺憾，其实康德早就已经认识到这个问题，但没有大量展开，只是用一些先验和假定来代替，并将其暂时搁置起来，因为他的注意力转移到为伦理的、善的世界奠基。分析哲学虽然有排斥形而上学之嫌，但从根本上说依然是基础主义的，是康德黑格尔式的。

　　把根基放在上帝那里其实没有什么不可，但是要告诉大家：那个上帝所指何者，究竟是什么结构，而不能用笼统的、模糊的、神神秘秘的，谁也不知谁也说不清的、无可奉告的一团混沌来征服人心。同样，归于水、原子、心灵、理性、甚至辩证法、存在，也得如此，不过水和原子、甚至心灵过于实物化,要重新解释又会和具体物发生冲突,而且当初就是与实物相连的,所以被抛弃。但理性、辩证法和存在就没有物理东西相对应,而且内容结构丰富,不像无限那样虚无,解释当然合理得多。这样看来,所有的哲学流派都站在一条线上。如杜威所说,都是对终极实在的确定性的描述。

我们的语言和符号存在没有被我们"触及"的部分。它们为我们的思维提供了还未用到的潜在可能。帕斯卡发明概率论是为了赌博,在偶然性里寻求确定性。博弈论,就是关于人们在信息不足的情况下作出决断的学问,它假定,信息从来都是不足的,我们永远处于信息不足的不确定性中,然而我们却要决断。在从理论到实践的众多应用中,根本无法实现完美的确定性。数学中圆周率 $\pi = 3.1415926\cdots\cdots$,但实际上只能依赖具体情况使用一个大约数,比如取 3.14,甚至 3。物理学的应用,比如所有的力学计算、从建造房屋到宇宙飞船的设计等等,也都是这样。在法律中,条文规定看来公平明确,然而实际情况却迥然不同,弱逻辑代替了强逻辑,因为与充足的信息理由相比,人民的生命与安全更重要,如果纠缠于 50 亿分之一的基因测定的可错率和日常推理的非常见错误,将不能对任何司法案例作出裁决。在政治实践中,民主只能采用代议制等形式,自由不可能彻底实现。总之,采取行动是必要的,尤其是及时采取行动,而不是等待所谓完美的确定性到来之后。从大的方面说,各种哲学流派都是希望提出更加完美的确定性的公式或者基准,然而现代以来,人们逐渐认识到它的非现实性,认识到人的理性的有限性,不再盲目地追求更大范围的、更高标准的确定性,放弃无限的公度性追求,而对范围进行限制、对标准进行约束。确定性变成有限的确定性,或者说准确定性/不确定性。在所有的循环形式中自始至终都包含着对确定性的不屑一顾。

科学上的不确定性与日常生活中的不确定性有所不同。科学家们在谈论不确定性时非常清楚所谈论的主题,认为能够测量或者控制不确定性的影响,大小范围可确定,比如澡盆里的水波长度一定小于澡盆当量尺寸,虽然他们从来不会辩论应该如何完全准确地测量那个波纹。如果不能测量微小的时间间隔,就视之为无间隔,例如电子从一个轨道到另一个轨道的跃迁,没有中间过渡状态,就假定它是在无时间间隔的瞬息完成的。实在事物的轨迹如果用现有确定的数学方法来描述,一定会展现出各种各样的混沌现象:起始点的每个变量的微小差别将导致随后发生的轨迹产生很大的差异性,因为确定的数学公式无法刻画任意的不确定的自然现象。一个有名的例子是"蝴蝶效应":亚马逊原始丛林中的蝴蝶多扇动了一下翅膀,产生的一股细小气流影响到几周后伦敦的天气变化,导致晴天变成暴雨。如果我们能够确切地知道每只蝴蝶是如何拍动它们的翅膀的,蝴蝶效应的影响就不会觉得这么不可思议;同样地,如果我们能确切知道微风产生的所有因素,并且每时每刻都能了如指掌的话,我们就能够准确地预报天气。但是很遗憾,这对于我们人类来说是不可能的,而且对于我们的理智来说也是一个粗暴的无理要求,因为并没有任何理由要求这样的虚拟万能。雨滴的命运看来也是这样,它的落点将决定它的命运,如果它落在珠穆朗玛峰的山脉峰顶的附近,正好落在峰顶东北一侧,那么它就会汇进河流,最终流入太平洋。如果落点稍稍偏差几毫米,落到西南一侧,雨滴的命运就会发生很大的变化,它可能会流到数千里外的印度洋。但问题是,雨滴本身无所谓命运,这样的命运也没有实质意义,它不过是人们用来感慨人生经验和人生命运不确定性的材料,是一种客体主体化之物而已。

追求完美的确定性显然是我们思维方式本身的一个固有"缺陷",因为只要我们思考,我们就是用一个固定的、至少暂时是确定的概念、规则、数字等来指称对应的经验事物,而经验事物处于永恒的变化河流中,本来没有、也不会遵循某种完美和确定的"规律"。这个根本矛盾就是分析哲学已经清楚地揭示出的"能指—所指"矛盾的放大版,而不只是对于词与物的对应关系的争论。在实在与思维、思维与语言之间都存在这种根本的冲突。不确定性就是冲突的一方超越另一方的框架(实在与行动超出思维,思维超出语言),没有被把握而显现出来的性质;反过来,另一方的框架也有超越前一方而创建出来的不可确定之处,比如艺术的想象对于实在和行动的超越,语言和文字的意义扩散对于思维的超越。

杜威反对寻求确定性不是怀疑事物本身,而是否定事物以固定不变的确定状态呈现出来。杜威竭力弥补詹姆斯的过多主观性,而接上客观性和大众的社会共性。对于任何一个哲学家而言,不管他是哪门哪派,如果要否定实在,让他用脚去踢一块石头是最好的验证方法①。虽然采取后退的策略可以暂时回避这个无法回答的问题,但像梅洛—庞蒂那样就将身体看做是本原,那不过将确定性从一处转移到另一处,从而转移问题的表面形式而已。实用主义认出了这个事实:没有什么是固定的分离的存在。但是这还不够,那个指出皇帝什么也没穿的小孩即使说了真话,就能替代皇帝吗? 海德格尔走得更远,他思考的是皇上如何会受骗。分析哲学的创始人罗素认为我们可以绝对确定地知道的是"最初的感觉材料"。当代实在论立场的核心思想是承认某种外在对象或属性的存在,它们不仅独立于我们的认识活动.而且独立于一切心灵。这样的对象或属性包括了外在世界、数学对象、理论实体、因果关系、道德和美学属性以及他人的心等等。

对于放弃确定的语言而追求实践的直接体验来接触"真理"的做法而言,它不可能接触到确定的"真理",最后可能连"不确定性的"认知语言也会丧失。柏拉图早已声称,"由于内在于语言中的缺陷",他的最深沉的和"最严肃"的确信是不能用言辞恰当地表达出来的。因此他从来不打算,也永远不想真的仅仅通过著作或谈话将其传达给他人。它只可能通过一种突然的启示,才能为一个经过严肃的生活和理智的训练的、对其有准备的灵魂所得到②。语言与思维的冲突永远存在,确定性的语言绝不可能与偶然性的显现世界同一。

似乎所有的好事看来都是必然的。例如,我认真准备德语考试而结果不错,这没有超出我的预料。但若题目很难结果不及格,我就把它视为一种偶然。许多人有丢失钥匙钱包的倒霉经历,认为它是偶然的,不应该发生的。其中有些是由于疏忽大意导致的,不过这类事件可以通过小心谨慎来弥补。但有许多是被偷掉的,这就是一种人为的偶然了,对于小偷,那实在

---

① 谁要相信身体和心灵的分离,可让他做这样的实验:把自己变成一具死尸,看看还能否思维和论证。这也是心灵哲学的关注焦点之一,心灵哲学已经取得的成就可以帮助我们对此做进一步的理解。

② 诺夫乔伊:《存在巨链:对一个观念的历史的研究》,张传有译,江西教育出版社 2002年版,第 37 页。

是必然的,因为是他精心筹划的。由于小偷以"必然"的方式偷了多个人的钱包,导致了多起"偶然"事件。如果小偷把他的每次得手行动看做一种负面"偶然",那么总和就等于0,出现零和现象,也就没有人为的偶然事件了。

"生长"是偶然性的必然结果,是偶然性存在的现实化。它不在于未来对比于现在的意义扩大,而在于"现在"对于过去的意义延伸和扩展。反思也是一种生长的结果:反思的理性超过了无思的实践的约束。反思理性的本性及其发展的认识论的和社会的条件。达尔文的生物学意义上的生长,被杜威提到了哲学的意义上。

自然生生不息,偶然的现象才源源不断①。自然的力量既被我们体验到,但又超出我们的认识和把握能力。我们所有的认识所泄露的部分就是那些没有把握到的力量,泄露的存在是一个认识论的矛盾之表现,也是认识论之所以存在的动力。自然曾经被无比地崇尚,视为神秘的力量,即使在科学技术高度发达的今天,它依然神秘,而且永远"神秘"——永远会有漏出我们思维的视线的东西,各种偶然性的东西实际上都是自然的必然。时间是真实的,因为它产生出持续的可触摸到的差异和变化。对于杜威来说,政府、法律、社会机构、"好的"和"有用的"艺术都是复杂的、积极的过程,它们总是处在变化过程中。变化产生了旧的习惯和新的情境之间的冲突,而冲突产生对于需要和引导变化到解决问题的可能性的建议。有意义生活的核心是生长,是对经验的持续的敏感、翻新、重塑和评论。②

越是远离我们成熟的思想时期,发生的事件就越显得具有偶然性,一来

---

①　人们说"落后于时代",这里的时代何所指? 如果只是单纯的时间,又哪里会落后呢? 一个单纯的时间和另一个单纯的时间怎么会一个落后于另一个,如果是单纯的时间先后所指,那么,任何一个先出的东西必然在存在的一瞬间就已经要落后了,而此时并不去说它落后,而是说它是新生的有生命力,只是在某种不利的情形现实发生后,才说落后。这显得就像是个安置的罪名,何时落后何时先进全凭言说和主观臆断。然而,问题是它的确给出了一种似乎有道理的、"天意"似的说法。问题就在于何为时代? 其实,此"时代"不过是事情的发展在时间的流逝过程中其内部各种力量发生了变化,并且达到了某种临界点,事物的显现状态已经改变,而与之相对应的人的思维产物却还是适配于旧的而不是现实的新的状态,所以说落后了。变化何来? 在时间之中。时间之中何以会有变化? 人、社会、自然也。

②　Irwin Edman, *John Dewey: His Contribution to the American Tradition*, New York: The Bobbs-Merrill Company Inc, 1955, pp. 30–31.

因为那个时代缺乏现在的控制手段,更大地受到自然规律的支配,自然规律表现出宏大尺度层面上的特征,对于我们的心智来说显得有不可控之感,似乎是偶然的天意似的。二来是不同时代的观念处在不同的层面上,我们今天视为具有规律性的东西在将来也许会被更复杂的思维认为是偶然的,所以,古代人认为必然的天灾理论在我们今天完全不被接受的情况下,古代的许多必然事件链条在今天看来不过是偶然性支配的结果罢了。譬如,早期人类农业选种导致了作物的变化,但是这些作物似乎刻意迎合了选种的需要,最近的研究表明,许多植物有利于选种的重要性状仅仅受到少数几个基因位点的控制,因此选种改良的困难明显降低,而且,这些变化同时发生在世界上不同地带的各种草本作物上,每个仅经历了大约一个世纪的短暂时间。①

此外,我们还应该注意到,杜威对时间的理解与海德格尔的时间观是很不同的,罗蒂说杜威的体系就是加上时间性。即便我们认同这一点,我们也要注意到,杜威的时间性体系中对于时间的解释要比海德格尔对时间的解释(包括诠释学)单纯得多,朴素得多,杜威的时间观具有强烈的科学特征,而非生存哲学的存在性时间意蕴。杜威的"时间"是自然的,而不是人的生存、或者诠释的历史性时间,换言之,对于杜威,时间就是过程的等价物,它与人、人的实践并不直接相关,它是自然的、自在的,它在自然力量的作用下产生了变化,动摇所有曾经被认为固定不变的东西。

---

① 柯伦著:《地球信息增长:历史与未来》,庄嘉译,社会科学文献出版社 2004 年版,第65 页。

第四章 作为方法的自然主义经验论

　　杜威改造哲学,是试图建立一种与人类的行动和实践紧密相关的方法或方法论,要把哲学和创建哲学理论的目的联系起来,反驳传统的静观哲学的价值动机。因为超出经验和实践之上的某种绝对知识并不值得寻求,智慧和理性寻求的是与日常经验相关联的某种真理,如果这种真理是可求的,那么它一定不会脱离实践本身。而且更重要的是,它的关注焦点将转移到实践上面,因为实践是从日常经验和各种具体的行动而来,它本身就包含着行动的过程和期望的目标。与实践相关的方法论一定会更注重行动与效果之间的联系,从而寻求解决情境问题的上佳策略。

　　从整体上来说,方法论既有宏观取向又有微观的一面,前者是在人性和理智的层面上整体地探究智慧在实践中对行动与效果之间关系的调节,而后者则是把方法论的基本原理运用到具体学科研究和实践情境中。科学理性或工具理性并不是一切,物理、化学、心理学等等既是理论也是方法,但从根本上说是方法,是一种工具性的知识形态。无论在哪个层面,人类的实践都是永远不可预先确定的,实践虽紧贴自然,但自然的偶然性向我们显现出的世界既丰富又多样,不是一个单一的理论框架或方法策略就能够包容的,而理性似乎显得有限而拘束,没有任何基于既往的事实和超越性的理性产生的哲学理论可以把握住蕴藏无限生机的人类生活实践。而且,人生不只有理性,还有情感、情绪、意志和冲动等不可理性地把握的力量,对它们的驾驭似乎更难有明确而有效的方法。在方法论的层面上,也许哲学与现代科学、甚至宗教等可以连通起来;换言之,基于历史、社会、实践的哲学方法论是宗教、哲学和科学相互关联而融为一体的桥梁。方法论需要变革和深化才能实现这个桥梁角色,才能应对人类日益丰富、还在继续扩大和生长的实践世界。

　　一般谈到杜威的方法论,大多指向其逻辑探究的五步法,而这个杜威试图从科学实验中抽取的科研方法已逐渐被人淡忘,因为一方面,它对于具体科学研究来说不够具体,而另一方面,对于人文学科的研究和哲学思考来说又显得过于规范和格式化,在宏观和微观之间难以找到适合其运用的空间。但是,杜威的经验方法的生命力依然存在,它作为一个宏观层面的思想方法具有可开拓性,也可与其他哲学和思想方法相结合。杜威的经验自然主义哲学既是存在论,也是认识论,更是一种方法论,是我们在经验中面对问题情境时,如何解决问题以达到预期目标的哲学方法。杜威的经验方法强调变动、情境、条件、手段与目的之间的联系与行动过程,那也是其经验自然主义的基本特征。在杜威看来,基于经验的方法论与其经验自然主义是一个整体,作为方法论的经验自然主义是一种以关注行动的视角展开对经验世界的探究。

第一节　方法至上:杜威的经验方法

　　古希腊哲学家赋予"哲学"这门"科学"(episteme)方法重于结论的特征[①]。而且方法论一定是哲学的未来之希望,没有方法的理论无法付诸行动和外化的验证,更无法得到意义的实现。我们甚至可以把自哲学母体中诞生的各门具体学科,都视为一套套面向不同问题领域的、具体的、可以对应于行动的方法论。无论是胡塞尔的现象学还原方法,还是海德格尔的存在还原方法,无论是维特根斯坦的言语行动方法,还是杜威的基于经验的多种方法,都是哲学从认识论走向方法论,用实践方法来充实人如何"存在"、如何产生意义和价值的努力。总之,随着现代哲学的实践转向,方法论的重要性、甚至主导地位日见显著,甚至可以设想存在论终将在方法论上得到实

---

　　① 方朝晖:《"中学"与"西学"——重新解读现代中国学术史》,河北大学出版社2002年版,第2页。

现和表达,换言之,没有方法论支撑的存在论将是一具空壳,只停留在哲学史的书卷中。从哲学史上看,方法主义通常蕴涵着形而上学实在论的立场,即主客之分。凡是以认识论为中心,持主客两分的哲学理论都倚重或导向方法论,认为主体可以通过有效的方法通达"客观对象",或形成表象。客体或对象是通过方法定义和把握的,只有符合方法条件的才能成为思维对象。

杜威的经验自然主义就是一种方法,一种基于自然主义的经验方法,是一种通过行为经验来通达和深入自然,并充实和扩展世界的意义,从而实现人类的社会生活价值的途径。这个经验方法也不是他所欣赏的物理学、心理学、生物学等狭义科学的方法,而是将它们推广开来作为一种联通我们认识世界和价值批判的方法。本节将谈到的几种方法,科学的实验方法、溯源方法、建构方法和逻辑探究方法,其实都是杜威的经验方法的具体表现形式,都是基于其改造后的自然主义的经验理论。

一、杜威的作为生活哲学的经验方法

杜威的经验自然主义从根本上说是一种生活哲学,是用哲学的思维方式来解释和丰富我们现实的人生经验,"引起和提高对于具体人类经验及其潜能性的尊重"①。杜威关注的是这个世界中人类的经验,而不是理智主义崇尚的绝对可靠的知识,虽然在其后期和晚年有所转变而想"收回先前对认识论的偏激看法"。他在《经验与自然》中曾多处谴责静观的认识论和思辨活动,认为它们代替不了实践的行动本身,他批评哲学思辨沉溺于有限与无限的辩证关系,而不关照偶然性事物本身及其产生的问题。实践的生活是重要的,对生活有所思考也是必不可少的,对生活所涉及的各种要素进行深度反思对于人类精神来说更是不可缺失。对于从荷马到赫西俄德、从伊索到梭伦等等前哲学的诗人来说,人生不仅仅是过一种生活,而是不满足于对自我民族通常习俗和流传观念的表述,通过反思而提出伦理的、政治的和宗教的希望。他们基于广泛的亲身经验进行原始的探索,以进取的精神

---

① 杜威:《经验与自然》,傅统先译,江苏教育出版社 2005 年版,第 27 页。

为黄金时代铺上了思想的石路。

如果一门学问中的基本概念和观念还存在巨大的差异和争论,那说明它还处于幼稚阶段;如果一种类似的哲学观念在不同的时代反复地以相似的形态出现,也表示这门学问不成熟,而且说明这个派别没有成长或者没有受到重视,因为哲学不是流行时装。一系列哲学没有解决的重大问题给它本身带来的负面影响,伴随着科学技术和商业经济在人类社会生活中的膨胀式发展,使得以哲学为基础核心的文化日益式微,"二战之后,文化中哲学的角色发生了显著的变化,哲学不再是精神生活的概要的综合者,也不再有许多公共的功能"①。许多不同专业的学生声称他们不再读哲学,即使读也不能理解现在的哲学在言说什么。许多院系保留着方法论专家或者理论家的位置,但他们从事着与哲学家们互不相干的某种"哲学",他们对学术专业之间的差别毫不在意。②

杜威敏锐地觉察到知识与生活(无论是个人的还是社会的)之间的工具—目的性关系,他把知识与理智看做是人生价值服务的工具,而科学和基于科学的技术是一种调整和系统化的、理智的知识与方法,这一点使杜威在现代哲学家中站在了为科学辩护的少数派一边。杜威看到科学可以被善意地用来丰富和解放个人的生活和精神的潜能,他急切地努力要把科学的实验方法引进到哲学之中,推广到人类生活的伦理领域和社会领域中去,实现处于变动情境中的圆满的善。达尔曾说美国宪法之所以生存下来,是因为不断的调整以符合变化着的对权力的社会制衡。在实际状况证明宪法把利益和义务的分配出现错误时,宪法体制可以因应实际情况而改变,从而使得权利、义务与对权力的社会制衡保持一致,同样的是:

> 美国政治体制不是一个静态的体制。正常的美国体制是逐渐发展起来的,通过发展,它得以继续生存下来。美国的体制从贵族政治发展到大众民主,并且继续延续下来,是通过奴隶制、内战、南北之间暂时

---

① Robert Hollinger, ed., *Pragmatism*: *From Progressivism to Postmodernism*, David Depew, Prarger Publisher, 1995;p. 147.

② Robert Hollinger, ed., *Pragmatism*: *From Progressivism to Postmodernism*, David Depew, Prarger Publisher, 1995,p. 149.

的、艰难的和解、黑人受到压迫及其断断续续的解放；是通过两次世界大战，社会动员，迅速扩充的军工企业以及重新回到脆弱的和平；是通过数次经济不稳定时期和一次有大量失业的大萧条，农场"假日"，老兵大游行，催泪瓦斯甚至子弹；是经过两次大战后的愤世嫉俗，漫无节制的煽情行为，传统的自由受到侵犯的时期，以及摸索性地、局促不安地、常常是野蛮地处理颠覆、恐惧和国内紧张局势等问题的尝试。①这就是美国的实用主义精神在政治体制的变迁中动态运用的现实写照。

二、科学的实验方法

实用主义一开始并不是针对哲学的基础问题，而是针对方法论的探讨而发展起来的。所以，皮尔士和詹姆斯都主要是在方法论层面研究哲学所谈论的问题，以达到澄清概念的目的。对于他们来说，方法当然是行动的方法，而不只是静观式的认知方法，它是知行不分的。皮尔士的实用主义不是一种世界观，而是一种反思的方法、探究真理的方法，这种方法是使观念变得明确，或者如何确定观念的意义的方法。它甚至不是理论，而是确定概念意义的一种技术。皮尔士从逻辑上探讨如何使得观念明确的各种技术，从而开创出指号学、逻辑和意义理论；他试图通过数学和科学的方法来探讨哲学问题，认为一个理智概念的意义是由它所引起的行动和效果来决定。皮尔士关于硬度、重量的著名的例子表明他所设想的实用原则的有限意图，简而言之，观念的意义是由人对它可以设想的效果所确定，而不是由思想的理智活动界定，也不需要实际去执行那种设想的行动从而得到可依以为据的效果。

詹姆斯把实用主义看做是一种解决形而上学争论的哲学方法，因为"世界是一还是多？是宿命的还是自由的？是物质的还是精神的？这些概念的任何一对中的任何一个都既可能适用于又可能不适用于这个世界；对于这些概念的争论是无止境的"②，为了解决这样的概念争论，詹姆斯就用

① 达尔：《民主理论的前言》（扩充版），顾昕译，东方出版社2009年版，第136—137页。

② 詹姆斯：《实用主义》，陈羽纶等译，商务印书馆1979年版，第18页。

探索概念的实际效果来解释每一个概念。他说,"实用主义的方法,不是什么特别的结果,只不过是一种确定方向的态度。这个态度不是去看最先的事物、原则、'范畴'和假定是必需的东西;而是去看最后的事物、收获、效果和事实"①。詹姆斯是靠其心理学的理论本质、即唯意志主义的指引趋向实用主义的,他在一个演讲中重述皮尔士的实用主义公式:要使我们关于一个客体的思想完全清楚,我们只需要考虑这个客体会牵涉到属于可以设想的实际的一种效果——从那里我们可以期待什么感觉、准备什么反应。那么,我们关于这些效果的概念,就是我们关于客体概念的全部,只要这个概念有积极的意义②。詹姆斯提出意义的实用主义检验,解决形而上学争端的方法,否则就会争论不休。他认为如果不同的形而上学争端(譬如唯物论与唯心论)不构成实际的差异,那么实际上就是同样的东西,也就没有争论的必要,可见詹姆斯的意义、真理论已经超出皮尔士的概念范围。实用主义依据的是命题能否达到我们的目的和满足我们的生物性和感情需要来决定真伪的方法,"任何观念将我们经验的一部分带到另一部分,圆满地连接事物,稳妥地发生作用,节约劳动,正是在这些事情上是真的。真……只是思维方式的方便手段,正如正直是人的行为的方便手段一样"③。这种超出传统的所谓实在性,在效果上进行真理划界的实用主义思想,也可以从詹姆斯提出的两个基本方法(即纯粹经验和信仰意志)可见一斑。

杜威继承了詹姆斯这样的哲学观,"不同的视界……感受整个生活的推动、观察整个生活之流的不同方式"④,并推崇科学的实验方法。在杜威改造的形而上学和认识论中,科学与它们融为一体,科学成为牛顿式"揭露最后实有、一般存在所固有的特性"的任务是近代哲学思想的错误表现,而真正的科学应该容纳价值和审美的艺术,回到古希腊的科学—哲学综合观,但去掉古希腊对静观和占有的崇拜。这就是杜威对科学的改造,他试图恢复科学贴近于人的生活而不是外在于人的生活实践的价值,同时又吸取近

① 詹姆斯:《实用主义》,陈羽纶等译,商务印书馆1979年版,第21页。
② 詹姆斯:《詹姆斯论文集》,万俊人编,上海远东出版社2004年版,第411页。
③ 詹姆斯:《实用主义》,陈羽纶等译,商务印书馆1979年版,第58页。
④ 詹姆斯:《多元的宇宙》,吴棠译,商务印书馆1999年版,第14页。

代科学的实验方法。

杜威的科学方法就是经验的方法:一方面紧贴着自然,对自然界保持忠诚;另一方面又扬弃过时的价值"糠壳",使经验成为面对新世界和新问题时可以激起力量创造新价值的工具。杜威对经验的改造形成了一个丰富而完整的经验方法,他也称这种经验的方法为直指的方法,这是相对于哲学的基本特征而言的,"哲学是一种反思模式,常常属于精巧的和深入的一类反思,这不用多说。哲学思考的非经验方式之所以受到指责,并不是因为它依赖于理论活动,而是它未曾利用精炼的、第二级的产物来作为指出和回溯到原初经验中某些东西的一个途径"①。它是针对哲学的反省而言的,是哲学反思中常常缺失的一个重要环节,其缺失造成了哲学力量与实践相脱离的后果。杜威认为这能够有效地检验哲学的价值:理论在回溯到通常的生活经验和具体情境中时,是否使得经验的意义得到扩大和更加明确清晰? 杜威并不否定反省方法或者反思方法,也不反对它依赖于理论,而是担心它由于理论的自我封闭倾向最后不能回到原初经验之中。自娱其乐的理论是无用的虚幻之物,也得不到原初经验的检验,更起不到指导日常经验的作用,而且还会形成一种独断的气质。

与经验方法相对立的是非经验的方法,传统哲学思维方式的非经验方法产生了唯物论和唯心论的二元分离,并导致恶劣的后果:没有实证的检验;没有使得日常经验获得意义的扩展,深入不到自然之中;没有开放性而走向自我理性独断。可见,方法使得哲学的出发点不同:原初经验,反思经验。杜威的直指方法紧贴着人们的日常经验世界,并且对问题情境的反思以及解决问题的方法,与所发生的具体而现实的情境密切地关联着。杜威说,"真正的经验法是从原初经验的现实题材出发,承认反省从中区分出一个新的因子,即观看的动作,把它变成为一个关于观看的对象,然后利用那个新对象,即对光线的有机反应,在需要时去调节规定针对于已经包含在原初经验中的题材的一些后续经验"②。这一句话包含了杜威的经验理论的

---

① EN.6.

② EN.18.

几个基本原理:经验方法在于原初经验;原初经验与自然实在所交互的现实题材是经验乃至一切的出发点;反省经验的题材来自原初经验的题材;反省经验对于其题材的作用是参与进一个"受"的行动,并把题材变成对象,通过这个对象,反省经验回到原初经验中,并改变可能的后续经验。理论与原初经验之间存在来源与证实的双向关系,按照杜威的观点:

> 经验方法所要求于哲学者有两件事件:其一,精炼的方法和产物应在其全部异质和丰富性中,追溯其原初经验中的来源;因而就要承认他们所由产生以及它们所必须满足的需要和问题。其二,派生的方法和结论要放回到日常经验的事物中,在其全部的粗糙状态中求得实证。在这种方式下,分析的反思方法提供在哲学中构成直指法的基本因素的材料。①

由于我们的经验生活是一个完整的统一体,基于连续性,杜威试图把科学的实验方法推广到伦理学等科学之外的社会性领域。这个总体上良好的愿望却并不一定具有针对实际操作的指导价值,哈贝马斯就批评杜威"把实验活动运用到每一个实践问题"是期望太多了,如果他以为道德的后者、政治的价值判断也要根据一个实现价值的工具性实践而得到辩护的话②。的确如此,但是哈贝马斯忽视了杜威的实验方法的"假设条件",一种摸着石头过河的尝试,而并非要普遍地推广开来。关于"实验认知的这种模式所具有的本质要素是不是也可能移用于人类日常经验中去"的问题,杜威本着对科学探究的信念认为"我们可能进行智慧的实验探究,这种智慧的实验探究将会扩大观念的范围和调节检验可靠的后果",但他也重申"推广和移用实验的方法一般可行,这与其说是一个既定事实,毋宁说是一个假设。但是像其他假设一样,它还要在行动中被试验,而人类未来的历史都和这种试验维系着"③。

杜威强调自然科学的客观规律对人类社会的作用和意义,认为自然过程的发展具有某种规律性,可以被经验所理解、把握和驾驭。科学的经验方

---

① EN.36.
② 杜威:《确定性的寻求》,傅统先译,上海人民出版社 2005 年版,哈贝马斯序,第 4 页。
③ QC.186.

法是认识自然的唯一可靠方法,直觉和神秘体验都不是发现真理的手段,
"科学的存在本身就证明经验是这样一类发生的事件,它渗透进自然之内
而且通过它无限制地扩张"①。科学的进步涉及对矛盾的宽容,因为科学描
述是不完全的、可错的。科学在杜威的自然主义中占据重要地位,以致对科
学不满的罗蒂总是竭力弱化和清除杜威哲学中的科学因素,对杜威去科学
化、去自然主义化;他认为杜威晚年趋向文化、种族特征,背离英美经验主义
的传统而走向大陆派的社会学和现象学。的确,杜威晚年的兴趣出现了文
化和社会的转向,但这是基于他的经验与文化、自然与社会之间的连续性原
则,他只是强调社会和文化作为价值实现的最佳场景。总之,对于杜威来
说,科学的方法是人类理智的一个范式,科学不仅可以用于人对自然的探
究,还可以用于社会的改造。尊重科学方法的这种自然主义观念也是美国
人对于自然的一种普遍的生活态度。

三、杜威的溯源方法

对事物起源的历史进行考察从而寻找其根本性的发生过程,这就是杜
威著名的"溯源方法"②。杜威把它看做是 19 世纪下半叶的主要科学成就,
就是指达尔文进化论中的起源考察,以及应用在历史和地理的考察中的基
本方法。其原理是"认为洞察任何复杂产物的方法就是追溯其生成的过
程,通过连续的历史来领悟它而好像它只是意味着当前的社会状况不能与
过去分离,这是片面的。它同样意味着过去的事件不能与当前的生活现状

---

① EN.1.

② 溯源方法(genetic method),赵敦华教授译为"进化发生学方法"(参见赵敦华:《杜威
的进化发生学方法》,中国现代外国哲学学会 2004 年论文集),我认为有几点不大妥当,在此
商榷:1.发生意味着从头开始的事件过程,内含时间顺序,但杜威的考察是追溯式的;2.并非
所有被追溯起源的事物都有发生的原点,比如存在、连续性、情境,即便有,也难以确定其发生
的时间点,那么从何而发生呢? 3."发生"与黑格尔的绝对精神的"大全"、原始起点有相似
性,这是杜威所反对的,而追溯渊源就保持了"源头"看法的开放性,并重在追溯而非源头。4.
"发生学"的称谓让人感到它来自某门具体实证科学,学科间术语借用痕迹太重。不错,杜威
的许多词汇是从进化论生物学里借鉴过来的,但经过加工改造更为妥当。对此词而言,恐怕
还是"起源"、"溯源"更切近于达尔文的"物种起源"的精神。傅统先先生在《经验与自然》、
《确定性的寻求》翻译中也采用"起源方法",与此相近。

分离而保存其意义。历史真实的起点总是某种现在的情境与其问题"①。
显然,杜威试图用现实来追踪历史的事件,用现在的情境问题作为背景和追
溯的基准参照,来追溯事物的过去,而不只是历史上事物是如何产生发展直
到现在的"记账清单",考察过去的动机和方式、思考角度都是基于当下的
现实问题,这是溯源方法的要点。这也许并不是达尔文所使用的追踪物种
起源的实证性方法,而是杜威借用到哲学中来,并重新改造了的一种方法。
他对历史事件的如此考察,有着海德格尔和伽达默尔的历史诠释学意味,遗
憾的是杜威并没有深入探究下去,尤其是没有提出一些专门的概念、形成类
似于诠释学循环的那种方法的模式。

　　一般来说,对事物的研究和分析有两条路径,即通过解释的路径与追溯
起源的路径。解释方法是对事物进行描述的方法,而溯源方法是从事物的
由来向上追溯,从而揭示事物的性质和意义。杜威在《经验与自然》一书中
少有地5次提到同一个人:戈登卫塞②,他认为意识的来源是欲望、冲动,而
溯源方法的价值在于发现真正的原因,有的原因并不是可以直接把握的,例
如有些看似纯粹偶然性的因素,不过,在对事物发生的起源过程的分析中依
然能够追寻到其根源。

　　溯源方法的基础是情境,因为每一个情境都具有创始、倾向或意向、后
果或意义。杜威认为正是基于这样的特性,我们才能够根据它可能的进程
和后果来反推出其初始状态,从而针对某个方面作出一定的判断,例如他用
溯源方法研究古希腊哲学,以寻找理论—实践分隔的起源。其哲学批判就
是一种历史起源的方法,杜威对知识的历史分析揭示出古希腊社会中劳动
与休闲的社会等级制度,这是权威和独断的根本原因;对近代哲学进行溯源
方法的研究揭示出知识如何陷入分离并产生二元论的。近代哲学的根本问
题是在接受科学的同时,又保留古代的追求某种终极的"固定不变性"的思
想,如他所说,"近代哲学一方面接受了新科学的结论而同时又保留着古代思

---

　　①　DE.251(参见杜威:《民主主义与教育》,王承绪译,人民教育出版社1990年版,第227页)。

　　②　亚历山大·戈登卫塞(Alexander Goldenweiser,1880—1940),乌克兰裔美国人类学家和社会学家,他的《早期文明》对杜威的溯源方法有着重要的影响(参见EN.211)。

想的三个要素：第一个，只有在固定不变的东西中才能找到确定性、安全性。第二个，知识是达到内在稳定与确切东西的唯一道路，第三个，实践活动是事情的一种低级事务，它之所以是必要的，只是因为人类的动物性和从环境中竞求生存的需要"①。在杜威的哲学研究中，到处都有溯源方法的踪迹。

杜威用溯源方法追溯原始人类的思维特征，发现人类所生存的世界的动荡不定和危险性，"它既有充沛、严密的完整、秩序、使得预测和控制成为可能的循环规律性，又有独特性、模糊、不确定的可能性，以及后果尚未决定的种种进程，而这两个方面深刻地和不可抗拒地掺杂在一起的，它们是有机地并非机械地混合在一起"②。这样一个先于我们人类所存在的自然界使我们的生活中充满了某些确定性和各种不确定性的因素，各种偶然可能性都不可排除。这是一个实在的生存基点，实在的自然界，而且今天依然如此。变化的不是事实，而是保障、调节和报答的方法，"我们已把娱乐职业化，使它成为我们逃避和忘怀忧患的中介"③。对于杜威来说，自然内在地包含方法，溯源方法也在其中，它不仅给我们提供经验不确定的场景，而且还潜在地蕴涵着给我们提供决定问题的方法的可能性。

四、杜威的建构方法

杜威的建构方法可以视为溯源方法的一个反过程，这两个方法的配合使用其实扮演着辩证法的功能。与溯源方法类似，杜威的建构思想也没有明确的理论形式，而是表现在他对传统认识论的批判中。"事件"是杜威建构理论的普遍性范畴，其中既包含时空形式，又有具体的经验事物和发生情境。它既体现了杜威哲学的反还原主义思想，也是实用主义与英美分析哲学、逻辑经验主义学派的一个重要区别。杜威认为，将"事件"用分离的时间、空间、物质、过程、原因、结果、相互作用、规则和现象等等来表达，并不一定对我们认识事物和指导行动更有效，因为"事件是以暂时的过程为条件的具体存在，它在有机体—环境之间的交互作用的情境中得到发展。事件

---

① QC. 51-52.

② EN. 47.

③ 杜威：《经验与自然》，傅统先译，江苏教育出版社 2005 年版，第 31 页。

概括了两个基本的杜威假设,它是杜威的图式中的形式。形式在严格的科学意义上并不存在;事件存在,不过是形成的"①。

　　杜威非常关注生产和建构过程。他在自然与文化的连续性基础上,将哲学的任务转换到对文化和人类生活的意义建构上;知识论的建构主义态度体现在他与建构主义教育理论的相似性上②。消解先验观念,改造经验,主张人化自然,后又倡导文化建构,这些都是杜威把知识当做文化工具的"实用主义"的哲学建构。与典型的建构主义不同,杜威的建构是对于经验以及文化的建构。他认为经验和文化包含了个人与社会,主观与客观的诸要素。在这点上,他比皮亚杰的古典个人建构主义和维果斯基的社会建构主义都要早,而且启示了他们的研究。杜威用时间性情境来消解康德的先验性假设,被认为"先验的"东西其实是一种在时间情境中建构起来的,而且情境也是建构起来的。意义的建构过程是通过循环而实现的,在这一点上,杜威其实包含了后来伽达默尔的观念的实质内容。"实在不是通过感官的接受性而揭示的,而是以一种建构主义的方式在筹划和施行有赢有输的行动的情境之中被揭示的。"③观念的建构是杜威通过批判认识论的先验性表达出来的。他很欣赏康德的名言:没有概念的知觉是盲目的,而没有知觉的概念是空洞的。

　　不同于那些自认为非时间的存在本身的代言人,杜威反对康德的"先验"概念,认识主体(我)、时空形式和范畴,但并不否定那些认识形式本身,它们虽然并非如康德、笛卡尔所认为的是先验的、不可解剖分析的,它们是在一个连续性的历史过程中逐渐建构起来的,"我"更是可以由其实际产生的功能和行为而界定。它们在特定的问题情境中对于经验者解决具体问题起着重要的作用,正是通过这些概念和范畴,经验者才能够对所经验到的事物有所感受、言说和判断;在反省经验中,对世界的行为中更是不可缺少经过公式、推理等过程而寻求到的解决方法,而这些思维的操作没有一样可以缺少概念等认识形式。它们对于杜威来说就是达到实践行动解决问题的理

---

　　① Raymond Boisvert, *Dewey's Metaphysics*, New York: Fordham University Press, 1988, p. 139.

　　② 刘华初:《杜威与建构主义的教育哲学思想之比较》,《教育评论》2009 年,第 2 期。

　　③ 杜威:《确定性的寻求》,傅统先译,上海人民出版社 2005 年版,哈贝马斯序,第 3 页。

论工具,对于具体问题来说,它们可能是中间的媒介,也可能是贯穿始终的、比如时空观和尺度单位等。然而在整个人类的历史长河之中,即使反思经验之后,很多看起来不变的概念和规则也变得不稳定,人类的认识能力本身的迅速提升动摇了许多"先验"的法则。总之,一切在经验之中的都不过是人类的经验建构,而一切在认识之中的都是通过认识建构的。

杜威用建构性来区分"宗教"与"宗教性",前者是外在的、已经存在的某种绝对,而后者是人类在经验中可以依赖的一种传统的精神气质。神学运动在西方的法律发展史中起着不可替代的作用,如果用杜威的效果原则来看,与神学在历史上的积极意义并不相悖,它是曾经的人类建构起来的一座巨大的"桥"。但是,这不能阻碍我们在达到现代化之后可以拆除它,如果神学已经完成了它的功能,它在现代社会中的积极功能逐渐消退而负面效果渐显,神坛的合法性就遭到了时代的瓦解。正如韦伯所说,宗教曾经是资本主义的发展不可缺失的要素。但今天,如果它还有伦理学方面的价值的话,我们不必拆除它,但可以改造它。这就是杜威的想法:去掉其"头",而保留其过程之"身",这可以说是一种新型的宗教性建构。与黑格尔那样强扭在一起的综合不同,一种真正的思想综合在短期内、至少在现时代是无法达到的。所以杜威并不介意那些对其哲学"不成体系"的指责,既然条件不成熟,哲学家的主要任务便是帮助扫除阻塞人们思维的无用材料,开辟通向未来的道路。他宁愿解决一些当前的迫切问题,建构一个个现实生活中的指导工具;他宁愿靠做细致的行动赢得人们的敬仰,而不用框架式的理论浪得虚名。

杜威的建构性思想弥补了其哲学中历史主义的缺失。杜威认为历史主义只是道出了时间性和时间上的变动性,但在时间过程中的构成模式是怎样的? 建构主义解说的更多更细。而建构还有空间性的变动,在不同的历史时期甚至同一历史时期,不同的空间也有不同的具体情境,思想和语言和行动空间不同。此外,历史主义没有道出变动是如何进行的,是线性演变的、还是突变的结构性变动? 建构主义主张两者的交替存在。哲学解释学是历史主义的,却可用建构主义思想来改造,建构主义可以包容哲学解释学,那种主客体在历史时间中的交互影响过程实际上就是建构过程。以语言意义的建构为例,它使得意图的非语言的字面特征越来越明显,各种相声小品都是利用语言资源作为材料来建构意义的。在日常生活中,意义的建构具有强烈的超越语言层面的确定性。例如脾气大、说话粗暴的赵书记在某次会议上,面对关于其生活问题的指责,忍不住拍着桌子说出一句家乡话:"@＃＄％^＆＊……"一屋人都听不懂,但还是按照既往对他的了解以及某种习惯的行为方式,认为他是在反驳或者发泄不满,于是在集体沉默之后转移了话题。不管他说的是"我跟她是清白的……"还是"你们就干净……"或者"放屁",他的用意当然不是这些句子纯粹字面上所表达出的意义或者事实性描述,在这一点上,与会成员凭直觉就能正确地领会书记的意思:不满或不认同,拒绝作自我批评。这就是一个基于历史经验的推演,并在当前的现实情境下,参照行动、表情等等外在化要素进行验证。当然在逻辑上也不排除猜测是错的,如果书记的确不遵循常规,而是用看起来不满的方式表达赞同和自我批评的反省,但其表情与行动的每个细节在众人的常理对照表中怎么也找不到一个忏悔条目,那么众人就凭这张其经验建构起来的行为—意义对照表判定他是在犯神经,在以后针对他的同类事件的推测中降低那张表的适用确定性。

建构有一个反复的过程,包含多重的类似建桥和过河拆桥(支架)的环节。巴黎的"米标"模型成为"米"单位的支架,从而保证着这个基本长度单位的确定性和稳定性,支持着物理学界的统一。但现在发现光波更加稳定可靠,于是这个曾经的支架就退出建构世界而进入历史博物馆,让位于光波的单位意义的建构。在杜威长长的一生中,其哲学思想发生过几次转折,虽然并不像维特根斯坦和海德格尔那样激烈和显著,但基本上也可以划分为两个阶段:从前期关注于面向经验的科学探究的逻辑与方法,到后期更加关注于社会文化的建构。而连接这前后两个阶段的核心纽带就是科学的实验方法,即经验的方法。他与海德格尔一样批判科学的外在化倾向:追求外在于人类现实生活和价值的"客观性"和不变真理,而排斥价值要素的渗透;但他不同于海德格尔的是他并不因此而废弃科学的方法,而且认为只有科学中实验的方法才是真正的经验方法,他要把这个方法的生命力张扬出来,扩展到后期关注的社会和文化的建构之中。

文化的建构就是理论与实践的紧密结合。杜威晚年哲学思想转向文化主题,主张建构一种新型的文化,他试图用文化来代替哲学,用文化主导未来的哲学发展,他不再寻求传统哲学的学院式问题及其解决,而主张直接面向现实的社会生活和现实问题,因为,它们既然是文化的问题,也就是未来哲学的主题。未来虽然不可预测,但可以探测,人们能够探测其发展的可能性。各种未来的可能性与实际可行性的研究给我们指出我们的文明似应走向何方,这是一个在今天比在已往任何时候更为重要的课题,物质文明的建设从未像今天这样丰富,以致让我们担心单纯的物质会超越我们文明与精神的力量,而反过来主宰我们的生活,把人异化成为工具的资本批判不仅贯穿于马克思学说的灵魂中,而且也是每个现代人头上的悬剑,"对于任何文明世界来说,财富、教育、科研以及许多其他事物,都是必要的。但是,今天最需要的,是修正这些手段为之服务的目的。这意味着,首先要发展这样一种生活方式,给予物质的东西以应有的合理地位,即次要的而不是主要的地位"①。在新型的文化中,杜威倡导哲学理论积极的角色,试图把它变成实践中的理论,而非抽象的、为理论而理论的观赏物。在这一点上,中国的传统文化和现代实践给我们提供了良好的典范,舒马赫在《小的是美好的》中还引用毛泽东对理论与实践之间必然会相互影响的全面而透彻的阐述:"我们应该走到群众中间去,向群众学习,把他们的经验综合起来,成为更好的有条理的道理和办法,然后再告诉群众(宣传),并号召群众实行起来,解决群众的问题,使群众得到解放和幸福。"②

　　文化建构的核心当然是规则和制度的建构,并随着情境的变化而不断的更新和维护③。杜威的建构思想还表现在主张重塑社会的民主政治、伦

---

① E.舒马赫:《小的是美好的》,虞鸿钧译,商务印书馆1984年版,第208页。

② 《毛泽东选集》第三卷,人民出版社1991年版,第936页。

③ 拿中国历史做文化建构的参照物是再好不过的材料。太多的创制起于良好的或者在一定历史条件下可能合理的初衷,但不久便流于形式甚至被滥用,从而产生极大的负面效果。譬如辅佐少主制度、明朝特务制度,现在的户口制度亦然。这是为什么?制度本身曾经发生了历史作用,起到了一定的效果,参与历史经验的建构,成为历史的一个构成要素。然而,曾经是积极的力量由于人去物非的变动而在后来者身上变成了消极的累赘,被变形成为一种既得利益的保守权力。这表明其时代性的生命力已经枯竭,而权力不会自动退场,建构起来的一套制度法则就演变成既得利益的保护伞。

理学和宗教方面。经验是建构的,作为一种运动的力,经验的价值不仅在于当前事件的性质,而且特别在于力所运动的方向。由于其未来运动的固有可能性,因而在各种经验之中,民主的经验是最动态的①。杜威是非常看重民主社会的重要性的,民主社会的存在是教育的保证,从而也是人类共同经验形成的可能条件。哲学的诞生来源于古希腊以自由的意识为基础的城邦政治,因为,古希腊的理性首先是在政治生活中表达出来的,也是在其中形成的,"社会体验成为实证思考的对象,因为这种体验适合城邦中展开的公开论辩。……这样,一个外在于宗教的真正的政治思想便出现并确定下来,它有自己的术语、概念、原则和理论观点。这种思想深刻地影响了古代人的精神面貌,它是一种文明的特征,这种文明只要还有生命,就把公共生活视为人类活动的最高境界"②。

杜威基于社群的民主主义是一种自下而上的建构性民主。杜威对社会主义(尤其是国家社会主义)的理解主要是计划体制。在他看来,这种体制从上而下的计划性危及人民的积极参与、人性自然能力的发挥,易于走向反面的独裁而变形。这是他晚期之所以改变了早期对社会主义看法的根本点,而这也是其政治理论的核心,即基于社群的个人积极参与建构的民主主义社会。杜威鼓励有责任心的民众而不只是社会精英对人类事务的最大限度的参与,他认为积极参与政治生活能够开启人们相互之间的对话和交流,形成社会信任和共识,这就是在实现、建构和扩大民主的内涵和价值,也就是建构社会共同体的最有效方法。这是他实用主义非思辨的、非分析的、基于自然主义的实验探究方法在其政治哲学思想之中的贯彻和体现。杜威相信民主是社会建构起来的,而非自然进化的结果,大众积极参与的建构过程是民主制度成为人类社会生活方式的有力保证。

五、杜威的逻辑探究方法

具体科学的方法与研究规范已经不再是高度抽象的哲学讨论的热点,

---

① Patrick O'connor, *Human Nature, Pragmatism and Democracy: An Interpetation of John Dewey*, Ann Arbor, Mich.: UMI, 1972, p.101.

② 韦尔南:《希腊思想的起源》,秦海鹰译,三联书店 1996 年版,第 117—118 页。

而属于该学科范围内的话题了,因为现代科学的快速发展和细化分工,使得有关科学研究方法的哲学讨论离题太远、不切实际或不得要领,从而缺乏对具体的科学实验与研究的实际指导意义。杜威的方法论研究因循皮尔士对探究方法的连续性原则,他试图对科学探究过程中曾经被传统经验主义所忽视的方法规范进行经验性的解释,以反对先验解释。①

按照利科对发现的逻辑、假设—演绎方法的分析,杜威的逻辑探究方法属于前半部分,而这部分在现代方法论分析中被细化而归属于偏心理学和社会学方面,而非重视形式演绎的逻辑方法。"随着形式体系变得日益复杂,因而也就更带任意性(也就是说这些体系依赖于自由设想的公理体系),提出有关这些体系的解释,和经验应用的单独的语义规则和句法规则,就变得更加紧迫了。"②显然,注重形式和语言分析的哲学方法受到更多关注,而杜威的"偏心理学"的逻辑探究方法被新的发现逻辑所遮盖和淡出人们的视线。然而杜威的逻辑方法是其经验自然主义这个整体中的一环,是他结合自然科学研究程序与社会科学的共有特征的一种尝试,对问题探究的思想方法的一种提炼,而且从中可见杜威的自然主义态度。

杜威对科学的态度是建立在实用性与效果的基础上,而不是科学本身的客观性,或者解释自然观察的理由和成功。就如他对宗教的态度不关乎宗教情感本身的由来与正当性,而在乎其效果。杜威认为在科学和宗教之间并不存在严重的分歧和冲突,它们是联盟者而不是敌人,它们是寻求经验的世界中的意义的平等的伙伴。"超自然主义"是现代社会的一种不幸,但对世界的"宗教的"观点则不是。由于大多数美国人对生活持高度的"宗教的"态度,而对神学不感兴趣,杜威拨弄对了这根弦③。科学的假设是一种工具手段,是有条件的,而且有其意义,"它们必须用其界定和指导的操作所产生的后果来加以检验。……科学的概念并不是对先验的独立实在的一种揭示。它们是在确切验证条件下形成的一个假设体系,通过这个假设体

---

① LTI. iii.

② 利科主编:《哲学主要趋向》,李幼蒸等译,商务印书馆2004年版,第132页。

③ Alan Ryan, *John Dewey and the High Tide of American Liberalism*, New York: W. W. Norton Company, 1995, p. 37.

系,我们可以在理智上和在实际上更自由地、更可靠地、而且更有意义地和自然界沟通"①。

发现的逻辑就是彻底探究自然的秘密,是着眼于未来,而不是教条地死守旧的知识和论证,是用新的经验去发现新的真理和事实,并检验它们。所谓旧真理的知识的主要价值就是帮助我们发现新真理。杜威希望将科学上成功的方法从科学技术领域推广开来,引用到人文和道德的主题中去,以改进人类的社会状况。要把知识变成实际的力量。杜威的探究逻辑的五步法②作为科学研究方法,具有科学价值,但对于哲学的工具性价值还没有明确地展现出来,虽然实用主义与科学有着天然的密切关系,是一种极具科学性和现实生活性的哲学。

六、杜威的方法论

杜威认为知识就是一种工具,而不是别的。科学关心的是某些进入其视界的偶然性;科学的知识是科学实践凭借来实行其计划性的行为达到预定目标的一种方法,而不是对于某个事先已经确定无疑的某种事物的理论:

> 当事物被界定为工具时,它们的价值和有效性在于由它们所产生出的东西;后果而非先在条件提供了意义和真实性。已有的真理可以具有实践的或道德的确定性,但是在逻辑上它们从没有失去过一种假设的性质。它们是真正的假如:假如某些其他事物后来自我呈现出来,而且当后来的这些事物发生时,它们又进一步提示更多的可能性,怀疑——探究——发现这个操作重复发生。③

对于杜威来说,康德试图重新为哲学获得确定性,这会形成一种误导,并且实际上会变成托勒密,而非哥白尼的革命角色。杜威认为,对确定性的寻求显示了主导近代哲学的错误冲动,康德的对人类认知能力和自然界之关系的反应是过分的,它基于三体范式:探究者、主题,客体,康德给予了人

---

① QC. 159.
② 杜威的逻辑探究的五步法则是:1)困惑、混乱、怀疑;2)猜测的预期;3)仔细的观察,检验、观察、探测、分析所有可能的考虑;4)对于假说进行的验证;5)测试假说。
③ EN. 154–155.

类理智过度的权力,以致它独立于外在的宇宙环境。博伊兹弗特认为杜威
并不是完全否定存在物中的组织和结构,他也不是想暗示探究的主体物完
全是一个不确定的东西,可以任何方式形成,因为它没有自己的形式;如果
他的语言让读者产生这样的误会,那是因为他急于为其自己的理论设置必
要的条件;他最大的敌人就是信仰存在物以严格的、固定的、绝对确定的不
变的范式形成①。这就类似于鲁迅的"铁屋"隐喻,反映出杜威对于哲学理
论与现实生活世界之间的脱离的焦急心情,然而哲学毕竟不同于文学也不
就仅仅是社会批判理论,杜威的过于时代性,与具体社会的问题之密切关
联,显示出现代哲学的一个倾向,然而,哲学与现实世界之间存在的张力关
系的确复杂:不能太近也不可太远。

　　被胡塞尔视为科学的现象学方法为我们提供了康德之后哲学中一种最
精致的意识分析。拿经济学作例可以发现其中的假设和类似悬置的重要意
义,如果不进行一定的假设,将举步维艰,无处入手,而采纳适当的假定将开
启一个广泛和可持续深入的通道。我们在研究之中总是返回到假定处的现
实情境中征询假定的合法性;今天的经济学其实已经超出了狭义的经济学
范畴,而深入到社会领域中,这就是一个杜威所欣赏的科学实验方法的实
例。对于哲学本身,杜威并非一味地进行批判,将哲学限定于只是对以往哲
学吹毛求疵的位置,批判在于建构新的理论与方法,"伟大的系统哲学家是
建设性的,并提供着论证。……教化哲学家是反对性的,并提供着讽语……
一旦他们对其施以反作用的时代成为过去,他们的著作就失去了意义。伟
大的系统哲学家像伟大的科学家一样,是为千秋万代而营建的"②。杜威既
希望哲学作为对价值的评价理论,又认其为方法论的建构。

　　总之,真理在美国人看来与其说是理论,不如说是一种方法。杜威喜欢
引用爱默生的格言:真理在途中③,而达到真理的方法就是逻辑探究的方
法,就是科学的方法,就是基于经验的方法。杜威在他的晚年很少谈"真

---

①　Raymond Boisvert, *Dewey's Metaphysics*, New York: Fordham University Press, 1988, p. 92.

②　罗蒂:《哲学与自然之镜》,李幼蒸译,商务印书馆2004年版,第346页。

③　MW.13.189("Emerson-The Philosopher of Democracy")。

理"，这个词蕴涵了太多的传统哲学的含义。既然真理是观念的一种性质，而观念仅仅是我们与环境打交道的工具，因此它只有"有效的或无效的、恰当的或中肯的、浪费的或步俭的、但决不是，真的'改'假的'。"杜威于是便用"有根据的可断言性"取代"真理"的概念。更进一步地，实用主义者认为形而上学其实就是一种方法论，它是长时段上的方法论，在最宏大尺度上的方法论，因为它最终还是可以还原到目的、工具价值上来，还原到行为的效果之上，成为一种指导行为活动的价值或者假定，譬如奎因的本体论承诺。

方法至上的观点对我们来说并不陌生。主张多研究方法、少谈些主义的胡适在杜威访问中国期间曾说，"杜威先生不曾给我们一些关于特别问题的特别主张——如共产主义、无政府主义、自由恋爱之类——他只给了我们一个哲学方法，使我们用这个方法去解决我们自己的特别问题"(《杜威先生与中国》，载《东方杂志》，杜威离开中国的前一天)。即使李大钊的反驳文章《再论问题与主义》也没有扔掉方法，而是主张理论与方法的结合。当然，他们的争论并不是纯粹的哲学问题，而是政治主张的不同所致。在那个特别的历史时期，解决当时的社会问题不是哲学主张能够承担的，用宏大范畴的哲学的不同见解来争论短时段的时政问题不是导致错位、错误的理解，就是将哲学变成政治立场的辩护工具。

第二节　层析方法：经验方法的结构

斯贝塞认为书写不是一种蓄意的发明，而是由于私产意识浓厚才偶然生出的副产物。[1] 恐怕很多人并不认同这个说法，有人会说虽然书写发明的具体时间、地点和人物具有偶然性，但在五千多年前的古埃及或者古西亚，一系列的文明要素和确切的社会生活需要促使着文字的诞生，就像温室里的各种条件最终会让种子发芽一样。这显然是在两个不同层面上的事情，一个是细化到具体时间地点的、表现为单一性的历史事件，一个是在文

---

[1]　Speiser, E. A., "The Beginnings of Civilization in Mesopotamia", in *Supplement to Journal of the American Oriental Society*, 1939, p. 4.

明历史与社会发展的尺度上的要素之间关联的结构性问题。我们甚至还可以在人类学、生物学甚至宇宙观所涵盖的宏大尺度上,说连人类的诞生恐怕都具有某种偶然性,遑论文明与文字,因为现代物理学告诉我们,地球和宇宙完全可能是另外一个与现状迥然不同的样子。

在杜威看来,我们的对世界的每个问题、假设和判断都是从一个视角出发的,如果把各种不同的问题和假设联系起来,我们便能够得到一个比较完整的体系,一个对于世界的更全面的看法。不同的问题、假设不仅具有不同的视角,也可能具有不同的层面,譬如,作为历史中宏大的长时段要素的自然地理条件对一个民族气质的塑造,与某次小规模的战争相比,显然具有不同的力度和历史后果,因为它们属于不同层面上的历史要素。就像现代哲学主要流派都认同实践转向的基本主张,但各流派对转向的本质和特征的看法却是有区别的,其"实践"概念也有差别,可能处于不同的层次或者不同的视角,一言以概之总是有所疏漏的,因为一个层面或者视角所把握的东西可能不会在另一个层面或者视角上显现出来,也难以得到完整的解释。

人类的理性已经能够以具有层次性的视角来看待同一个问题了。西方哲学发展到 20 世纪结出自然科学的丰硕成果,显示出一种黑格尔辩证法式的胜利:为了反对自己本身而外化出一股对立力量,但更是为了把哲学思想提升到更高一个层次,而将柏拉图、亚里士多德的古典哲学、笛卡尔—康德哲学所没有关注到的环节、还没有揭示的层面展现出来。我们知道,人们总是有意无意地将词语的意义放在同一个层面上理解,而不顾它们可能处于不同的层面上,譬如,对于"A、B 两个学生,谁的成绩更好?"这个问题的回答中包含了这样的三种可能应答:"都很好"、"都不怎么好"、"怎么说呢",从纯粹的语言分析看上去都答非所问,但是回答的效率比"A、B 相当,而且都很好"之类的要高,它其实是回答了两个问题:"谁好谁坏"以及"好坏情况",以免再被问到常常会问到的后一个问题。我们的日常对话习惯给予我们的不是其中一个问题的视角或层面,而是两者都包含在内的层面,所以我们的对话就在这个综合层面上进行,而不是在其中任何一个单一问题所指向的层面或视角上;我们在日常对话中可能不会意识到这一点,但经过哲学的反思,对回答的理解就要看到这个综合的视角或层面。不仅日常会话如此,许多重大的哲学困惑都可能是因在不同层面上理解而发生的冲突,譬如,站在存在论层面上,就可能会产生对杜威和实用主义的误解。

一、世界的层次假定

通常来说,哲学家们并不怀疑外在世界的存在。他们争论的并不是外在世界的存在与否,心与物是否分离,而是它们如何"存在"?"存在"究竟是什么?不与人相涉的事物的"存在"和有人涉及的事物的某种"存在"(有的哲学家甚至不认为这是"存在")是否相同?与人相涉之物和进入到意识领域的事物又有何区别?这一系列的问题可以区别出对于某些环节与假定的不同态度,他们或者对概念有不同的定义、不同的内涵与外延,或者看待问题的层次并不处于同一个层面上。如果能够站在一个包容各派分歧的更高层面上,那么,对各种流派的彼此分歧就更容易理解了,它们很可能不过是某个层面或环节的局部问题,例如,现代哲学各流派之争论可能不过在于,哪里是哲学思维的最佳入口?是从现象进入——因为现象是事实本身(现象学的现象是事实对于我们的显现世界,而非自然科学的现象),还是从整体经验进入——因为经验是一切知识的起点(自然对象与意识都不过是其要素),抑或是语言——因为语言明确而且其逻辑结构清晰。罗素声称他的摹状词理论解决了自柏拉图以来在存在问题上的理智困难,但他对哲学的最根本问题并未给出最终的解答,他只是认为,由于使用语言而引起的所谓"非存在之谜"在语言逻辑层面上有了满意的答案,不应该继续成为哲学本体论的根本问题,我完全赞同这样的说法,"语言分析既没有解决存在问题,也没有消解存在问题"①。存在问题没有像语言逻辑层面上的终极答案,我们只能给出与我们时代相关的存在问题,而未来的存在问题继续展开着,保持开放的空间。

为了研究的方便,我们完全可以在思想中对世界进行概念的描述、分析,指称和命题推理,而不必操心如何事先明确它们与某个外在于思维与语言之外的世界本身之间的关联,因为历史上任何斩钉截铁的此类绝对关联

---

① 徐友渔:《"哥白尼式"的革命》,三联书店 1994 年版,第 354 页。

的断言最后总是被突破、遭到嘲笑。这里姑且接受某种本体论式的假定,一种弱化的自然主义观念。我们的身体、思想、语言进入世界的时候,世界在某种意义上总是"已经存在着了",在逻辑上它决不可能是我们的经验与思维的产物,而恰恰相反,它可以作为经验与思维的前提条件。对于世界,我们可能有几种不同的意义和指称理论,存在的事物并不一定可以被我们体验到,能够体验到的事物并不一定被我们想象到,当然想象到的也不一定能够体验到,体验或者想象到的也不一定可以言说出来或者反思到。

按照杜威的经验方法,在原初经验和反思经验中分析和构建层级结构的方法。我们可以假定世界可以表述为三个层次的世界:自然世界、生活世界、意义世界。它们分别对应于三个层次:宏观层、常观层(或中观层)、微观层。这个三层模式是现代哲学的一种描述,对于传统哲学来说,由于长久以来纠缠于物我两分模式,更适合于用自然、知识的两层模型来刻画。对比这两种模式可见,现代哲学将传统的知识层(或者思维层)分析为生活世界与意义世界,知识层对于于后面的意义世界偏多,而对应于生活世界的偏少。当然,由于现代哲学里对自然进行了全新的解释,如果生活世界里包括了传统哲学中的一部分自然,即人化的自然,那么,也可以说,传统哲学里的自然对应于现代哲学中三个层次中的自然世界与生活世界,而其中自然世界偏多,生活世界偏少。因而总体上说,通过三层模型划分,现代哲学重新发现了生活世界。

必须注意,这个划分并不具有实体意义,只是为讨论方便起见的一种逻辑假定,精神总是希望在外化的自然中寻找到对象物来表达自己,这样更为清楚和明确,对女人身材的优美有各种形象化的事物类比,还有数量化的三围尺寸来衡量确定。主体客体化也是人与人之间、不同历史时代的人们之间交往对话所必需的,诸如禅宗的传承方法那样的神秘主义是难以像花朵那样绽放为一个基于理性的庞大而成熟的知识体的。我们既将外部世界映射到头脑中,成为一个精神结构,同时也把头脑中的精神元素表征到外在世界之中,物化为可以确定把握的直接形式。这来自两个方面的内在需要:我们作为生物体与世界之间存在几何性的自然关系;我们每个个体与其他个体、与整个社会的交往是发生在外在于精神的外化世界中。这个划分符合我们的思维习惯,也与我们的直觉形式契合,是我们作为社会人行动实践的结构特征①。自然世界包括生物体的人、外在于人的自然、环境、时间性的变动;在现代哲学的实践转向运动里,生活世界概念所指称的人类经验所关涉的世界,主要就是感性的经验世界和知性世界,将它们置于优先于理性精神的地位。我们的感性世界深入自然世界之中,就如杜威的原初经验所表述的:在反省前的经验世界里,人作为有机体与自然环境之间的刺激—反应活动以直观的形式展现出来;而知性世界则是对自然世界有所超越和理性塑造,进而形成的一个认知性的世界,不过,它与感性世界仍然紧密相连,并在生活世界内融为一体。② 意义世界则不同,它建立在生活世界之上,又有所超越,是一个观念的构造结果;它用概念与生活世界及自然世界进行交互,尽管仍然紧贴着生活世界,但有所超出。

语言和价值是意义世界的基础,因为在这个世界里,我们主要是通过语言来思维和评价的。

在这三个世界之间的相互关系中存在三个循环,即解释循环、行动循环、辩证循环,详见下表:

表 4-1　三个世界之间关系的循环

循环名称	两个端点	循环内容
解释循环	意义世界、生活世界	生活世界为意义世界提供反省资源的材料,并且验证其解释和建构的有效性;意义世界对生活世界进行概念的把握和解释,从而建构生活的新型模式,如艺术想象

---

① 现代社会学家吉登斯明确地将社会行为人的行动意识设想为一系列的意识层次。其中有自觉意识层,即人能反思自己与别人的行为活动。有语言意识层,即与他人通过语言交流的意识活动。在语言意识层之下是"实践意识"层,即在合理并且不言而喻的意义理解基础上,人们能够自然而然地展开实践行动。再下面的一层借用弗洛伊德的心理学,称为无意识层,它潜在地制约着行为的取向与动机,指向生活目标。

② 也许有人会问这个生活世界是谁的? 哪个人的还是全人类的? 我们还没有详细区分人类整体与个体之间的区别,因为这涉及主体间性与历史,这里为简便起见取全人类的全集而言。但是全人类随着不同的时间有不同的生活世界,这样细究就找不到一个确定的点,其实这与物质—文化世界一样也是变动的,为方便而取当下值,如同我们一般谈论现实就是指当下的现实。

续表

循环名称	两个端点	循环内容
行动循环	生活世界、自然世界	生活世界直接地改造自然世界,并赋予自然世界以意义(部分来源于观念世界的转移);自然世界为生活世界提供存在的直接条件和基地,并承接改造行动
辩证循环	制约—交互关系:存在于三个世界上	是对上面两者的历史的、辩证的综合。因此,辩证关系目前在很大程度上还只是一种调节性关系,其内部的结构性要素和关联、细化的作用机制还有待进一步明确

在常识与哲学之间存在一个伟大的循环:解释与验证的循环①。我们所有的哲学思维都是用日常语言来表达的,日常语言为哲学思想的基础,依附于日常世界,思想还要在日常世界中验证。然而,日常世界中的任何事物和经验都可以分析,由哲学和科学思想来解释,例如水杯中筷子的弯曲、历史事件的关联等,都不是一种不可分解的原子,而是可以分析的和解释的。在学理上,它们又可以归因到一些基本的物理原理和哲学理论。杜威认为,由于自然科学采用了诸如时间、空间和不变的原子等这些基础性概念,并认为它们固定不变,而哲学假设将这些固定物放在一个更一般化的形式上来运用,认为事件发生在作为它们无所不包的壳层的时间与空间之内,哲学必然要建立一个层次性的结构,才能将自己不变的、终极事物的探求与关注相

---

①　哲学的循环问题不可以用公式反馈地表达。因为对自然现象的抽象公式本身是超时间性的,是纯粹逻辑的,数学的,可以用符号推理。比如:输入 x,输出 y,即使存在 x 中包含 y,也有可能获得一个简洁的 y=f(x) 的公式,把与 x 相关的项全部挪到右边。然而,哲学循环,比如解释学循环是怎样的呢?一个相互包含或者建构的过程带有时间性,时间性的因果关系不能超越。辩证法其实有两种情况:一是同一层面上的两个对立者之间;另一个是不同层面上的两个对子之间。前者用辩证法恰当,但后者就未必,还不如用层次理论更容易理解。像普遍性与特殊性,虽然也可以放在一种独特的层面上,但这个层面没有对象性特征、实体性特征,所以显得很抽象,不大好理解。但是,如果说普遍性是整体的特征,这容易理解,即一个整体;而特殊性是这个整体内部的某些属性,呈现出多样性,这也容易理解,比如花的不同样式和颜色。而花性则是贯穿在所有不同样式和颜色的花中的本质特征,它构成了“花”的整体性特征,如果没有这个“花性”,就没有“花”这个类了。实践不再是简单的行动,而是带有思想的行动,带有结构性思想的结构性行动,这个结构即为分层模式。

对暂时或局部性质的自然科学区分开来。① 哲学虽然产生于常识性的人类事务,但它以一般化的形式反思了人类事务,如果自然科学以一种自然主义的态度接受了有关人类事务的日常现象的规律与法则,那么,哲学对包括这些规律与法则在内的所有常识的反思当然在理智的层面上站在了不同于科学的层面上,而为人类的福利各司其职,并无所谓地位的优劣与卑贱。

马克斯·韦伯认为,宗教是一种独立于人、凌驾于人之上,对人的行为与社会伦理有很大影响的一种力量。显然,这里的"人"是指每个个体人、特定历史背景下的人,而不是全部人类的总称,因为宗教不可能像喜马拉雅山、地中海那样独立于整个人类。由此可见,我们的会话语境也是一个层次性的结构,没有人会在表述每一个细小的事情时加上一系列的时间地点、条件等前置状语。但这一点在哲学史上常常成为我们思维混乱的原因,或者我们在面临质疑时并不能反思性地意识到这一点而为自己辩护。譬如,为了论证全球化而对西方民族国家思想进行批判,但是,后者完全可以辩解说,在 20 世纪初期的那个时代,主流思潮绝无反全球化之意,不过在民族国家没有普遍建立起来之前,全球化只是一种虚构和空想罢了,甚至可以说,民族国家就是通往全球化的时代性桥梁。如此看来,在具备全球化意识下的民族国家其实是一个层次性的思想结构在民族解放时代的真实世界的表现,与没有全人类关怀意识的狭义民族主义有天壤之别,只要我们想一想 16 世纪西欧对世界其他民族的征服与 19 世纪之后的禁止黑奴贸易、20 世纪的反殖民主义运动形成的鲜明对比就可以明白了。

我们的历史意识具有更多的层次感,几乎所有的法国人对于 1789 年发生的法国大革命都是"爱恨交加",爱在于它所倡导的价值观:自由、平等、博爱、民主;恨在于雅各宾专制,无政府主义导致的许多悲剧。而对于古希腊人,这种"既好又坏"却是很难理解的,因为在没有建立起层次感的思维中,容易产生罗素所说的人类精神的"幼稚病"②。我们现代人还有这种幼

---

① MW.12.260.
② 罗素说,"柏拉图不了解相对性的名词,所以经常遇到麻烦。他以为如果 A 大于 B 而小于 C,那么 A 就同时是又大又小的,在他看来这就是一种矛盾。这种麻烦是属于哲学上的幼稚病"(参见罗素:《西方哲学史》上卷,何兆武、李约瑟译,商务印书馆 1986 年版,第 172 页)。

稚病,比如狂热的"爱国主义"、狭隘的民族主义就是不分层次地把国家、民族和个人、朋友以及现实生活等等放在同一个层面上,分不清各要素大小、主次层面、适用情境,而以某种主义统帅一切,结果自然是理性的意识与感性的生活变成一团乱麻。要解开这个困惑就要条分缕析,分出问题的主次层面,在层次性结构中了解不同要素的作用机制。此外,时代与世界的变迁也会改变层次的表现与次序,曾经显赫的不再灿烂,曾经黯淡的边缘材料以民族、生态、传统之名占据某个现实舞台的中央,各种扁平的、光怪陆离的表演充斥最权威的频道,鼓吹着现时代的核心艺术价值的泡沫。

把各类问题(包括哲学问题)排列成一个有层次的结构是有启发意义的,它将有助于我们发现各种不同问题之间的内在关系①。同样,把各派哲学理论排成一个继承和关联的图式有助于我们澄清相互之间的争执,还有在时间上表现出来的哲学思考的进展和兴趣的转移。意大利实用主义帕比尼将实用主义当做一条公共通道:

> 实用主义在我们的各种理论中就像旅馆里的一条走廊,许多房间的门都和它通着。在一间房间里,你会看见一个人在写本无神论的著作;在隔壁一间房里,另外一个人在跪着祈求信仰的力量;在第三间房里,一个化学家在考查物理的特性;在第四间房里,有人在思索唯心主义形而上学的体系;在第五间里有人在证明形而上学的不可能性。但是,那条走廊却是属于他们大家的,如果他们要找一个进出各个房间的道路的话,那就非经过那条走廊不可。②

层析方法就是这样的一条走廊。因为通过划分问题中诸要素及其关系的层次,对于任何一个哲学或者日常生活的问题,我们都可以在一个划分层次的立体结构中找到其中的结构关系,从而辨析各个要素与关系,使问题得到明确的澄清,而不是混为一团。即使对于科学的发现,杜威也认为有不同的层次性划分,有的发现只不过是增加了现有科学知识体系里的新知识,但是基础性的发现却具有不同的作用,它可能会导致现有体系的解体或更新,

---

① 徐友渔:《"哥白尼式"的革命》,三联书店1994年版,第40页。
② 罗蒂:《实用主义哲学》,林南译,上海译文出版社2009年版,第3页。

这样的例子在 19 世纪、20 世纪初的科学界如此之多,以致科学的革命频频发生,譬如进化论对物种概念及其起源的革命性认识,相对论、量子力学的提出对于时空观和确定性意识的后果。我们不能再将变化当做一种偶然性,让它屈居于永恒的不变性层次之下。对于人类的意识来说,有时需要建构一些观念的支架,构成一个层析结构以方便分析。支架仅仅是为了研究的方便而假设的一种思想的辅助工具,就像初等几何证明中做辅助线一样。观念的支架就是在解决具体问题的过程中,为了理解和认识问题的特征,从而解决问题的方便而增加的辅助线,这种支架方法的依据来源于学习理论中的支架教学方法。① 支架扩展了我们的经验世界的范围,丰富了其中的内容。

由于我们总是好奇地探究任何可能接触、遭遇到的事物,而并不是所有的事物都与我们的直观相容,遵循着我们简单的直观方式。我们的理智就需要进行适当的调整了,对于任何事情,不管它本身多么复杂,理智总是试图以简单的方式去理解它、把握它,因为假如对于它的一个理解和命题不足够简单,就会增加别人的阅读难度,进而增加理解成本。如果你的这个理解本身不是诉之于众人共有的直觉性和公共范畴,那么对你的理解和命题就要进行一番额外的理解了。总之,不足够简单的理解本身就是难以理解的,基于这样的理解的命题的传授也将会非常艰难。层析结构需要尽量简单,尤其要诉诸公共范畴和思维模式,包括词语和概念的使用。

二、层析方法与经验方法

杜威的经验方法指向层析方法,因为经验方法对情境的强调与问题情境的分层解析具有一致的经验论前提,层析方法不过是对经验的结构层次

---

① 支架教学:当更有能力的个体帮助儿童完成困难的任务时,他们常常采用支架(scaffolding)的技术来进行。支架的概念来源于建筑行业的脚手架。当建筑工人建造大楼时,会在大楼四周搭建脚手架,为工人的工作提供支持。当大楼建造好后,脚手架就不大需要了,可以逐渐撤去。促进儿童认知发展的支架是由更有能力的个体提供的、旨在帮助儿童成功完成最近发展区任务的支持机制。当儿童能力有所发展时,就可以逐渐撤去支架(参见皮连生主编:《教育心理学》,上海教育出版社 2005 年版,第 143 页)。

化处理而已。泰耶尔（H. Thayer）对古典实用主义与欧洲哲学传统之间的关联进行考察后，认为实用主义是对激发起 18—19 世纪欧洲哲学的长时段问题的一种独特回答①。实用主义用一个独特的方法在不同的地理环境、不同的社会和文化背景条件下，去掉一些可能的思想约束来验证 18—19 世纪的哲学，尤其是康德—黑格尔哲学，发掘他们所不能涵盖的哲学价值。简而言之，层析方法是在对长时段—短时段方法的一种拓展和升级。

　　杜威在对经验概念的分析中常举火的例子，火的符号意义揭示其关联与情境。人生活在符号的社会世界中，一个物体代表着一个认知结构，而不只是物体本身，这表明杜威不只是在自然世界层面上来谈论的。胡塞尔的范畴（概念、本质）直观，如果用杜威的溯源方法追溯，是否可以揭示出它如何成为一种认识结构的历史呢？从洛克的简单观念到现代社会的复杂反思行为，经过了多少历史的锤炼和进化啊。感性直觉与知觉之间并不存在清晰的界限，知觉中的许多图式渗透到直觉之中。这一点已经不再艰深难懂，梅洛—庞蒂对深度的精细分析表明，康德的时间、空间概念并不是先验性的认知形式，而是我们主体与世界之间的存在关系，一种渗透着主动性的把握，"深度直接揭示主体和空间的关系。……垂直方向和水平方向最终也是根据我们的身体对世界的整体把握被确定的"②，是这种把握才帮助我们确定物体之间的某种空间关系。我们常常忽视我们的直觉、视角和其层次限度，要知道，我们对身边物体的大小位置的量度其实都是以自己身体大小和位置为缺省参照，这是常观层的特征，只有在有其他物体明摆着时才会进行物体之间的大小关系比较，同样的不只是大小空间、还有时间等等。我们的许多量度单位，如米、公斤等都是参照着我们自身或者日常需要的物理特性，它们是我们的生活世界的基本特征、"当量"标尺，也可以说它们是构建我们的生活世界的基本要素。人对事物的直接把握是以这个标尺为基准的，例如我们看到一个苹果，苹果是作为一个整体性的苹果被我们感知到的，我们仔细看它，盯着上面的一个斑点，这时斑点才是我们要关注的焦点，

---

① H. Thayer：*Meaning and Action*：*A Critical History of Pragmatism*，Indianapolis：Hackett Pub. Co.，1981.

② 梅洛—庞蒂：《知觉现象学》，姜志辉译，商务印书馆 2005 年版，第 339 页。

这是走向微观的刻意知觉;而如果在苹果园,看到的是许多树挂满着苹果,然而它们并不是被我们所直接把握到的,而是扩大到宏观尺度上的刻意知觉。显然,对于人来说,苹果作为一个直觉整体优先于其上的斑点、苹果园。但是这个感知层级并不是实体性的,也不是对所有生物都一样的,比如细菌的关注点就肯定不同①。分析哲学家赖尔说,我们走进一所大学校园时看到的是各种建筑物,而不是"大学"本身,大学相比于图书馆来说是更宏大一些的次级概念,而在图书馆内,我们看到的也不是图书馆,而是书、桌、墙等物,它们是相比于图书馆来说是微观一些的次级概念。

知觉可以表达成一个层次结构,而不是浑圆的点。苹果或者一束花对于某个原始人来说,可能只会引向寻找果子的意向。而对于现代人,就需要追求尽可能简单的多重结构,在层析之中应对事情的复杂可能性。追求简单化是快捷反应的必然要求,追求多重结构是面对社会现实的情境的复杂性所需要。现代社会生活的多元化,可能使得物理上的一朵花蕴含着这么多可能的情境与其相应的象征意义:爱情的花、展览的花、种植农民的花、培育师的花、亲友送别的花、领导人访问的花、葬礼中的花、滑冰场上比赛观众扔出的花等等。但是,人可以做到在不同的情境中正确把握花的意义,而不错位造成误会。这既包括多重层析结构中自然地选择其一的模式,也包括在复杂的情境中多选多的情况。杜威还注意到,人与人之间、个人与社会之间的关系也不是简单的朋友和敌人那么一个词语就可以准确描述的,"在个人及其种种关系中存在着许多层次和许多要素。我们不可能整个地一齐理解和把握它们"②。

---

① 它肯定看不到整体苹果。逻辑实证主义者中曾经有人把细菌划分为理论词项,而不是经验词项,虽然对细菌不"公平",但是有助于消解确定性。有好些美国电影渲染生物大小尺度的意义,对我们人类生活世界的巨大影响,可见大小是有关系的。我们人类虽然可以凭借科技工具上洞察宇宙下击碎原子,但我们日常生活环境的基本尺度无法改变,同样,时间也是如此,我们可以用物理学和工具,上可描述 138 亿年的宇宙时间史,下可刻画 10^{-72} 秒的物理事件,但无法改变我们日常生活中对时间的日常性把握尺度,从秒到年,如此而已,即使从毫秒到百年,也不过物理时间谱中的微小一段,就像我们的可见光只是光谱中的微小一段一样。这种既有日常经验尺度,又有更宽广谱系的现象是层析方法立论的物理基础,或者说本体论基础。

② 杜威:《新旧个人主义》,孙有中等译,上海社会科学院出版社 1997 年版,第 97 页。

　　但是在反思的领域和观念世界里却仍然存在很多争执,其原因很可能是各执己见、多中选一,但是不同的"一"会造成彼此的误解。对于复杂思想或者理论的理解就更是如此。这实际上是把直观中多选一模式直接地平移到反思经验之中,即从感性领域移植到理性领域,而人类的认知结构和模式却没有发生转换。一方面,认知的层次越多,对认知的把握就越到位、越精确;但另一方面,思维经济原则却要求层次结构的简单化,它既是思维和表达的需要,也是社会交流的需要,是寻求交流成本最小化的结果。所以,必须在两者之间寻求平衡,这个道理如同数量统计中规律曲线的获取一样。

　　在一个包含宏观、常观、微观的典型的三层结构中,宏观层代表宏大的尺度和范围;常观层代表与事件本身的周期或者当量尺度相当的层面,如对于一个普通的人,可以有与人相当的时间尺度①和空间尺度②的中间层;用微观层来代表小于常观层的当量尺度的层面。层级的时空范围都是相对的,相对于所论主体以及主题而变化,因为其效果才是检验其合理性的标准。这个层级结构是对三层世界的一种映射和实例。当然,在特别复杂的情况下也可涉及更多层级的结构。分层的依据主要建立在层级异质上,即相互之间的不可还原性,也即不可通约性;否则就可能没有分层的必要。不同类别或者性质要素的分层是比较明确的,差异性主要表现在效果上,因为问题情境与主题的要素关联的考察恰当性直接影响到效果。对于同一个探究主题,表征在不同层面上的要素可以同类或者性质完全相同,但是仍然可以用量的级别作为不同的分层标准。简单地说,就是质与量的差别。量的标尺模糊从而可能更需要辅助层的划分,而性质不同对应的要素层级往往清晰可见③。对于一个主题,如果分层之间可以相互转换,一层中所有要素

---

①　譬如,以世纪为边界,以年为常规度量,农业以年为轮,春夏秋冬为一个基本循环单位。
②　譬如,以国家或者世界为地理边界,以本县镇或者城市为有效日常活动地域。
③　这在奎因那里有类似的表达,只不过他是针对理论命题而言的。量子力学的测不准原则或许是其物理基础。不过对此我还没有更深入的研究:如何把微观的量子理论与宏大的语言命题、甚至哲学理论关联起来呢?形成融贯的体系而一般化,像经济学的理论规则的推广模式那样。杜威的连续性原则很可能在此再一次显现了潜在的价值。

可以投影到另外层中,那么,这个层要么是多余的层,要么只是一个辅助层①。由此,我们可以把意识看做是一个立体的、分层的结构,而不是一个点或者线。层析方法可以在时间尺度上展开,即成为年鉴学派的不同时段理论的模型。也可以在社会和地理尺度上展开,如国家理论。

层析方法的一个要点是用明确的模式来揭示分层之间的冲突。冲突表现为一些要素在不同层次上以不同的表现形态相互作用,产生不同的结果,从而导致或表现为层级之间的互动关系,其中最基本的是相邻两层之间的层间渗透和交融。分析宏观—中观、中观—微观之间的力量作用机制还有待细化和深入,不过大体上,层间互动主要有如下两种情况:其一,如果诸要素在相邻三层的中间层存在冲突,那么必然以表现在中间层上的某种冲突的形式显现出来。冲突的时间和社会范围不仅依赖于要素本身在本层上的冲突,还受到相邻两层的影响。在其相邻两层上,如果都存在冲突,将加重冲突的表现;如果其中一个层级上存在冲突而另一个不存在冲突,则大致持平,不形成显著加重效应,但会产生偏向,偏向度取决于两者的力量对比;如果都不冲突,对中间层的表现不产生影响。其二,如果诸要素在相邻三层的中间层不产生冲突,那么还要看其他两层情况。如果相邻两层都存在冲突,则在中间层产生冷冲突;如果都不冲突,就不会在中间层表现出冲突;如果其中一层上存在冲突而另一个不存在冲突,则在中间层产生潜在冲突的后果。通常宏观层渗透导致的潜在效应深远但不明显,而微观层的潜在效应短暂但显著。所以在潜在冲突显现化时,表现出冲突特性偏向。

因为篇幅和本书主题的限制,层析方法的内在结构性分析在此难以展开②。对于三层冲突的一个典型例子是冷战历史,时间跨度为 45 年:

---

① 辅助层的设置仅仅是为了我们认知和操作方便的一种需要。由于人的生物性直觉特征,比如我们通常一眼可以直觉到 7 个类似物,对于 14 个个体,我们就可以划分为两个集合体,各含 7 个单元体,这里的集合体本身可能并不具有实际意义,即为辅助层。

② 展开将涉及一些对其他自然科学方法的借鉴,尤其是经济学、心理学的分析方法。哲学的现代趋向和视角可以这样来概括:从对客观真理的关注转向对意义和价值真理的关注。实践、生活世界、日常经验、语言游戏、社会实践等等都是将关注投射到产生意义的环节、带来价值的领域。真的事实或者想象的美梦一样可能产生意义和价值,虽然在旧的真理观中它们存在天壤之别。在经济学中我们可以找到简易的理解模式:虚拟经济对应于观念世界,

1945—1990 年。用层次理论可以如此解释导致冷战及其持续：在中观层面上，美苏双方持政治现实主义，本来并不存在诸如边界贸易等等之类导致的冲突，但在相对宏观的思想层和相对微观的经济政策层面上却是相互冲突的，前者是"极权主义"—"自由民主"的对抗，后者则是具体的政策、尤其是经济制度的具体操作和生产层面上的对抗，当然也表现在对待人民的社会生活、一年又一年的日常生活上，也包括思想、文化、精神、经济、社会等等方面。这里把思想当做宏观是因为它的效果尺度超出了代际或一代人的生命周期；而具体经济政策受制于思想意识形态，而且表现出明显的小于一代人时间的变动性，所以可视为微观层。两个邻层上的抵触在中间的中观层面上表现出矛盾现象：接触但对抗。对抗主要来源于宏观层，而不是微观层。而接触是由各种现实要素构成的：主张"全球共产主义"的苏联在列宁时代就已经发现马克思的理想难以短期实现，资本主义的生命力尚存，所以只能在十月革命夺取政权后改变策略，以保护红色政权为重，列宁曾教导俄国人民在追求共产主义目标的过程中要持极其谨慎和灵活的态度；共产主义理想在斯大林时代更是被现实要素所侵蚀，比如民族主义、国家利益、现实国际政治等等来自常观层的力量通过层间透析方式上传到宏观思想层，从而完全改变苏共的"全世界实现共产主义"的思想理念。然而，克里姆林宫在优势兵力面前被迫退却，既然没有时间表限制，在有必要退却时就不会惶恐不安。而美国对苏政策的要旨在于一项长期、耐心而又坚定的、警惕地遏制俄国对外扩张倾向。因为在美国政治家的眼中，苏联的政策表现出扩张主义，尤其是军事势力和国土的明显扩大。在现实层面上双方越来越趋同，这是最根本的决定力量，也是最应该被关注的层面。无论是这个阵营，还是那个阵营，人们的基本立足点是现实的生活，它从根本上决定着事情发展的方向，而不是宏观的理论层，更不是具体的技术操作层。理论层可以虚化而修正，技术操作可以更新换代。最终来自宏观层的力量就这样被缓冲掉，同样，来自微观层的执行阻力，比如集体化的艰难得到慢慢的化解。总之，在

实体经济对应于生活世界，而经济的自然基础对应于自然世界。当然，在借鉴经济学的方法之前，还需要对这种借鉴的合法性进行一番反思和辩护。

现实的常观层面上,本来就是由其他层渗透而来的冲突势力被减弱,故而形成一种逐渐消退的"冷战",更准确地说是中观层面上的"冷战"。

这里所说的常观层和微观层是以我们经验的基本特性所决定的显示层为基准的,在现代以年代(10年)、年为主要时间单位,以国家、地区为域度的基本层面。所以说"冷战"其实是常观层上的冷战。一般人很难亲历宏观层的转变现象,因为它的周期超出人的生命周期,而且还需要经过专门的思想训练,戴上思想家的眼镜一眼览百年、万里才可品味。对于微观层也通常是"视而不见",需要另一种专门训练,戴上另一种思想家的显微镜才能体察入微。所以,历史学中通常需要代间距的时间距离来沉淀,事后才可能看得清晰明白。但是,分层理论也许可以缩短这个代间距。假如在常观层即现实中,以苏联为主的华沙集团拥有超出美国主导的北约的优势,那肯定就不是冷战而可能发展成为第三次世界大战,又假如苏联的实力比其20世纪40—70年代实际的小一半以上,从而导致与北约相比的量级差别,那么也不会导致常观层上的"冷战"局面。

在微观层上进行的行动决策不可与宏观层上的基本价值相抵触,否则就是一种急功近利行为,有得不偿失的危险。譬如,在计算机软件开发的流程管理中,由于前期设计阶段关涉宏观层面的问题,而后期开发实施阶段则是具体微观问题,前期的一个错误所带来的损失要远大于后期的同一严重程度上错误的代价。对于政治、经济和伦理的相互关系问题,政治关系不能是强权的永恒化,而是培养合作的经济交换关系的市场监护力量,更是平衡利益公平关系、并最终创建出更合理的人类关系的维护者。交换的经济关系与政治关系一样都是达到社会伦理生活的手段。与其说经济关系和政治关系导致了人类的有限性,不如说人类的现实有限性是它们存在的现实理由,因此不能用伦理层面的宏大目标来压制政治与经济层面上的实践操作。安·兰德在《致新知识分子》中指出,在人类的文明进程里,有一支蔑视商业活动和物质财产的同盟军:暴徒和信徒,暴徒靠抢掠和剥削为生,践踏他人财产权,信徒则巧舌如簧,为各种强制行为粉饰,以"公共"的名义将其合理化。他们是古代酋长的匪帮和巫师,现代政治领袖的军队和御用文人,有意无意地以道德家的话语强调生产关系的不和谐、市场的不完美,从而为强权腾出空间，为短时间尺度上的暴力和集团利益寻找遥远的美好来世的借口，此即马克思批判的宗教鸦片。

层析方法可以帮助我们清晰地看到，我国大学学术进展不大的根本原因是，大师是跨越时代的，而技术和市场人才是应时代，即因应时代需要的，可是当前整个社会运转机制把大学当做小层次上的工具，矮化其实际功能，走向实用主义所批判的"庸俗的实用化"，而遗忘了大学更重要的功能，即作为大层级上的工具，扮演大层次上的社会价值导向和思想人才的培养，这不同于技工学校在小层次上的工具性作用。大师要有大层次的视野和思想，培养大师的大学需要承担历史和精神上的重任，而不是沉溺于雕虫小技。所以，即使为提高生产效率的行政管理，如果①对于小层次来说还需要的话，对于培养大师的大学则完全是"张冠李戴"，给创造精神造成严重的阻力。

在与我们个体生命长短差不多相当的时间域上，它作为一种视界对于人来说视域清晰可见。前后附近的伟大名字，特定专业中的英雄人物以及相关事件历历在目，名人和平凡百姓的个体差异明显。在这个常观层面上，宏大要素的力量变化不大，即使重要也不会占据我们思维的多大空间。例如，地壳运动可能在若干万年后将整个日本岛拖入太平洋水平面之下，即使现在人类对此无能为力，也没有一个日本人会因此而焦急万分成为杞人忧天的笑柄。因为这个宏大要素的显现在我们个体生命时间域中展现得如此缓慢，人感觉不到变化，它也没有实际地影响到其生活，故而不会引起关注。毕竟有更多的重要变化要素吸引我们的眼球，比如股票的波动、油价的上涨、就业的艰难等等。虽然这些要素在几十万年的尺度上与岛国沉没相比孰轻孰重一目了然，但对于当下个体生命的时间窗口所截取的效果却显然不同。再举一个例子：人的克隆，它将从根本上改变人类本身的生产方式、家庭以及社会组织形式，所以引起高度重视，尤其是相关决策机构，纷纷立法禁止此类技术的研究和开发。因为它是一个宏大的力量要素，具有巨大

---

① 说"如果"是因为市场法则即使在这里也比行政管理更能优化资源配置，而一些行政承担的角色也许可以由法律和市场调节共同完成。

而现实地改变人类社会的可能,而且我们的相关后果研究及其在道德伦理上的冲击等等没有让我们准备好如何接受这个技术。

在实际运用层析方法时,层析结构的选择要保持尽量简单的原则,尤其是要诉诸公共概念、范畴和思维模式。对于任何事情,不管它本身多么复杂,人总是试图以简单的方式去理解和把握它,因为假如对于它的一个理解和命题不是足够简单,就会增加别人的阅读难度,从而增加理解成本。如果你的这个理解本身不是诉诸人所共有的直觉性和公共范畴,那么对你的理解和命题就要进行一番额外的理解了。总之,不足够简单的理解本身就是难以理解的,基于这样理解的命题的传授和交流将非常艰难。

杜威的自然主义经验方法是一种层析方法的雏形,其基本原理为层析方法奠定了理论基础。在方法论的依据上,世界的三个分层,以及宏观、常观、微观界定都是来源于杜威对三个自然的领域的区分的延伸①。而且,杜威的经验方法与层析方法是一致的,它们的基本原则存在如此的对应关系:(1)连续性,整体观对应于:层析结构的存在论基础;(2)情境原则对应于:层析方法中的分层基础;(3)整体—关系对应于:层间渗透的基础,是进行有效层析简单化的基础;(4)交互—互动对应于:层间渗透、充实经验中的层次结构和功能。层析方法的每个层次实际上是个不同的视角,人与世界"直接接触"时相互交流的不同侧面和其管道。②

---

① 杜威区分了三个自然的领域:物理的(physical)、心理—物理的(psycho-physical)、精神的(mental),而传统的自然只对应于其中的物理自然。他认为人与自然之间发生的三个主要的交互作用是:经验与自然,心一身,个人与社会。从中显见"自然"与近代哲学中的意义差别。

② 有这样一件事曾被传为新南非种族融合的佳话,一位曾长期为白人总统德克勒克服务的白人女佣决定留下来为新当选的黑人总统曼德拉服务。但有黑人却不以为然,"她不过是一个为总统端茶倒水的佣人,有什么权力决定为哪位总统服务?媒体宣扬无非因为她是个白人罢了。要换个黑人女佣,谁会对此感兴趣呢?说到底,心底里还是歧视黑人"。此话言之有理,然而该事件本身的意义看来的确又不容忽视,那么问题出在哪里?原因在于对这件事情的视角不同,媒体以主流的姿态宣扬种族融合的历史进步意义,这个视角会认为那些不以为然的黑人缺乏历史感,因为他们是在用一个扁平的观念来看待历史成分很重的社会事件。当然,也可以说这个视角也仅仅是一种视角而已。设想黑人看法占据了媒体主流价值,"继续在心理上的种族歧视"会受到批判。

　　杜威的连续性,是建立在宏大的历史尺度基础上的,他试图把哲学从狭窄的视域内解放出来,古希腊哲学所崇尚的神圣"客观性"、近代哲学的"主体性"都是试图科学化,但局限在事实—价值的分离假定上。杜威的结构是事物的,而非超出事物之外的实体,是一种功能性的"假定"。杜威的朴素历史观就包括了地理要素和人类行为,"客观地讲,历史包括山川河流、田野森林、法律制度;从主观上说,它包括目的和计划、欲望和情绪,而事物就是通过它们而被管理着和转化着的"。①

　　通常来说,宏观的粗线条越清晰,微观的细线条就越模糊,尤其是从宏观向微观的渗透过程,两者构成反比关系,这类似于量子力学中的测不准原则,其本质原因是我们的关注焦点的清晰度与关注范围成反比,效果与我们的行动本身关联一体。对于尺度的选择,杜威曾说:

　　　　一切存在的多变特性既没有理由把变动理想化而奉为神灵,同样也没有理由把存在分派到纯现象的领域中去。重要的是尺度、关系、比例、对于变化的相对节奏的知识。在数学中有些变数在某些问题中是常数,在自然和生活中也是这样。某些事物的变化速度是这样的缓慢,或有如此节奏,以致在对付变动更大的和更不规则的事件时,这些变化便具有稳定性的一切优点——如果我们知道得足够多。②

杜威的逻辑—探究的方法论是实用于具体问题的,他想说具体方法的有效性尺度要缩短,即具体问题具体分析。而哲学理论和命题的涵盖尺度要大,以建立宏大的评价和批判标准,它们形成对比和一种平衡。③

　　杜威其实不自觉地运用了层析方法。就知识是信仰的一个事例来说,杜威从存在论的意义上来谈论知识和认识论,因为他把康德的认识论做了窄化处理。杜威的知识论或认识论以知识为一种认识手段是工具性的,而康德的认识论是在谈论认识的前提条件,及存在论意义。所以,杜威批评传

---

①　EN.9.

②　EN.71.

③　这与辩证唯物主义的相对静止和运动的学说有类似之处。运动与静止不仅是对世界的描述,而且更是一种方法论上的依据。在面临具体问题时,要考虑到两个维度之间的关系和平衡,而不是执其一端。

统认识论时实质上是在强调认识的存在论意义,以更加明确化的形式来重述作为理论哲学的认识论。而在如下一段中,不管杜威对艺术的分析在美学上是否正确恰当,但他对其所做的重新解释是在宏观层面上来说的,即针对宏观上艺术的价值,艺术的工具性、实用价值是一种大实用,而非日常技巧的小实用。不仅艺术,而且所有的知识、哲学思考等等都是为了人类的生活,是人类的一种独特行为方式:

> 现代的美学批评家们曾经批评过柏拉图和亚里士多德的"艺术即模仿"观念。但是在其最初陈述中,这个观念乃是对于戏剧、音乐和叙事诗所观察到的事实所作的一种描述,而不是理论上的解释。……这些批评家们主张艺术是对于人类生活境遇和命运中的自然力量在紧要关头和在气候剧变时所表现出来的行为的一种模仿。这样的一种重现自然是在一个新而自由的环境中;它容许理想化,但是理想化是针对于自然事件的。它是自足的,它本身就是一个终结,同时这些事件似乎仅是为了使得完成一个理想化的重现成为可能和恰当而存在的。诉诸美感事物乃是人类从一个痛苦和艰难的世界中自发地寻求逃避和安慰的方式。①

层析方法可以帮助我们了解到一个事件或选择中要素在不同层面上的对比,不同的时间情境、空间情境、社会情境之下选择的理由可以得到明确而恰当的呈现。例如在共建亚洲安全上,正在崛起的中国的选择将扮演如何的角色?反过来说,中国可以如何利用这个情境资源来实现一次创造、一个建构性的创造,在国际秩序与关系的现代化上贡献一个划时代的案例。许多人说到"现实",似乎都表现出一种遗憾的、不高兴的心态神情。意思是说差了点、不足够、不完美等等,是与"理想"相对立的。例如规劝一个人要现实点,就说不要有那么理想化的想法,提醒他注意客观情境的约束力量。其实,现实是一个行动的出发点,何差之有?如关于中国的未来国际关系政治走向,一个重要的出发点就是如此这般的国家力量和如此这般的国际政治现状,这个现实情况和20世纪上半叶美国的崛起很不同,也没有日

---

① EN. 89—90.

本"幸运",我们也不能重走美国或者日本的道路。这里所谓"现实"的基本假设就是:这就是一个通常的看法,因为通常认为美国或者日本的既往崛起道路就是中国的模版,是最佳的、甚至是唯一的道路。可是,有什么依据断定美国崛起之路在今天对于中国是当然的道路或者最佳的呢? 不同的"现实"情境给我们提供了总是新的不同起跑线,我们就在这条线上开创新纪录的尝试,这样的尝试才是真正的历史性地对世界的把握。

人最初的本性无所谓善和恶,即使在我们的基因中可以找出大量的"人吃人"的历史证据,或者人具有恻隐和同情心的神经实验。然而如果我们果真实实在在地创造出一个善的社会,"人之初、性本善"的孟子语录就不只是一个停留在规劝层面的良好愿望。没有核弹的社会可以到来,没有战争的国际和平也没有什么先天确定性一定不能实现。人类肯定会有新的困难,但不一定要有人与人、群体与群体之间的武力冲突,因为竞争可以表现在其他方面,比如经济上、人对自然和宇宙的开发上,以及精神和文化的构建上。

有人说,实用主义一开始并没有打算成为一种哲学,"那些对实用主义作出最大贡献的人,把实用主义视为哲学思维的一种方法———一种处理问题的方法;他们并不认为实用主义是一种哲学体系,也不认为它需要有热心之士和门徒。的确,实用主义的大部分影响,应在专门哲学以外的各学科中去寻找"①。这个说法里的"哲学"仍然是在用传统哲学的理论形式来衡量。的确,杜威等实用主义者的影响体现在美国的全球独霸的国力、强大的科学技术研发力量、华尔街、其国内和国际政治和经济外交决策等广泛领域。"效果原则"也许能够概括地表达这种影响的力量所在。用效果来检验理论或者观念的真实性缺乏实践方法,而杜威实验的经验方法表达了哲学上的一个观念转变,从重视理论性转到重视理论观念的工具价值,作为实践达到效果的手段。杜威的实用真理观本身也包含方法论的含义,理论的真理性体现于其作为手段的方法论上,杜威"方法至上"观念给我们开辟出

①　麦格劳:《现代资本主义:三次工业革命中的成功者》,赵文书等译,江苏人民出版社1999 年版,第 873 页。

方法研究的哲学空间。

杜威认为,我们通过反思经验解释原初经验中的对象和题材,从而整体性地把握它们,而非停留在感性接触的层次上;通过反思的概念把握,经验在经验之事物上获得意义,此有意义之物绝非原初接触之物,"第二级对象才是被精炼出来的对象"。而且在反思中意义的层次得到深化,超越感性接触的层次。除此之外,我们还有一个途径,那就是深化感性接触本身的环节①,直接将理性的复杂结构投射到感性的接触,以提高感性的效率,而不仅仅倚重于反思环节,此即感性方法的提升。其理论依据是我们既然能够在感性直觉中存在时间和空间,而且时间是在空间的差异性中表达出来和领会到的,那么感性能力具有复杂的结构,这在现象学中得到深入研究。感性认知能力的培养也可以提升,将理性内容的一部分移到感性环节来完成,或者加深感性—理性环节的互动性,进一步弥合感性—理性的环节断裂。

杜威实用主义在层析方法上表现为,以长时段的远视眼光来审视短时段的存在理论,即每个时段的哲学理论,在何种程度上满足和实现了那个时段对哲学的任务要求? 这种思想就是实用主义的根本观念在最长时段上的重视"实用效果"的直白,虽然杜威的哲学中还没有清晰地辨识长时段与短时段的要素,在将超时代性的哲学理论投入到表现出强烈时代性的具象社会中时,会导致社会实践层面上的"行动焦虑";它与对研究主题领域的划分不清导致对科学假定与哲学根本原理的错误解释。在一个更宏观的层面上,实用原则不仅仅是具体行动的评判准则,也是对哲学理论本身在具体时间性情境之中的评价标准。

层析方法可以帮助我们分析非时间性的问题域,如康德的三个批判,当今社会阶层的分析。而时间维度上的层析方法也就是杜威时间性情境方法。一个常见的问题是自我局限于一个范围之内,不能突破无形约束上升到一个更宽阔的层面上,例如近代哲学的唯理论—经验论之争;而对于有些明确的具体而域度窄小的问题,却又缺乏精准的手段和工具,就像人类在显

---

① 杜威仍没有彻底摆脱"感性—反思"之间的二元分离,这或者可归因于他论述形式的模糊性,以及辩证法的缺失。没有辩证法对三层次相互之间的关系解释,就不可能充分理解现代哲学的三层模式,容易使人滑向传统哲学的分离模式之中。

微镜发明之前对于细菌的研究。

三、层析方法的应用

杜威对传统哲学二元论的批判可以用层析方法来解读。人理性认知的最简单形式是三元模式,即正、反二元与综合元,其中前二元属于辩证法关系,但在黑格尔那里,因为夸大合题的绝对地位而变成一元。虽然笛卡尔—康德的二元模式实际上是一个层中的两个对立元而已,但绝对的一元模式却是空洞的。中世纪神学最靠近一元论,但非绝对一元论,因为它还有神之外的东西属于神的创造却又不同于神。绝对一元论在加强一元时由于剪除不同部分而最终消解一元本身,最后走向退化和瓦解。最简单的理性模式实为三元,因为二元没有包容它们的相互冲突的部分,冲突虽然来自两个单元,但又不可归化于它们。黑格尔因"绝对"全体角色分量太重而受到批评,二元论者似乎还没有看到全体角色的价值,康德似乎发现了它,但处置不当。三元以上的理解模式都是不经济的,思维和表达上都不经济,通过化约可以简化为三元或二元模式。

我们就以通用陈述命题"S 是 P"为例。如果 S 不是实体,那就不能视 P 为本源于 S 的附属属性,S 和 P 即为地位相当的二元,处于同一层面,而"是"为第三元,即"S 是 P"的合题,是这个命题能够成立的断言或针对 S 的一个特有表达。这里为了方便理解,先不考虑存在论意义上的"是",这个"是"不是脱离了 S 或者 P 之外的那个一般"是"("存在"),而是这个"S 是 P"命题本身所显现出来的"是",它既不归属于 S,也不归属于 P;同样,它既不超越 S,也不超越 P。接下来,让我们加上通常被忽视的"我在说",那么,命题变为:我在说,"S 是 P"。这时,"是"是我说出的"S 是 P"之中的"是",它是由我说出的一个句子、一个命题判断,是我在看到或者体验到一个具体的事情后,这个事情向我呈现出"S 是 P"的所是性,即"S 是 P"的一种存在性显现,显然这里不是"S"的存在,而是"S 是 P"的存在,事情面向我而显现出来的一种存在。而我在说出"S 是 P"时,并没有注意到"我"这个角色的存在,似乎所有事情对于我显现出来的现象是自然而然的,好像任何人都会下此判断,上帝亦然。

这就是误解的根源：判断忽视了"我"这个话筒窗口，这个重要角色的参与和留意，它不仅是"看"（对应于认识），而且有"说"（对应于语言），有"欲"（对应于情绪和非理性冲动）以及为何要说（代表说、看、欲等行为），说的合法性及其后果目的（对应于存在、意义、行动）。角色参与改变了我们思考"S 是 P"命题的意义，因为它将连带拔出向"我"呈现出"S 是 P"的事情本身，从而可以将命题"S 是 P"从一个特有命题中剥离特有 S、特有 P 以及特定"是"从而实现抽象的升级，追溯到根本的"是"。这可能让人怀疑回到了柏拉图的"太阳"。的确，我们的思维形式依然在做着某种诠释柏拉图的工作，但是与其实体存在已很不相同，比如曾经困扰他的某些问题得到解决，我们不再停留于 S 上以及 S 背后的太阳，而把关注焦点从 S 移到"是"上，移到我之所以能够说出"S 是 P"的事情上。当然，如果考虑"我说'S 是 P'"这个命题，其实也很简单：首先，加上"是"使命题改造为"我说'S 是 P'"，再用 S' 标示"我"，而用 P' 标示"说 S 是 P"，那么命题就简化为"S'是 P'"，它与"S 是 P"同型了。需要指出，担心无穷倒退是不必要的①。

对于"是"的理解，要将它放置在整个命题的层面上，由"我"说出，从而向"我"呈现出来的意义上来理解，因为它的完整形式是：我说，"S 是 P"。而不是无人在说，"S 是 P"。更不是上帝直接打印在纸上的一串符号。

所有的命题都有一个缺省的前提项"我说"。所有这些命题的总和就是"我"的言说世界，如果加上"我"的情绪世界，"我"的意志世界，"我"的欲望世界，感性的、行动的等等，就构成了"我"的世界，其中当然还有无法言说的部分，它们甚至可能更大、更多、更深，对此，拿弗洛伊德的潜意识（或无意识）与意识的关系作类比可以帮助我们理解。它们通过"我"说、感、想、做而呈现出来。"说"的前提是看、感知、认知、体验。在这个层面上延伸，就是认识的发生问题，作为意识的我与世界之间的存在关系等根本问题。

唯物论因为忽视"我说，"这个缺省前置，并强化 S，把 S 当做是独立于

---

① 多重"我说"的嵌套是无意义的，它只是一个语言的游戏，而不是存在的真实事情，它没有增加实质内容，所以可简化为一个。它是我们所使用的语言本身所存在的难以祛除的困难。

P 和"是"的自为实体,于是,S 成为了"S 是 P_1"、……、"S 是 P_n"等无穷多命题的 S 总和,我们可能只是看到其中有限的若干。而近代哲学(唯理论和感觉经验论)也忽视了"我说",但代之以"上帝说",这其实是来自于古希腊柏拉图和亚里士多德的理论。他们当然也认识到"S 是 P_1"、……、"S 是 P_n"这种命题形式所表达出的有限性,感觉经验论就把知识局限于那有限的集合,否定 S 的存在假定,而凸显"是 P_1"、……、"是 P_2"等部分,并用这样的集合来代替 S 这个存在者。

三元模式的层析方法还可帮助我们理解政治运作的机制。两党政治是当代西方基本的政党政治形式的实物表现,而"第三党"就是宪法,它保护而又制约着两个政党的行为。所有的多党体系可以简约为执政党和反对党,而一党体系的实质就是"我直接就是宪法"的隐喻,但是权力高度集中的党魁并不真正代表了宪法精神。理想政治模式并不一定排斥一个特定的时期优先追求高效的目标,但两者终归要统一,否则分裂的后果终会显现出来。杰斐逊认为时不时来点小造反是件好事,它在政治生活中是必需的,犹如自然界中的风暴。也许美国人民的自治能力很难说好或者坏,但美国革命领袖坚信张扬个人权利而限制权力集中的重要性。而两党政治的争斗就是这种风暴的制造机器。

三元模式体现在我们生活的各个方面,如"天、地、人","父、母、家庭","男、女、人","过、不足、适当"等等。它内含在我们的言说形式中,因为我们只能够言说"S 是 P"。或者说这就是我们理性把握世界的方式,世界向我们呈现的形态。对不同体系之间的概念进行类比,总要承担误解风险,尤其在哲学理论中更需十分谨慎。在某个单一的科学领域里,由于对一些基本概念和假定的普遍认同,不会出现很大差别,即使是在不同的时代,前后的差别还是有一定规律性可循的,正因此实证科学能够迈出整齐划一的前进步伐,而哲学就很不一样,因为同样的一个词语在两个不同的哲学体系中可能有不同的内涵和外延,这一点随着体系之间的整体差别的大小不同而变化,譬如"经验"概念在不同的哲学体系中可能具有不同的涵义、外延,要想在它们之间建立起某种"等价"式的关联不容易。哲学概念是依附在理论整体上的元素,所以首先要对不同的哲学理论进行整体的把握和比较,而能够进行有意义的比较本身就意味着有一个超越不同哲学体系之上的另一层体系,从而将(下面一层)不同体系中的概念和原则放置在这个(高一层)"综合体系"中来,呈现意义与比较。将某体系 B 中的要素拿到同一层体系 A 中比较,一定会导致体系 A 对体系 B 的"暴力俘获",而简单地罗列一些"事实"条目也不过是理论苍白缺乏深度的无奈之举。建构那高一层"中立"的综合体系有谈何容易,因为"中立性"的根据不在于 A,也不在于 B,而是支撑它们的某种实在,杜威的"经验"即是这样的一种实在。

哥德尔定理①是对三元模式的一个间接却有力的证明,无论我们的理性把握体系多么完备和丰富充足,总会有超出这个体系之外有意义的内容不能被我们用这个体系来把握。在哲学的意义上,那其实就是感性空间、理性把握本身。如此形成的二元对立向我们展现这个世界,整个世界就是一个最大的合元。向我们呈现的世界即杜威的"经验"世界,我们进而可说,理性体系就是杜威的"反思经验",感性空间就是杜威的"原初经验"。

有人会认为二元模式是最简单的、经济的,而且还从"生—死"两分的意义上来进行其存在论的证明,这种思维方式用来解释近代的二元论是有一定道理的,但并不能够说它就是存在的基本模式。从实证科学中寻找材料是可以的,但不可轻易将其视为为哲学的基石,这个误用一再导致哲学史上的麻烦②。重要的是作为"合元"的世界总是被忽视,这是近代哲学二元论的根本问题所在。因为只有人能通过并超越最本己的生存领会到现象学所谓深奥的"时间"或"时间性",领会到"存在"世界,所以我们得靠自己的思想批判和监督来剔除腐败的思想。

———————————

① 哥德尔定理认为,在一个数学系统中,根据公理并且按照推论规则能够证明的命题当然是真的,能够否证的命题当然是假的,但不能反过来说,在这个系统中的所有真命题都是可证明的,或所有假命题都是可否证的。此即所谓完备性问题。至少一个(也许有许多个)真命题对于这个系统而言是不可证明的,是不可判定与把握的命题。

② 物理学所取得的成就固然给哲学的发展提供了思考材料,但没有经过哲学批判的材料总容易被哲学家拿来当做事实基础甚至基本原则,如牛顿的绝对时间—空间、质量概念,心理学导致哲学的心理主义,数理逻辑对分析哲学的影响,进化论对柏格森、杜威的影响等等。包括心理学在内的自然科学的概念和观念是有其基本假定的,假设没有得到深究,所以这些观念具有假设性和偶然性特征,不可成为哲学的普遍原则。

　　哲学史上的三元模式发端于苏格拉底。巴门尼德的一元论还停留在观念层面，因为他没有关注到人自我或者上帝，不可能在二元论上作出有意义的合题，而在自然哲学的范畴内，还没有诞生"我"和上帝。由于前苏哲学只有二元，"世界"依然属于自然科学的范畴，不过其"世界"概念是从神话中来，多少扮演着"上帝"的角色。泰勒斯"万物是水"说即包含两个元素：水、非水（其他的如土等）二元对立，但它们在世界中得到了哲学的一致性表达：水和非水在世界中得到呈现出来，即水"是"非水的否定，而这个"是"是在世界中得到确证的，在世界中获得其意义的，同样，非水"是"水的否定，这个"是"一样在世界中得到实现。只不过这里的"世界"对于泰勒斯就是水，而不是神话中的"神"了，因此还不是三元模式，还局限在一个层面上（S、P 层），没有进到超越层："我说"。

　　层析方法还可以帮助我们分析历史事件，可以对不同的历史事件或历史要素进行比较评价。譬如清朝末期，甲午战争对中国知识分子影响巨大，而对当时当政者真正产生思想拐点的却可能是八国联军入京，因为它直接动摇了自己的王权宝座。但是，随着历史事件在时间过程中影响与意义的释放，甲午战争对广大人民的思想影响更为深远。这个军事事件的政治影响却是通过思想层面传播到政治层面上的，中日对比产生的思想震动影响了下一代政治精英，而八国联军入京事件更多地停留于军事政治层面，对思想的渗透力不如前者，从作用的后果来看，甲午战争的历史意义更为深远。又如，在第二次世界大战中，经济、科技水平和地理、人口等资源的根本力量的对比已经决定了在长时段层面上同盟国的优势，正如丘吉尔在得知美国参战后说："希特勒注定完了。墨索里尼注定完了。至于日本人，他们将被碾为齑粉。"这是宏观层上根本力量对比的当然结果。它只要在其适当的时间尺度上展现出其作用，就将在其适当的时间尺度上展现出其结果。要想阻止或改变其结果，就得阻止或改变其在适当时间段上发挥作用。比如在短时段的微观层，紧邻它的微观层发起突击，切断宏观层的时间连续性，阻止或消除它，或改变其方向。如德国用闪电战一举攻占法国，如果它同样运用恰当的战略征服苏联或英国，那么情势将很不同，将有限的兵力同时投入到几个战场显然是低估了对方的力量，这是个重大的战略失策。又如日本采用适当战略,而假设美国在苏联、英国和中国纷纷沦陷前没有参战,那么,这些在中观层和微观层的战略实施将有可能改变宏观层的力量对比,美国最终将难以凭一己之力扭转整个局势,甚至也得被迫投降。但是这种理论上的可能性在现实中走好运的概率微乎其微。而且相对于轴心国犯下的严重错误,同盟国的失策要小得多。假如德国研发出了核武器和中远程运载火箭,导致军力的升级,情况将会发生根本性的改变,就像一队拿枪的西班牙人征服人口规模达 600 万却不知刀的厉害的印加帝国一样。美国的胜利当然也不是"小男孩"的功劳,它只不过缩短了翘首可见的胜利的到来时间。随着时间尺度拉长到年代以上,长时段作用力的压迫最终将明显地呈现出来。8 年抗战已使日本军队成强弩之末,无力再次发动对重庆的有力进攻,即使从 1931 年算起也不过 14 年。人们通常停留在中观层面上,几年的尺度内考虑问题,而没有参考到宏观层的渗透。故而常常放大微观层力量的效果,比如川岛芳子、中途岛战争中日本的"偶然"失算。

在政治实践中可以找到更多的典型实例。政客们常常能够天才般地利用哲学的层次差异效应,例如秘密行动从而避免即时效应,在滞后一段时间才公开,就让一个激烈的短期效应在长的时间段上释放开来,从而避免反应对决策的影响,同时减弱效应力度。反馈式因为有滞后存在,即使曝光也无法产生即时的冲击效应,例如斯大林的大清洗行动,假如是在公开情况下进行的会怎样?然而,长时段终归会校正短时段的效应,但是在场的那一代人却因为这个层次差而不可能得到公平、公开和公正的历史机会了。

中国的传统文化是一个基于儒家价值观、法家制度管理、道家兵家方法策略,而兼具超脱世俗、祖先崇拜等各种思想的复合体系。从君臣到黎民百姓都能够运用自如,面对不同的经验世界、问题境遇,能够恰当地处置,这在古代缺乏概念性的把握,缺乏层析性的明晰和反思的情况下不能不说是一个民族的智慧。今天,我们用层次性视野可以明确地诊断中国当前的社会问题,譬如初等教育以短期的升学率为指针,这实为将小层面上的目标误当做大层面上的价值标准。大学的行政化、官僚化阻碍了学术创新和对创造性人才的培养,把大学当成了小层次上的培养短期功利性的技术人才的工具,矮化为技术学校了。而大学本应作为大层次上的重要教育机构,要承担大层次上的价值导向、思想人才培养的重任。大师只能在大层次上产生,作为大师之谓的大学理所当然要承担国家和人民的重任,而非沾沾自喜于"雕虫小技"。行政化的管理或许能够提高雕虫小技的产出效率,但绝不能培养出杰出的大师;大学的官僚化和行政化是计划经济官僚模式从生产机械化产品的经济领域向生成原创性思想大师和人才的高等教育的简单平移。

　　虽然层次方法可以作为杜威经验方法的一个推论结果,但杜威并没有将它成功地运用到哲学反思中,譬如他将一切事物放在变动性平台上,没有看到进化论的时间尺度以百万年、亿年计,而整个人类文明史不过五千余年,不同的尺度表现了不同的层面。人类思想纵有变迁,变迁的尺度也非个体人生命周期可比。我们需要在合适的尺度上进行合适的解释,要在合适的尺度上燃烧我们的智慧和激情,跨越不同的层面的结果不是混乱就是悲剧。再如,海德格尔从"此在"进入对"存在"的重新解释,认为唯有此在才能够领悟存在,才能拷问存在的意义。可是德里达认为海德格尔实际上是从形而上学的高度进一步巩固了"人"的崇高地位,这恰恰是海德格尔极力要避免的"近代以来的主体形而上学的传统"。海德格尔的困难在于没有分出层次,混淆了此在、存在的不同层次和领域属性,关注领域而忽视了层次,把原本属于不同层次的问题归结到了领域问题中了,简言之,就是将此在与存在放在同一个层面上的不同领域。

结语　对杜威经验自然主义
哲学的反思

　　杜威的哲学切实地迎合了那个时代的精神潮流,他对传统哲学的批判满足了哲学发展的需要,然而,他也不可能一劳永逸地解决哲学的根本问题,把哲学变得完美无缺。拿动与静、理论与实践来说,强调一端就有忽视另一端的危险,打上时代烙印的思想浪潮总是随着时代而起伏,在动感时代过后我们依然能够看到静思的价值。理论与实践一样都是重要的,例如在现代的理论物理学和天体物理学中,几乎有着与数学一样充满复杂公式符号的理论推导,经济与政治决策也不能仅凭感性直觉决断,即使环保承诺也需要进行理论模型的预测和推演;而且实践也需要反思,反思需要有足够的理论深度。反思经验、书本知识与原初经验对于真理的意义一样重要,因为没有反思的理论将导致封闭的体系,没有反思的社会必然停滞于"恶"的循环状态,在流动的时间中丧失历史性。

　　方法也是重要的,因为方法直接地与行动、实践及其效果相关联。方法从何而来? 不错,它从实践中来,而且只能从实际经验中产生,因为它是理性反思对原初经验的提炼和总结。人的实践活动可以还原到猴子的动物行为层面上吗? 显然不能,其差别大概就在于人有反思和理论的参与。所以,产生预期效果的方法依赖于对问题的理论把握,而不是停留于简单的刺激—反应模式。杜威对传统哲学的激烈批判显示出他对方法的关注,但同时他也忽视了传统哲学中明确性的概念和范畴的意义,或者说他在某种程度上混淆了这样的两种思想观念:一种作为方法的、对不同的传统哲学进行批判的评价标准,另一种是处于某个特定时代与社会的、作为意识形态的哲学形式的根本事业。作为一种哲学形式,近代认识论、传统经验主义、自然主义,包括杜威的经验自然主义在内的所有现代哲学,都是在一个时代的思维水平和社会状态、物质条件下的时代精神,如黑格尔所说,都是把握在思想中的时代精神。但是,作为对所有哲学形态的审视视角或者评判准则的一套理论则完全不同,它要超越于具体时代之上,只与最一般性的存在特征相关,而不局限于任何特定时代的特征,故有詹姆斯的名言"凡是有效果的就是真实的"。当然这个"效果"的测定决不拘泥于某个时空角落。

　　具体情境中存在的问题对于杜威来说是积极的契机而不是障碍,因为问题给我们"提供了进一步考察的机会,在新的和更加丰富的经验中开花结果"①。同样,对于我们来说,杜威哲学中存在的问题不仅仅是他的问题,也是我们继续哲学研究的资源。假如我们按照杜威的问题观来研究其经验自然主义哲学中的问题,那么将一定有助于辨识杜威的真实思想和态度。伊莫斯(S. Eames)曾说:

　　　　在 20 世纪上半叶,由于杜威哲学立场的大概轮廓清晰可见,他的哲学被许多批评家所认真分析。从罗素、洛夫乔伊到泰耶和怀特,他们竭力从其观点出发,说明杜威哲学的模糊之处,揭示其缺点,特别是杜威关于探究、感觉、经验的理论。有趣的是,尽管杜威一直重申和反驳,但其哲学中被最早批判发现有问题的方面仍然是现在(1962 年——译者注)批评的焦点。杜威批评的广泛分歧的视角,相对的一致性,和不容置疑的能力,应该引导我们去怀疑这些批评的焦点是杜威哲学中的敏感的和显著的要点,真正的模糊和弱点就在那里。②

在这个结语部分,我将试图对杜威经验自然主义哲学中存在的问题,或者他揭示了但没有充分阐述和展开的问题进行一个批判性的思考。相信对其中的一些疑惑的澄清不仅不会削弱杜威哲学,还将增强其影响,因为这将进一步证明其实用主义哲学方法的效果原则,而且这也应该是他乐于接受的,假如他还活着的话。

---

　　① 杜威:《经验与自然》,傅统先译,江苏教育出版社 2005 年版,第 7 页。
　　② S. Eames:"The Leading Principles of Pragmatic Naturalism", in *The Personalist*,43(3),1962,pp. 322–337.

238 ▶▶▶ 实用主义的基础

一、杜威哲学的概念与规范化问题

杜威批判近代认识论哲学中的二元论,这不仅是指心、物二元对立,而且也包括知觉与概念、现象与实在、经验与自然、思想与目的、理论与实践、知识与信仰、信念与行动等等绝大多数的二元分离和对立的范畴。杜威自己也经常使用这些词语,但他使用时仅仅是在思想的指称意义上,而没有假定相应的实体性的存在。他认为它们的区别只在于功能上,而非形而上学的、不同层级的存在。他反对旁观式的经验概念和认识论。也许正是为了避免对哲学词语的"实体性"制造,杜威总是使用已经存在的哲学词语和日常生活中的语言词汇,并对其进行了内涵改造。这一点对于哲学研究来说是否可取确需商榷,一个采用通常用法的概念不加明确解释,即使其内涵不同于通常用法,但如果保持一贯的用法和基本立场,仍然是可以理解的。但如果前后发生变化,那么就可能会给诡辩和导致各种指责的争论留下空间。

使用日常或者陈旧的词语概念来论述新思想,这使杜威的理论显得有点混乱不清。胡克说专业哲学家们对此难以原谅,虽然非专业的读者大众可以从中体会到新思想的喜悦;也正因此,杜威并不被专业哲学家喜欢而为大众读者所欣赏,罗蒂也有类似的命运。杜威的"经验"、"真理"、"认识"、"观念"、"心灵"等等许多概念,都有其独特的而非哲学界已接受的涵义。这大大增加了人们对他思想理解的难度①。有人将批评杜威的模糊与不一致性的理由进行了分类:一类是由于杜威哲学的成熟是一个渐渐的发展过程,例如前面所述的他对待形而上学和认识论的基本立场;另一类是批评杜威与詹姆斯一样,说他们的侧重点总在变化,让人捉摸不定,在这个地方侧

---

① 作为中国人,我们是很熟悉这一点的,中医术语就是一个典型的例子。例如"肾亏"就不能按现代语词规则理解为肾脏的亏损,中医并非基于解剖学基础,所谓"肾"并不是今天的肾脏器官,而是指"精力,元气"等"后天之本"的一种模糊说法,如果用今天的词语来对照为"肾脏"那就出麻烦了。所谓"中医理论"如果要现代化,就需要先制定一套"中文—中文"的翻译词典,但如果采用现代医学术语,将可能是中医学的终结,因为对译实际上是认识模式的转换,从古代的模糊系统转换到现代的科学精确系统,前者大失其光,实际上成为累赘。

重这一点,在另外地方侧重另外的要点,给人不一致的感觉①。又如,杜威认为"宗教的"态度表明自然对我们的政治和伦理观念的亲善,但他此时就没有考虑到,他在《确定性的寻求》中强调的人类与非人自然之间存在巨大裂缝的生存恐惧。其实,如果我们把整个哲学史贯通起来,也许可以看到历史上的哲学家们各执一端而相互争执,一个时代的哲学焦点侧重这一点,而另一时代侧重另一点,绝没有一个哲学家、甚至一个时代的哲学家群体不存在被其他时代所凸显的盲点或盲区。例如,罗素与杜威个人彼此之间非常尊重,都把对方看做是 20 世纪最重要的哲学家之一②,但他们在哲学上的相互批评和辩论之多是哲学史上少见的,罗素认为实用主义的世界观是对"宇宙的不敬",不过这时他对自己"为什么不是基督徒"的辩护却只字不提,即使宇宙与宗教不是一回事,他却对杜威默认的自然主义视而不见,总是盯着实用主义的世俗解释一面不放,"与工业主义时代相连的一种权力哲学,权力的陶醉。极强的影响是对美国人的,这是很自然的"③。美国内战后急速发展的工业化和资本扩张导致"无法无天"的文化与社会状况,但罗素的这个指责是回归到柏拉图和信仰主义去的一种对世界本体的宗教情感。反过来也可以这样理解,他批评实用主义的这一方面正是实用主义对哲学的正面贡献,而罗素受制于对大自然的敬畏,与其本来推崇的科学主义精神形成了一种自我矛盾。

对概念的内涵和外延的使用不当是杜威哲学表达的模糊性的重要原因。杜威著作中的模糊和不确定之处几乎随处可见,霍尔姆斯(O. Holmes)曾说,杜威的写作就像"当上帝口齿不清却热情渴望想告诉你时的言说"④。杜威

---

① W Savery, "The Significance of Dewey's Philosophy", in *The Philosophy of John Dewey*, ed. Paul Arthur Schlipp, Lewis Edwin Hahn, Carbondale: Southern Illinois University, 1989 (3th ed.).

② 有意思的是,他们对海德格尔和胡塞尔都不看重,这对杜威来说是个巨大的损失。如果他认真读过他们的著作,或许可从中寻找到比他从柏格森那里所获更多的东西,现象学与实用主义存在强烈的互补性,现象学方法可以丰富经验理论单薄的结构。

③ 罗素:《西方哲学史》,何兆武译,商务印书馆 1963 年版,第 854 页。

④ Robert Westbrook, *John Dewey and American Democracy*, Cornell University Press, 1991, p. xiii.

的模糊性给我们对历史上的哲学研究的概念规范化问题提供了一个反思的机会。黑格尔对辩证法的重新解读是一种名词继承但思想翻新的著名范例,不过黑格尔并没有把所有他用到的哲学概念都重新赋予新的意义。重新发明"哲学术语"的典型例子是崇拜诗人和艺术的哲学家海德格尔,他不仅给解释者创造了许多工作机会,而且还提供了术语训练的材料。假如所有哲学家都像海德格尔那样,那么一个全新的哲学职业名目就会应运而生,如何把不同哲学家各自怀揣的词典放在一起进行解读和相互解释,这将会是一项庞大的工作,足以产生一门专业学科。康德可不喜欢这样的创造,因为那是"语言立法中鲜有成功的一种非分的强求"①。很多哲学家也是如此,包括杜威。幸亏日常生活中不是每个人都使用着古怪的词语进行交流。总之,对哲学概念的随意改动和发明会导致像克里普克对"+"的有趣解读那样的混乱和怀疑论②,这不是明显的无事生非吗?徐友渔认为,斯特劳森、艾耶尔和其他主张可能有私人语言的哲学家与维特根斯坦争论时,双方的思路并没有聚焦在一个共同点上③,前者把讨论的基准定在"私人语言"的字面意义上,而后者是针对语言作为一种游戏规则其标准如何建立的问题,"遵守规则并不是一个可以用理性不断解释的问题,解释很快就走到终点,我们最后还是只能回到事情本身"④。"私人语言"存在与否并不是维特根斯坦所要表达的哲学问题,显然他没有准确地表达出其关注焦点,虽然有关"私人语言"的主题已经成为分析哲学中的一个经典命题。他如果用词更准确一些,完全可以避免引来不当的争论、不必要的哲学资源的浪费。如果把这也当做是一种创造,那可是对诗词等文学艺术的不敬;卡尔纳普和

---

① 他采用的大部分表达来自传统,"感觉"、"直观"和"纯粹"来自于洛克的《人类理智论》和莱布尼兹的《人类理智新论》,"范畴"、"先验"、"分析论"和"辩证论"源自亚里士多德,而"理念"源自柏拉图。像"歧义"、"二律背反"和"谬误推理"这样的专业术语在当时德国诸如迈耶和蔡德勒的手册中都可以找到,不同的只是,在需要时康德赋予它们以新的意义。

② 克里普克的有趣解读如下:他说可以让这个命题成立:68+57=125 或者 5,如果这样定义其中的运算符"+",当 x,y<57 时,x+y=x+y(右边的"+"为通常算术中的"+");而其他情况下,x+y=5。

③ 徐友渔:《"哥白尼式"的革命》,三联书店 1994 年版,第 220 页。

④ 维特根斯坦:《哲学研究》,李步楼译,商务印书馆 2005 年版,第 331—332 页。

奎因多次表示,用现象主义语言来构造知识体系是最简洁和方便的,这与杜威实用主义观念不谋而合。杜威哲学著作的问题是使用着旧词,却附以新意而没有给予明确的相关解释和说明,从而造成了阅读的歧义和费解;所以,我们必须在其特定的问题情境或者其哲学整体思想中来进行把握,这从另一个方面造成哲学资源的浪费,如果考虑到杜威的前后期某些主题和概念的变化,情况将更糟。

杜威的哲学著作中表达的意思令人捉摸不定还导致逻辑上的混乱,"仅仅是自然中的一小部分的东西却能包容广大的自然这是可笑的;但是即使在逻辑上是荒谬的,人们也不能不坚持它是事实,何况逻辑在这里也没有受到任何挫折"①。假如哲学研究可以在不追求这样的确定性基础上进行那该多好。在批评家看来,杜威的"有保证的确信"概念是冗长的,杜威没能提供作为所有探究的公共目标的真理以客观性和真实性;他还把问题解决说成是"满意"。这样可能使得真理变成为私人的满足,在给定的文化和给定的时候被接受,或者被拥有最多后嗣的人所阐释②。杜威拒绝对"有保证的确信"的这种理解,认为他们忽视了在探究情境中的判断情境,而正是在这个探究情境之中,判断才得到保证,他并非暗示初始的怀疑或者最后的满意在私人、社会、生物学的意义上是主观的。情境和条件的客观性意味着"有保证的确信"就是真的,符合那儿存在的东西。如此一来,就像罗蒂在反对镜像认识论时所说,为了一个探究被认定是满意的结论,真理旧的意义也包含于其中了。

杜威在对词语的使用中前后也不一致。例如"习惯"一词,它在杜威的伦理学中很重要却并不成功,况且基于习俗的道德也是有问题的,尽管如此,杜威却既没有对它给出明确的定义,也不是一致地使用它。他曾说行动的重复不是习惯的基本事实,但后来却说"对于习惯,只有机器般的重复,旧的行动的重复发生"③。对于习惯发生作用的机制有时说是变化的,有时

---

①　LW.1.13.

②　B. Russell, *New Hopes for A Changing World*, London：G. Allen & Unwin, 1951, pp. 148-152.

③　HNC.42.180.

又说是稳定的,还有"落后与进步、被动与选择"之说。这是因为杜威在不同的情况下侧重其不同方面,然而这些不同的方面并不是在同样的时间尺度和情境上的表现。在长时段上,习惯显然是变动的,因为即使同一种习惯历史上也存在过许多不同的表现形式,然而在某个具体的时间点或者短时间段上,习惯的变动很小,为了研究或讨论的方便起见完全可以忽略不计而视之为稳定的,在年月的尺度上看和在世纪千年的尺度上看,"习惯"当然是不同的。使用同一词语并不必然导致混乱,但是,使用时必须界定明确、解释清楚。在现代哲学精细的思维面前,任何诉诸原始、自然、天命或黑箱都是危险的,不是导向非理性,就是返回到它本身批评的二元论。在这个二元论中不是物质和精神的对立,而是一堆相互牵制的力量,在那个黑箱中运作从而神秘的决定输出的后果的那些含糊不清的诸因素。举例来说,杜威的"经验"、"自然"、"文化"等概念很容易让人联想到这样的黑箱。①

杜威哲学术语的不规范性影响到其哲学的架构和内在逻辑的清晰性。例如,杜威说"在自然中没有一个东西是彻底最后的"②,那么自然本身呢?他又说"自然具有最后性"③,终究也没有对自然和其中的东西之间的关系给予明确的说法。假如"最后性"是一种属性,如果自然中的任何东西都不具有这个属性,那么自然的这个属性从何而来?假定所有的东西都消失了,自然还存在吗?自然是一个可以没有任何东西的容器吗?而这个容器又不同于任何东西,这似乎是与杜威的反对外在性的哲学立场不相容。由此可见黑格尔哲学在杜威思想中存在某种残余。

即使是杜威哲学中最基本的连续性原则,也不是十分明确和具有足够说服力的,所以并不被所有人认同。例如伯恩斯坦在《约翰·杜威》一书中涉及杜威的经验形而上学,对连续性却只字不提。在辩论的清晰性方面,杜

---

① 这一点也可针对中西哲学比较,强调话语体系的不同而模糊化区别或者逃避尖锐性的实质,都是偷懒的行为。从根本上说,没有什么是不可比较的,只要我们能够看得足够清楚明白。语言不是问题,思想才是关键。从总体上来说,语言所提供或所能容括的空间远没有被我们的思想所穷尽,语言还没有成为我们思维的现实性障碍,也不是我们建构新型文明的瓶颈。

② 杜威:《经验与自然》,傅统先译,江苏教育出版社 2005 年版,第 83 页。

③ 杜威:《经验与自然》,傅统先译,江苏教育出版社 2005 年版,第 63 页。

威的确不像罗素等人那样重视语言的清晰明确,例如杜威对克罗齐(Benedetto Croce)的回应辩论无力,而且常常改变辩论主题,重述自己的主张,所以佩珀(Barry Pepper)和克罗齐都没有被说服,坚持认为杜威的自然实用主义最终滑向了唯心的历史主义①。还有,由于杜威对主动性的过多强调,对自然的实在性论述很少而且不够清晰,罗伊斯始终把杜威和实用主义当做一种形式的唯心主义。这仍然是对实用主义的误解,杜威本可以自我辩护清楚的,实用主义和唯心主义都坚持我们生活在充满意义的世界之中,一个有着某种有机单元的世界,但唯心主义用绝对来解释世界如何充满意义,而实用主义则认为这样的解释不必要也不可能②。因为杜威在否定黑格尔绝对精神时,没有给予足够有效的解释,尤其对作为哲学基础的自然与科学的进化论理论之间的关系论述不够,从而导致了这样的"无根"指责:杜威的自然观是借用了科学进化论的基本假定作为哲学的根基,实质上是逃避哲学的根本问题;杜威探究理论中的问题情境的转换也被认为导致唯心主义,因为是心灵产生了探究。对于这些,杜威本可明确反驳,但他的反驳仍然模糊不清,只是重申其文化自然主义的说辞,"经验是自然的一部分,而不是自然的全部"③。

　　诚如亚历山大所言,杜威不是一个体系哲学家,也不是最好的自我辩护者。就像海德格尔一样,杜威选择在林中路上徘徊,而不是遵循思想已经建立起来的大道④。杜威关注的不是哲学作为知识理论的清晰性和规范化,而是强烈地追求对行动的转向,急切地期望对世界的改造。然而,假如杜威顾及理论的准确性,与哲学传统的写作模式保持一定的连续性,而不是仅仅为了一般知识大众而写作,受到的责难会少得多,虽然他总是固执地对批评

---

① Thomas Alexander, *John Dewey's Theory of Art*, *Experience*, *and Nature*: *the Horizons of Feeling*, Albany: State University of New York Press, 1987, pp. 1-13.

② Alan Ryan, *John Dewey and the High Tide of American Liberalism*, New York: W. W. Norton Company, 1995, p. 127.

③ John Dewey, "Experience, Knowledge, and Value", in Schilpp, P. A. ed., *The Philosophy of John Dewey*, 3rd ed. New York: Open Court, 1989, p. 522.

④ Thomas Alexander, *John Dewey's Theory of Art*, *Experience*, *and Nature*: *the Horizons of Feeling*, Albany: State University of New York Press, 1987, p. 69.

意见置之不顾,但内心未免不受牵动,比如他晚年回忆起与鲍恩德(Randolph Bournde)之间发生的关于参战立场之争时的懊悔。也许对杜威来说,理论有时只是操作的工具,有时也可以视为存在的观念,许多在当前应用中有价值的以及不可缺少的假定并不一定有其对应的实际存在,而且在另外一个情境下是否有意义也仍未决,譬如电子的存在状态就一直是一个总在争论的主题。难怪塞弗瑞(W. Savery)认为杜威的世界观不是自然主义,而是观念的实在论:

> 杜威没有解决或者触及:外在世界的本质问题。杜威不断的声称自己是自然的实在论者,⋯⋯但实际上是个观念的实在论者。他认为我们的观念是自然的事件,是连续的。观念形成经验的前景,但其背后存在一个巨大的背景。我们看一个椅子,我们的观察是不同的。但超越两个不同看法的那个椅子是什么呢?我们走出房间,椅子的观念没有了。现在椅子在哪里呢?进一步,无梦睡眠时我的身体是什么?①

杜威还大量地运用比喻手法,并视其为主要的意义解释方法,但这使得哲学术语的涵义不清,例如对"火"的比喻使用。在严肃的哲学著作中,用比喻的方法可以舒缓紧张,有助理解;但对概念和观点的正面解释和阐述还需要规范化的严密语言,因为这个喻体本身所在的层次是日常世界,其意义是经验性的,而不是哲学性的、普适的,如果提升到普遍性层面,就要去掉其千差万别的日常意义。对于读者来说,理解比喻一定要恰当,体会其所喻意义,而不纠缠于其非所比喻方面,而且阅读时还要看到具体的使用情境。杜威也意识到自己的写作方法存在的缺陷,但并不把这一点看做是理论解释的严重障碍。他曾向一位朋友坦承,"我深知我的写作中艺术性的缺乏。但在要点上我认为我走在正确的道路上"②。在运用比喻等文学性手法这一点上,遗憾的是,杜威得不偿失,因为这不仅有损于其哲学论证的严密性,

---

① W. Savery, "The Significance of Dewey's Philosophy", in *The Philosophy of John Dewey*, ed. Paul Arthur Schlipp, Lewis Edwin Hahn, Carbondale: Southern Illinois University, 1989, (3th ed.).

② Steven Rockefeller, *John Dewey: Religious Faith and Democratic Humanism*, New York: Columbia University Press, 1991, pp. 332-333.

而且并没有为他带来像尼采、海德格尔著作所拥有的艺术吸引力。杜威的艺术性缺失不仅表现在其著作里,而且也体现于其演讲和讲课中,据他的学生回忆,他的讲课比较枯燥乏味,而且缺乏他本人在教育理论中所倡导的教—学互动实践。

　　然而,如果了解到杜威对经验方法的倚重,也许能够同情地理解他对理论写作模式的轻视。他几乎把经验方法看做是尽人应选的当然之路,不需要任何解释,"杜威对非经验主义的反对非常激烈,是因为他曾经是其中一员"①。中国五四时期的文化运动主将鲁迅曾说,他从那个阵营中出来,故深知其害,所以写作中有反方向的偏激。杜威在《经验与自然》修改版出版后不久曾说,"我想我的发展极大地被这样两者之间的一种冲突所控制:一种导向图式的和形式逻辑的内在倾向,另一种迫使我解释基于实际物质的那些个人经验的事件"②。但杜威混淆了哲学的行动与思考的区别,哲学的行动需要意志而非语言文字,但哲学的思考却需要语言和文字,而不是那种行动的意志。杜威自然地更是一个思想者,而不是行为者,虽然他是由于其积极、广泛地参与社会事务而受到尊重的。而且,他源于自然主义的整体观也制约着他对哲学论述的清晰表达。

　　杜威没有以一种体系式的结构来展开他的哲学理论,但这并不排斥我们采用一个规范性的框架来解读它。事实上,杜威的哲学著作背后存在一定的整体性结构,杜威哲学中的词语列表③从结构上可以划分为三个层次,每个层次各有不同特性和架构功能。从总体性的到枝条细节,属于从纵向上的结构分层,横向上也有领域可分,如自然实在、行动和交互、建构的文化、习惯等等。依此我们完全可以进行总体性地把握,又能够深入每个细节,和谐地融为一个表达清晰的理论体系。杜威的著作虽然有这样那样的散漫和模糊问题,但不是不可规范的,现在我们完全可以把它规整化。杜威的几大误解缠绕着他,使他不能自如地、合适地阐述他在某个方面的道理,

---

　　①　Thomas Alexander, *John Dewey's Theory of Art, Experience, and Nature: the Horizons of Feeling*, Albany: State University of New York Press, 1987, p.86.

　　②　LW.5.150.

　　③　John Dewey, Arthur Bentley, *Knowing and the Known* (Boston: Beacon Press, 1949).

所以显现出"矛盾"表象。但现在,这几大误解可以得到澄清了:进化论、心理学、科学与哲学的关系、长短时段的混淆。这可以帮助我们用一套有效的规范语言解读杜威的哲学。

黑格尔之后的哲学家一般不再寻求宏大哲学体系的构建,因为那是一个易破难建的宏大哲学远景,他们转变哲学研究范式,从某个角度、方面或者维度进行哲学之思的批判、继承和建构。当然这样的做法必然会,而且已经导致传统哲学大厦整体性的瓦解危机;哲学在杜威、维特根斯坦等现代哲学家那里变成了行动和思想的工具,而不是规整的知识仓库。对语言的使用也要随情境而变化,杜威反对固定性的词语,即使是一些基本哲学术语,如果能够用一些可以表达出变动性的方式就可以克服其不变性带来的困难,"假使在一代人之间禁止把心灵、物质、意识作为名词使用,而用形容词和副词,如有意识的及有意识地、心理的及心理性地、物质的及物质性地等等,我们将会发现很多问题变得简单多了"[1]。然而丰富多变的生活世界与追求确定性的思想之间仍然存在张力,杜威著作中词语的相对贫乏制约了其思想的表达,又由于辩证法的缺失,造成前后表述的某种不一致性,从他的经验、参与式民主、对个人的关注就可以看出不自洽的地方。假如经验是外在于个人的公共功能,那么"个别的经验者变得无关紧要了"[2],这类似于海德格尔张扬存在而抑制存在者所带来的问题,虽然杜威在艺术的经验中试图用个人的原发性情来平衡。

表达不严谨在现代哲学中不只是杜威一人,"胡塞尔在有的地方讲,现象学不能用任何超越,这就使他经常引起困惑……"[3]因为胡塞尔的现象学是用到超越的。海德格尔同样备受诟病,卡尔纳普认为海德格尔在《形而上学是什么》一文中对"有"、"无"的用法,由于语言而导致故意的混乱和麻

---

① EN.75.

② John Smith, "John Dewey: Philosophy of Experience", in Charles W Hendel, *John Dewey and the Experimental Spirit in Philosophy*, New York: Liberal Arts Press, 1959, p.116.

③ 张祥龙:《朝向事情本身》,团结出版社 2003 年版,第 49 页。

烦,这种做法明显违反了句法规则①。海德格尔虽然不用辩证法,但实际上
从解构的方向使用着辩证法,以扬弃黑格尔的本体论建构的辩证法,这其实
给我们的解读和研究带来了困难,譬如,在世之在、此在—存在、有—无、
显—掩、被抛—筹划、在场—不在场、可说—不可说、世界—大地、真理—非
真理等等,他的几乎所有词汇都可还原到传统学术轨道中,但无论进行还
原,还是就地理解都徒增阅读成本,且不说是否故弄玄虚。他后期背离诠释
学走向诗化语言的道路,试图以此克服形而上学的语言,就更让人感觉到他
走向了神秘主义的独思窄道。海德格尔的语言创新在创造了一系列诠释学
教授的职位之外,还给哲学研究者出了一道难题和门槛,"才华横溢的海德
格尔将每一个原创性哲学家都使用过的策略发挥到了极致。发明一套词
汇,用来消解前辈们考虑过的问题,而不是为它们提出新的解答,海德格尔
并不是第一个这么做的人。想想霍布斯和洛克对经院哲学家们的种种问题
的讨论,以及卡尔纳普和艾耶尔对种种伪问题的做法吧"②。越来越想回到
诗的沉思中去的海德格尔非常崇尚中国的禅修之道,大概是不会喜欢奥卡
姆剃刀的。

二、杜威辩证法的缺失

　　杜威松散的论证形式、论题和方法之间的循环,表现在他的经验方法及
其物质依赖于对经验数据的理论解释之上,而这个解释依他是可以由实证
的自然科学理论来保证的。但是,按照经验主义的归纳法,自然科学理论建
立于实证科学的相关工具与实验数据的基础上,然而,工具与数据在某种程
度上依赖于实验方法。对于哲学思想来说,存在循环并不可怕,可怕的是用
简单的因果要素分离、单向的因果机制和简单的线性关系来思维和解决这
种循环。基于整体观的辩证方法是对看似循环问题的最好解答,它认为循

---

　　① 卡尔纳普:《通过语言的逻辑分析清除形而上学》,载《逻辑经验主义》上,洪谦主编,
商务印书馆 1982 年版,第 23—26 页。
　　② 罗蒂:《实用主义哲学》,林南译,上海译文出版社 2009 年版,第 43 页。

环是有差异性的,而不是同一层级上的死循环;循环的出现,是因为我们的
分析模式应用到本来难以分离的整体中相关要素之间相互作用、或者共同
作用的内部机制的表象结果。遗憾的是,杜威的哲学缺失了辩证法这个有
力武器,这正是导致其论证逻辑显得模糊不清的一个重要原因,因为杜威绝
对不愿要没有整体观的清晰,没有连续性的离散分析。

众所周知,现代辩证法是黑格尔创造的①。杜威从黑格尔那里吸取了
许多养分:时间性、生长观念、整体观等等,但辩证法却不在其中。不过,说
杜威把黑格尔的辩证法与其绝对精神一起抛掉却是冤枉的,因为杜威对黑
格尔思想的学习是受到了春德林堡(F. Trendelenburg)的影响,这发生在杜
威的前期"黑格尔阶段"。春德林堡试图复兴亚里士多德的思想,所以将亚
里士多德、黑格尔和时兴的达尔文进化论结合起来,形成一种没有辩证法的
黑格尔主义。在他看来,自然仍然是动态的,但被给予一种完全自然主义的
解释。由生物学的环境或者情境提供相互作用的实体的动态统一性。至此
并没有什么问题,但春德林堡由于受到当时的唯物主义和实证运动的影响,
用实证性代替辩证法,简单地说是用进化自然取代了黑格尔的本体论辩证
法。春德林堡的这种自然主义通过莫瑞斯(Morris)从而最终对杜威产生了
直接而持久的影响。莫瑞斯从来不认为知识的可能性或者外在世界的存在
是个哲学问题,所以他讨论存在的意义而不讨论世界的存在②;莫瑞斯也熟
悉、但却反对英国经验主义传统。在杜威思想的中后期,他从莫瑞斯和黑格
尔中走出以后,就返回到春德林堡和亚里士多德③。瑞安(Alan Ryan)也认
为在格林和杜威的时代,他们所阅读的黑格尔只是 2/3 的黑格尔,是逻辑学
的黑格尔,他们从黑格尔的法哲学中读到其社会政治哲学,而没有读到《精

---

① 古希腊的"辩证法"(柏拉图第一次正式使用该词)是指"对话的艺术",即以合乎逻
辑的方式论证和发现真理的学问,亚里士多德只把辩证法当做一种逻辑论证方式,而它在海
德格尔的存在哲学和伽达默尔的解释学中得到发扬光大。

② LW.5.152.

③ Raymond Boisvert, *Dewey's Metaphysics*, New York:Fordham University Press, 1988,pp.
16-38.

神现象学》。对于"主奴辩证法"等皆不知①。这样就可以理解为什么杜威
缺失了辩证法（认识论和方法论的）。

　　杜威完全拒斥辩证法为一种哲学方法，不过他接受辩证法中的一个要
素：相反的存在。在语境中区分出价值，"黑格尔的合题给我们指出肯定和
否定，肯定只在并通过自身的否定"②。但是在讨论相反命题时，杜威说，正
题、反题、合题的辩证法认为初始的对立不是最终的；但是"假定合题是直
接从对立双方中生长出来带来逻辑的缺陷……"③。辩证法的缺失导致杜
威许多论证的混乱和矛盾，这一点被杜威讲课时的学生们所认可，他们认为
读杜威著作非常困难。但如果采用辩证法，就变得容易了：杜威反对科学与
伦理的两分；杜威讨论没有调解的主观主义与客观主义的分裂；杜威对詹姆
斯既有肯定也有否定，观点还会有节奏地跳跃；杜威反对二元论，在许多简
单概念的分析中总是分两个方面，而最终杜威是追求统一的，如民主与教
育、人性与行为、经验与自然、公众与问题、经验与教育、自由与文化，还有做
与受（doing and undergoing）、行动与反应（action and response）等等。这种
对二元概念的重新使用可以视为一种独特的辩证法形态，但他的辩证法与
黑格尔、马克思的辩证法存在显著的不同：他不相信所谓一般的、更高的、向
上的运动，而坚持发展的不确定性和无方向性；无形而上学的目的、或者绝
对④。这些特征与杜威的选择行为理论相合，他给人类理智留下了"控制行
为"的地盘，从而为多元世界的合理性提供了辩护。

　　然而，杜威的经验概念没有结构，展开也不够充分；他对历史上各种学
派的分析常常是放在一个层面上进行，假如使用辩证法来论述经验的层次
结构，效果会大为不同。例如他曾说，"人类喜欢用从事于思辨活动，指出
有限的东西怎样能够和无限的东西共同存在，或存在于无限的东西之中的

　　① Alan Ryan, *John Dewey and the High Tide of American Liberalism*, New York：W. W. Norton Company, 1995, p. 95.

　　② John, Dewey, "*Philosophy, Psychology and Social Practice Essays*", ed. Joseph Ratner, NY：Capricon Books, 1965, p. 46, p. 48.

　　③ LW. 12. 192(LTI. 192).

　　④ Shargel, Emanuel Israel, *Dewey's Dialectic*, Ann Arbor, Mich. ：UMI, 1972.

办法,来代替处理偶然性事物的问题。想通过区别它的因素并给予命名来解决问题。这种做法肯定是要失败的,但这种失败却又可以为人们利用来再一次证明人的理智是有限的"①。这种有限和无限的事物之间其实就是一个典型的辩证法适用案例,而在方法上使用不当就会导致事倍功半的效果,没有辩证法的论述常显累赘重复。杜威其实是有朴素的辩证法思想的,只是没有辩证法式的表述方法,例如,"在一个所有东西都是完善的世界里,任何东西的完成都不需要其他的东西。……一个部分之所以为部分并不是这个整体或其他部分必需它如此,一个部分之所以为部分也只是整体之所以为整体的另一个名称而已"②。杜威反对黑格尔那样的纯粹思辨,认为它"是不可能涉及存在的。从物质上它既不是真的,也不是假的,而只是融贯一致或自相矛盾……思辨的关系只是思辨的,而不是存在上的。思辨的原则是同一性,其反面不是矛盾更非虚伪,而是无意义"③,考虑到黑格尔的辩证法就是一种进化存在的逻辑,这可能就是他(甚至包括海德格尔、维特根斯坦)舍弃思辨的辩证法的原因所在。

西方哲学发展到 19—20 世纪结出了丰硕成果的自然科学,这似乎显示出辩证法的胜利:为了反对自身而外化出的力量,实质上提升了哲学的发展层级,将柏拉图、亚里士多德的古典哲学、笛卡尔—康德哲学忽视的环节凸显出来。而且辩证法作为一种强大的思辨力量,是思想自由的最高表现形式,伽达默尔的诠释学中卓有成效地吸收了辩证法思想,在一定意义上复活了被现代哲学所遗忘的辩证法。在追问与诘难、怀疑一切、刨根问底中达到丰满与实现;把过程看得比结论更重要,认为过程与方法高于结论的观念瓦解了结论的权威性,从而张扬自由精神。

没有辩证法,我们对许多哲学难题,比如存在、思维与实在的关系、精神性的知识究竟如何与物质性的外在世界相关联起来等等问题的理解几乎不可能。而有效地使用辩证法可以帮助我们理解"存在"神话、先验性等哲学问题。如果消除了所有确定的、先验的东西、固定的神话与信仰,人的确会

---

① 杜威:《经验与自然》,傅统先译,江苏教育出版社 2005 年版,第 37 页。
② EN. 64-65.
③ EN. 286-287.

感到空荡荡的,找不着基地的感觉就像无家可归的流浪汉。但这并非为任何确定东西存在的合理辩护。有效的解决方案是寻找一种"替代物",同时又不能将它看做确定的、永恒的。人的历史实践和情境世界是两个被寄予厚望的、变动的"确定性"。

任何强调变动性的学说都要警惕是否走过头了,爱因斯坦相对论虽然比牛顿力学适用面更广、更"真",但在我们日常实际的运用中,还是让位于简单方便的牛顿定律,而且爱因斯坦的理论又如何保证永久不变呢? 人类对真理的理解和规定并不是那么"绝对"的、"真理"式的,而是"实用性"的,至少在现实的情境中,由于人类理性的有限性,不是所有人都接受一样的理论,具有同样的智力。明天的真理在今天不一定被接受,也就不被视为真理。或者说,真理概念也是我们建构起来的,如同我们人和所处情境一样都是历史性的;那么它与历史情境就直接相关了,不再会受到任何想超越时代性的幻想的非难。说我们在无限地逼近真理,这也是一个实在论的神话,因为它仍然相信有一个绝对的真理或者存在等着我们去追求。它必然造成对当前真实的现实事物和价值的不屑一顾和否定,价值和奖赏被置于那个神话的"终点",而不是当前一站,就逃脱不了那种终极诱惑。然而,不幸的是我们的生命与之相比太短促,我们根本就等不到抵达那儿就会先行死去,"子子孙孙无穷匮也"如果不是一句自我安慰的话语,就是一个蔑视生命的谎言,是权力把活生生的个体人生编入它的铁鞭中的借口。

辩证法有助于对宗教信仰的理解,虽然绝对的东西并非绝对真实,但生命相对有限的一个人,还需要寻找相对确定性的东西来给予生命一种意义。无论是永恒的信仰,还是流动中的相对静止"真实的存在",让一个不能接受完全漂泊的心灵状态的人能够有所寄托和归依,即蒂利希的"终极关怀"。其实,马克思的理论也注定将随着资本的消亡而消亡,但只要资本存在,金钱以资本的形式存在一天,资本所产生的根本问题就会存在一天,他所发出的质问就一天不会停息。人类与金钱的关系中存在的张力如此沉重,和权力的结盟几乎把整个人类引向了深渊。如果真的消灭了哲学,那就是去掉了最后一个假定,没有信仰的无耻者将会断绝希望,毫无顾忌、无所恐惧地把全部的价值置于流变的权力和金钱之下。如果我们的心中不存在任何终极的东西以及假定的信仰，我们当然彻底消灭了哲学，但随之也就消灭了人生的价值、人类的终极关怀以及自己的终极关怀与生命意义。

三、杜威关于层次和领域的混淆

与许多现代哲学家一样，杜威对行动的焦虑是因为，他混淆了长时段上的宏大历史任务与时代性特征鲜明的短时段任务。他们通常是把当下的困惑情境放大到人类历史的尺度上，而忽视这种时代性事件的暂时性特征对于宏大历史的"暂时性"，宏大的、表现于长时段的特征在一个时代的尺度上必然显现出的稳定性受到忽视，而错误地被当做是暂时性的。

杜威最大的层次与领域的混淆不清在于他对自然、存在、不仁存在、经验等之间的关系没有明确界定，而且认为任何想进行清楚界定和分层的企图都是回到传统哲学的分离老路上去的做法。然而一个术语和命题的日常意义、科学意义和哲学意义是有差异性的；真与假亦然，杜威说真理在于行动的效果，但效果是什么？在哪里植根？诸如此类的问题皆有层次之别。杜威总是盯着传统认识论的缺陷，但把哲学对本体论的追求放在人类历史尺度上，认为是人类在动荡不定的世界寻求安全和稳定的习惯所致，其中包含的问题就值得重新思考。小尺度的事物不能在大尺度上进行等价的论述，而只能作为佐证来借鉴和解释。近代认识论哲学采取两元对立的根本原因，不一定是历史上的初民状态的社会意识的必然结果，也不能依赖那样的"考古学"式的或者心理学式的论证。它可以说明人类产生意识和自我意识之类的哲学主级问题，但对于哲学中的次级问题，如百年单位上的哲学纷争等，就并不合适，这需要在哲学史中进行解释。试想一下，如果人类的总体遭遇是哲学产生固定性和两分等问题和困难的根本和必然原因，那么它何以能够让杜威产生对它们的批判呢，又何以能够产生其他现代哲学流派如存在主义、分析哲学呢？这些流派甚至更加极端，完全排斥对那些问题的讨论。

我不认为杜威《确定性的寻求》中的基本前提和有关论证是十分合理的。譬如，第一章"逃避危险"假定"人生活在危险的世界之中，便不得不寻求安全"①,心理学的分析的确扣人心弦,但作为哲学、认识论的基础假定则严重倒置了哲学与科学(心理学)的关系。在哲学上,这个假定不是不可以继续分析下去的,比如"危险"的定义,它与"世界"是处于一个层次上吗?如果不是,那么它的修饰就改变了"危险的世界"与"世界"的层次关系,使得它们不处于同一层次上,显然,"世界"作为一个中性的无"危险"限定的世界更为基本。那么,世界如何在人类这里就变得"危险"了呢?对于持自然主义态度的杜威来说,他为何不把他认为的"危险"看做是一个世界的基本状态,从而进行中性化?有"危险"的世界,那么也存在非"危险"的世界,非危险的世界在哪里?按照杜威的逻辑,可能在人生活之前的世界或者将来可能"无人的世界"(这只是一个逻辑的可能,如果真实的发生那将是一个真正危险的悲剧)。然而,这样的分类与杜威对人化自然的观念之间就存在不一致性。因为在有了人的意识之后,经验通过经验的方法深入到自然的前前后后,深入到所有可能接触到的世界角落。如果面对这样的辩驳,杜威可能会惯常地说那不值得讨论之类的话,并再一次大同小异地复述他的原有命题。总之,杜威对自然、世界、危险的、人生活的等等之间的范围关系并没有作出深刻的解释,就以自然主义直接借用心理学的命题和结论来作为哲学和认识论的根本假定,难免受到质疑。

杜威对于时间上的层次不清导致其历史主义眼光的缺失,因为他忽视了历史情境在不同时间和层次上的基本的决定性作用。杜威认为传统哲学对变化的否定②有这样三个原因:为了有效生存人类需要控制环境,而控制意味着最小化危险、对稳定和重复的最大关注;现实世界的分析基于不完全正确的类比特别是与艺术的类比;亚里士多德的方法是生物学的和语法的,对"种"概念的使用导致了本质主义。亚里士多德认为生物学、语法结构、

---

①　杜威:《确定性的寻求》,傅统先译,上海世纪出版集团2005年版,第1页。

②　其实不是否定,而是古代没有发现变化的真实内容,还没到对它开展研究的时候。对变化的研究要先研究简单的不变模型之后才行,犹如学习物理学,先静力学而后动力学。希望古希腊发展出完善的动态哲学是不可能的,由于那时缺乏确定的知识,赫拉克利特的辩证法研究无法继续深入下去。而现代则迥然不同,静态哲学的基础丰厚,在社会需要与时代变迁的呼唤下动态的哲学思想便应运而生。

对应关系都是本体论事实,但杜威认为其形式理论在现代科学之下不再有效。杜威对亚里士多德的这个批评缺乏历史主义眼光,因为只有在科学发达的今天,哲学的发展达到今天的成就,才可能发现其弊端,并提出改造的可能性和可行的方案。用现代哲学思维和标准来审视和评判以前的哲学理论并作出"否定"或者"反对"的态度,是缺乏历史性的评价方式,这容易和对同时代同情境之下的其他哲学理论的真正辩论和批判混淆起来,也会和社会批判混淆。对古人的理论的批判是不会有回应的,但对同时代的理论批判可以起到辩论而明晰的效果。亚里士多德《形而上学》中对"上帝"存在的神学论证,和亚里士多德在伦理学中谈到的"研究不动的存在",都与柏拉图类似,说明了古希腊的上帝精神是不可逾越的,就像他们不可能设想人类飞出地球一样。

科学是时代精神中的一个硬件,它对应于那个科学水平的时代,在相对论产生之前,无论多么伟大的哲学家也不可能有相对论之后的现代时空观和宇宙观,量子理论之前的哲学家也如常人、物理学家一样对于量子的特征匪夷所思,当然这并不排斥他们对时空观和量子具有某种"先行"的"脱离常识"的想象性理解,但绝不会把它与现实等同起来。直觉是现象学的核心,所有的验证都立于直觉和"看"的基础上;但是直觉并不完全可靠,比如水杯中筷子的弯曲,这在古代人那里就容易发现其假,然而它只不过是许多此类直觉错误中的极少可以直接证伪的一例。古代人虽能轻易验证其伪,但没有光学理论就无法真正解释它,也不可能用现代科学的方式解释海市蜃楼、日食等等,更无法科学地预测这些现象。与细菌、微生物、原子和时间等等相关的理论在今天一定依托在物理科学之上,这当然有着缺乏物理科学的古代无法比拟的优势。① 站在一个高的层次上,哲学可以揭示科学的有限性,同时也可以论证科学方法的有效性和正当性。

---

① 中医的许多概念在现代科学的照耀下成为过时的云烟。也许其中存在一些科学理性所忽视的要素,比如整体观,但现代科学的成就已经不可逆转地改变了人类的观察、思维以及生存方式,它所产生、遗留或者还没有解决的问题将很可能在它所主导的框架内,依靠其发展或者改进得到解决,而不是依靠具有完全不同甚至相互抵触的理论基础的另外一套体系,比如古老的中医,或者曾经同样成熟的古印度医学体系。

　　杜威注意到时间的重要性质,但对不同时间尺度上的事件的意义差别没有给予足够的重视。他曾说,"所有思想的生命就是影响某些新与旧、深的习俗和无意识的调节之间的交合,由于与新出现的行动方向产生冲突而引起注意。各个不同时期出现的哲学确定了它们编织起来的连续性的巨大范式,影响着固执的过去和坚持不懈的未来之间的连接"①。杜威认识到哲学与环境之间的关系,哲学从文化情境中产生出来,每个哲学体系都表达了一种立足于一个特定时空的特别的特性和特别的文化。然而其实用主义作为一种真理观,仍然停留于对某种特定行动、命题的判断。它本身具有的超越性潜能还没有充分发掘出来,在对各种不同时间层面上的实践和理论的评判中,它还被动地依据一种特定情境,把它当做一种原始的要素,而没有超越情境本身的特殊性。杜威对连续性原则的运用还受制于具体情境的具体特性,而不是超越其上的对情境总体性特性的把握,这让其哲学的抽象能力在反思中大打折扣。

　　按照事件的时间跨度的长短把事件和世界从历时维度上进行分层,从而在事件所处的不同时间层上设定对应的时间性情境,这种方法的存在基础是生活世界的分层:在生活中,我们从来不会混淆长时段事物和短时段事物。比如,对于个人的生活,当下的技术性事务与一生的理想之间的差别显而易见,并得到不同的对待,一个追求非常崇高的人生理想目标的人,在进入菜市场购买蔬果食物时也可能会讨价还价、斤斤计较。这并不奇怪,它是人自然地对各种具体情境进行分析判断和协调而形成的一种自然的行为反应模式习惯,即使是黑格尔这样的能够进行理论反思的大哲学家也懂得区分,绝不会用绝对精神的宏大原则诉诸日常生活中的柴米油盐。对于群体、国家来说,长远的目标比如人类的各种美好的理想如"共产主义"社会,也不会阻碍它在面对现实具体问题时的"实用"考虑。在这一点上,美国是可以良好地协调这种不同时间和范围尺度上的意义的典范。要避免时段和领域两个维度的混淆与错位,因为混淆时段性和领域之主题,是科学性哲学研

―――――――――

　　① John Dewey, *Philosophy and Civilization*, New York: Minton, Balch and Co., 1931,p. 22.

究中最易犯的一种返祖性错误:即否定上一个环节,但并没有超出并进入下一个更有包容性和综合性的环节,而是几乎等同地返回到其更上的、已经过的环节之中去,对这个更古老的环节的改造并没有包容其否定环节的积极成分,而只是形成了一个简单的循环。罗蒂曾提到哲学中宏观与微观的细化研究,"微观与宏观:微观的职业主义;宏观的一手是苏格拉底,一手是暴政"①。

古希腊哲学的诞生是那个时代和生活状态下的希腊人的时代精神,符合他们的精神生活的需要,但不一定符合当时的自然条件对希腊人提出的历史要求,所以在短时段上,并没有真实地反映时代精神,对文化和政治扩张的任务被分割开来,从而最终导致陷落和文明的断裂。但以历史的眼光来看,在一个长时段的尺度标准上,它却反映了长远的价值。古希腊文明包括其哲学,是整个人类的辉煌和骄傲,但不是古希腊人的现实利益的"实用"的表现,城邦的毁灭带给古希腊人的肯定不是幸福和美好的意义与荣光。政治与社会实践相反但结果一样是悲剧的是,斯巴达对短时段利益的过重强调而导致的自我封闭。柏拉图的《理想国》并非天真地追求理想的天国,而是处于调节理想与现实政治实践的初步探索阶段,可以说也是人类试图迈出的巨大一步,但遗憾的是,他与亚里士多德一样,没有能够让古希腊人更成熟地面对现实世界。②

杜威的方法至上观在根本的哲学意义上不仅没错,而且很可能是哲学走向方法论转向的先声,因为传统的本体论已经终结,近代认识论虽屡经拯救,但终归大势已去,相反,方法论的价值随着科学和技术的迅猛发展日益凸显。这种方法论不仅渗入每门具体科学之中,而且还保持着整体的一致性,形成了分层次的方法结构。杜威正确地看到了,整体的一致性是任何具

---

① Richard Rorty, *Consequences of Pragmatism*, University of Minnesota Press, 1982, p. 169.
② 古希腊城邦除了内部民主有社会等级区别外,作为一个政治实体,它自身一直处于险恶的强权竞争性世界之中,周围有东方霸主波斯帝国、极权政治国家斯巴达,还有新兴的罗马。如果古希腊城邦不能将民主的观念与制度推广而普及世界,那么就必须现实地面对虎视眈眈的政治强敌,用智慧寻找到让自身得以延续下去的策略与方法,轴心文明如果没有现实的政治实体或社会为依托,就失去了现实生命力,让人类文明的基本价值演化历程更曲折而漫长。

体科学技术所不可能回答的人性需要、人的生活本身的整体性需要,但是他没有把这个整体与各科学有效地、现实地关联起来,忽视哲学焦点转向具体科学。20 世纪以来哲学为了重建自身的合法性,"为了坚持其科学性的工作,越来越多地转向科学哲学,越来越多地转向哲学的逻辑和认识论基础"①。他对这种整体与渗入到众多科学、次级学科中的具体方法之间的内在关联的结构复杂性并没有充分的认识。它们之间的真正结盟既在于自然主义,更在于方法论。建立这种统一性纽带的是方法论,而不是传统的本体世界,更不是主体本身。正是方法论支撑着杜威对科学的乐观,"科学为我们认识人类以及人所生活的世界提供了唯一的方法"②。

如果说杜威对层次感的缺失制约了其经验方法成为一种成熟的哲学方法的话,那么,杜威对哲学—科学关系的观念就是这样一个没有层次感的方法论对应的典型例证。

四、杜威关于哲学—科学关系的观念

哲学与科学曾经是同一的,古希腊人的哲学就是科学。亚里士多德称形而上学是第一哲学,认为物理学等等都是哲学一个大家族内的成员。"哲学"一词与各种理论知识或者"科学"相通,这种思想在西方一直贯穿中世纪,直到近代科学的诞生时仍然保持同一性,这可见于牛顿的物理学名著《自然哲学的数学原理》的书名,他把宇宙的第一推动归结为一个哲学问题。在启蒙运动中,科学与哲学站在一起驱逐宗教神学,并从根本上改变了人类的信仰和生活状况。然而随着科学主义的兴起,哲学与科学的对立似乎越来越明显③,康德的"认识论"从对本体的研究转到为现代科学提供知识"如何可能"的哲学辩护,这既是为科学辩护,也是为自身的存在建立合法性。而黑格尔试图重建哲学的至尊地位的努力,随着他身后雨后春笋般

---

① 伽达默尔:《科学时代的理性》,薛华等译,国际文化出版公司 1988 年版,第 128 页。

② 杜威:《人的问题》,傅统先译,上海人民出版社 1965 年版,第 132 页。

③ 田光远:《科学与人的问题:论杜威的科学观及其意义》,复旦大学出版社 2006 年版,第 11—13 页。

出现的科学成就而功亏一篑①,科学再也不愿躲在哲学的庇荫之下,哲学却内外交困,岌岌可危。海德格尔试图从胡塞尔的科学性理想重返传统哲学的领地,也难以挽回哲学日益式微的格局。显然在哲学和科学之间建立尊严的地位等级或者固定不变的强行划分已不可取。

杜威反对科学与哲学之间的划界,甚至宁愿在哲学内部把绝对唯心主义与经验主义的哲学划分开来。类似地,逻辑实用主义在对理论词项与观察词项的划分中,有一类倾向于以"人不借助于复杂仪器而可获得观察"为划分标准,这个划分就带有强烈的实用主义色彩。杜威在谈到哲学面临科学的侵蚀而有消失的危险时,为哲学的存在辩护道:

> 既存在有所认识的事实与原理,也存在有价值,而哲学基本上是研究价值的——是研究人类行动所要追求的目的的。人类即使具有了广泛而正确的知识体系,他仍然面对着这样的问题:对于这种知识他将如何行动,如何利用他所掌握的知识去做些什么。……在联系所认识的东西与价值的问题方面,科学和经验主义的哲学共同反对绝对主义的哲学,后者妄想用独立于科学之外的工具与方法去认识固定永恒的真理。②

杜威坚持一种整体观和连续性,从而恰当地弥合了近代哲学二元论的分离,虽然他对整体之下的具体细节和结构并不清晰;连续性原则抵制了对哲学和科学的层次划界,整体观消解了任何零碎的问题。但是,科学方法如何可以移植到伦理学领域,成就一种实验的伦理学,需要对其具体的领域和对象进行考察,回复到古希腊世界的整体观、忽视现代科学的挑战是不可能解决问题的。与自然主义者辩护不清人工智能中的依附现象一样,杜威也难以回答"为何倾向爱因斯坦的理论而不是牛顿的,倾向贝多芬的音乐而不是巴赫,或者选择苦行的生活而不是华尔街银行家的生活"③。复杂观念、道

---

① 这些科学成就发生在黑格尔去世不久,其中最著名的有被马克思赞为 19 世纪三大科学发现的细胞学说(1838),能量守恒定律(19 世纪 40 年代),进化论(1859)。而黑格尔的学说也很快就被实证主义思潮和各种非理性哲学思想所淹没,虽然他的整体观依然深入哲学家内心,不像其《自然哲学》几乎无人过问。

② 杜威:《人的问题》,傅统先译,上海人民出版社 1965 年版,第 132—133 页。

③ Alan Ryan, *John Dewey and the High Tide of American Liberalism*, New York: W. W. Norton Company, 1995, p. 127.

德理想和审美体验的进化与动物物种的进化根本不同,简单地"面对具体问题情境,用经验的方法解决"难以让人信服。

杜威对美国传统自然主义进行"经验"修正的主要依据来自进化论,当然还有物理学、心理学的成果。进化论关于"种"的起源学说极大地改变了亚里士多德以来固定不变的绝对性在哲学中的地位:

> 那些已经在人们思想中根深蒂固的观念,都是建立在把固定和终极的事物视为优越性的假设之上,即把辩护和起源视为缺陷、非实在假设之上。而通过触及绝对永恒性的神圣方舟,把先前视为固定和完美的形式看做是产生的和流逝的,《物种起源》引进了一种新的思想方式,它终将引起知识逻辑的转变,并随之引起人们对道德、政治和宗教态度上的转变。①

杜威是从赫胥黎那里获得达尔文进化论相关知识的,赫胥黎的生物界有机统一、生物有机体与周围环境之间的互动关系、生命世界中的连续性等说法对杜威产生的影响,这由杜威哲学著作中大量使用的生物进化论的相关术语可证。杜威把进化论看做弥补哲学中二元分离的灵丹妙药,"(赫胥黎的)那些研究形成了一个相互依赖和相互联系的统一整体,这使得以往不健全的理智结构得到弥补,同时它还创建了一种万物生长的模式……不仅展示出了人类作为有机体的图景,而且让我联想到有类似结构特征的世界"②。

19 世纪的科学成就对杜威哲学影响极大,同时也是其哲学—科学关系的困惑之源。因为它们影响到杜威的世界观和方法论,而且在其伦理学中扮演基础性的重要角色。杜威竭力要把成功的科学方法用于伦理学,使科学和技术都人文化,成为民主希望和信仰的奴仆③。他对赫胥黎声称进化论不能提供任何道德的规劝、生物学原理不能移植到道德领域的说法不以为然,而高估人类凭借他所倡导的价值哲学驾驭科学技术的能力和可能性,他没有充分考虑到欲念、希望、惧怕、目的和习惯等等基本人性与文化传统

---

① MW.4.3.

② LW.5.147–148.

③ 杜威:《人的问题》,傅统先译,上海人民出版社1965年版,第21页。

之间的关系。科学实验的方法可以快捷地改变实验结果,因为科学的因果关系链条被人的理性在一系列假设条件下设计得简明清楚,而人性与社会生活却很难用一样的实验来进行,非理性所能直观而"经济"地把握。杜威对哲学与科学之间的关系想得过于简单,就像汪堂家教授所说,他低估了科学技术对人们的习惯和欲望、对人类交往与生活方式的改造作用。

许多哲学家对杜威的自然主义与进化论之间的理论关联进行了反思和批判。进化论何以可为我们的知识做有效辩护呢?认识论的命题也不能从进化论的事实中推出。奥赫尔认为杜威用生物学理论做基础来解释认识论掩盖了"真"与"有用"之间的区别,而且会消解真理的"有用"说法,因为,"生存竞争的成功并不保证一种生物的信念或者视觉表象的真理性。……其信念与表象必须是足够真的,或者足够充分的,才能生存下来。……以生存的、或者更通常的术语优越性的观点来看,真理对于一个信念是否有用既不是必要的也不是充分的"[1]。在奥赫尔看来,杜威忽视了认识论与生物学的区别,所以他难以真正解释科学行为的寻求真理的方面,比如数学、宇宙理论等。"严格地说,一个科学理论,比如进化论,其自身并不包含真正支持或者反对一个诸如道德的规范行为的资源。……作为对于人类行为的解释,进化论并不是直接告诉我们应该做什么,而是解释为何我们从事于如此的规范行为方式,用它们对于生存延续的重要性来解释这些规范。"[2]同样,"量子力学的悖论,宇宙学的难题,科学探索的很多动机是清除和解决现有理论的模糊和困难。这并不必然是使得理论对于常识更加熟悉明了,而是相反,如波普尔所说,常常是导致从熟知到不熟知,世界变得比想象更加陌生"[3]。

与杜威不同,摩尔认为自然主义伦理观,如斯宾塞的理论,是用一个自然客体或者其某些特征来代替或者说明"善",其结果是力图以某种自然科

---

① Anthony O'Hear, *Beyond Evolution: Human Nature and the Limits of Evolutionary Explanation*, Oxford: Clarendon Press, 1997, p. 60.

② Anthony O'Hear, *Beyond Evolution: Human Nature and the Limits of Evolutionary Explanation*, Oxford: Clarendon Press, 1997, p. 3.

③ Stanley Rosen, *The Question of Being*, Yale University Press, 1993, pp. 46-95.

学来代替伦理学,这与伦理学的目的背道而驰①。罗蒂也不看重达尔文进化论及其生物性词汇在哲学中的价值,他认为,用人与其他有机体共有的中性经验来解释人的认知,是没有看到人与环境之间的相互作用是一种因果关系,它是自然的、进化论的而非解释认识论的证明关系,两者存在根本不同;他批评不遵守规范的术语使用源出于"神秘主义、或者诗、或者灵感——无论如何,某种允许逃避我们的理智责任的东西。海德格尔经常因为避免这种责任而受到批判"②。冉多指出,自然主义强烈地依赖于进化论教条;似乎杜威的理论只是将达尔文关于适应的教导应用于认识论问题,他说"我们既不是基因的囚徒,也不是观念的俘虏,我们每个人通过生活塑造自我的人格和个性"③。

把哲学建立在心理学(不管是机能主义的还是行为主义的)之上,都会冒着将整体性的事物变成零散部分的危险。在一个限定的狭小范围内,借用心理学科学的成就是值得的,如罗素的《心的分析》受到华生行为主义心理学的影响,认为"意义在于引起的行动,所要达到的效果"④。但我们要知道,行为反应论的错误也很明显,没有考虑或者忽视了其他影响要素或者环节,比如人们听到"有人拿刀杀人了"时,有的人逃避,但有的人却上前救人,其原因可能是职业要求,也可能是道德驱动。这时,实用主义也一样会犯由效果求真理而以此来认定效果和真理的错误:行为中并不只有意义。

杜威倡导社会改革,虽不如马克思主义者那么激进,但也迫切地希望哲学理论带来显著可见的社会变化,从而把产生有效社会变化的核心要素放在科学上。但他想把科学方法从以实验为基础的实证自然科学转换到不能依靠实验的社会科学领域来的想法,有时违背了他热衷的情境主义。杜威反对追求古代不变的确定性而提倡情境主义,但他自己却忽视了自然科学

---

① 摩尔:《伦理学原理》,长河译,上海世纪出版集团 2005 年版,第 44—49 页。

② Richard Rorty, "Overcoming the Tradition: Heidegger and Dewey", in *Consequence of Pragmatism*, University of Minnesota Press, 1982, p. 37.

③ Anthony O'Hear, *Beyond Evolution: Human Nature and the Limits of Evolutionary Explanation*, Oxford: Clarendon Press, 1997, preface.

④ 罗素:《人类的知识》,张金言译,商务印书馆 2005 年版,第 85—86 页。

与社会科学的区别,忽视了它们所涉及的对象与世界的差别,在一个世界里游刃有余的理性并不一定在另一个情绪的感性的世界里同样有效。对于杜威的情景原则与连续性原则应该如何协调起来,在社会科学与自然科学之间到底是情景差异特征更强烈,还是连续性更显著? 或者两者本来就处于一个辩证的关系之中? 这需要我们灵活地、辩证地把握,因为杜威是反对所谓自然科学与社会科学绝然划分的。但是,在现实的社会和政治中的不确定性太多,它们与物理学等科学很不相同,即使在数字化世界里,如果没有现代超强运算能力的计算机,再好的理论模型也无法准确预测一天的天气预报,更别说要达到杜威的目的。杜威所倡导的科学精神在现时代还只能停留在精神层面,而非具体的操作方法,在这一点上,他的实验方法无能为力,反而招致一系列的批评,博伊兹弗特指责杜威试图将物理科学的方法扩展到政治、教育和伦理学中。我们现在回头来看,考虑到杜威时代普遍的科学崇拜,其愿望是可以理解的。然而,伴随科学技术的进步而来的负面效果的逐渐显现,如生态环境和气候的异常变化,不争的事实是科学技术的辉煌正逐渐褪色。从历史学和人类学中我们了解到,对非西方的和前现代的社会的理解是无法包容在 19 世纪历史进步主义的狭窄理论之中的。这种现象可归因于杜威所处时代的思想特征,即以黑格尔为代表的历史进步主义,和达尔文进化论所隐含而又被社会学所吸收的社会达尔文主义。

一个社会可以有技术、艺术,甚至科学,却不一定要有反思的思想习惯和智慧。但是历史表明,只有古希腊产生了科学的理性精神,它是从哲学里衍生出来的。科学以及科学哲学,包括实证主义和逻辑实证主义(部分的包括经验主义)和哲学(除了科学之外的)之间存在这样一个"哲学—科学循环":一方面,从物质性上说,哲学要依赖科学所提供的材料,比如对宇宙论的研究,还有心理学、生理学、脑科学、社会科学等等;另一方面,从意识上说,哲学的观念更为基础,它为科学提供整体的、根本性的观念和基本看法,为科学现象作辩护性的解释。科学家在做具体科学研究时,可以完全不管哲学,因为他有许多已经得到公认的基本假设和前提,如世界的验证性、科学的可靠性,通常以实在论为其最大的假设,在一个有限的范围内其可靠性、稳定性可得到保证,也就是说在哲学意义上可得到辩护。所以科学家可以"肆无忌惮"地蔑视任何超科学或者非科学的对象,而其研究丝毫无损;哲学的理论保证看起来对于他们完全是多此一举、马后炮,没有它又能把科学咋样?

哲学的反思也需要科学提供材料,就像历史学需要历史事实材料一样,这种材料当然是科学对一些"基本事实"的解释和研究。虽然它们只有相对的正确性和精度,但哲学能够成功地考虑到这一点,而不会受制于这个"缺陷"。正是这个科学的"缺陷"和哲学的"疑难"形成的张力,驱动着哲学和科学的互动和发展,哲学—科学之间的循环就有了积极的意义。当然,科学的精神和方法不局限于狭义的自然科学,不仅是一群在实验室里的"科学家们"才拥有的,它可以扩展到人类的一切领域,处理各种人生、道德、价值问题,以满足人类进步发展的需要。杜威说,科学方法的分析,只要它没有在与实际科学程序的所有学术性方面的紧密关联中实现,那么就总是不完善的。由于现代物理学本质上是数学的,现代科学的哲学分析没有对数学方法的深入研究就不能成功①,这就是为何在现时代一位合格的哲学家也必须是数学家的原因。譬如可能性分析、现代数理逻辑、时空哲学涉及对不同的几何学和张量微积分学的研究,量子力学哲学要求对数学物理学家建构的抽象微积分有深入的了解。但是,弗雷格和罗素等人的研究表明,数学归根结底可以由逻辑和基于集合论的自然数来解释,而后者与现象学关系密切。换言之,通过现代逻辑和现象学,各门经验科学、数学与哲学就可以贯通起来。

杜威认为传统哲学与科学方法的差别在于前者坚守对"一种纯粹理论的安全和确定性"的偏好,而后者"涉及深入经验的真正本质的实际工作"。自然科学对于杜威来说是一个典范,因为经验所揭示的自然被科学的思维和实验利用起来,并且反过来深化和丰富了经验本身的发展,例如经验主义、逻辑实证主义都是如此重视经验的价值的。杜威认识到,"必须通过科学的意义结构在经验中所导致的效果来检验是否把握住了存在的事物,使

---

　　① Hans Reichenbach："Dewey's Theory of Science",in *The Philosophy of John Dewey*, ed. Paul Arthur Schlipp, Lewis Edwin Hahn, Carbondale：Southern Illinois University, 1989（3th ed.）.

得事物有意义的呈现出来。意义结构刻画出可能的经验科学认识是工具性的,即承认环境本身的制约性。科学活动的目的受制于经验的可能性;一切经验都是实验性的,人的行为结构既是认识方式,也是存在方式"①。莫里斯曾说,"杜威的哲学概念,有两条发展路线:一方面要求形成一种把科学作为一种体制和把科学作为一种心理习惯的普遍理论,而不仅仅满足于对科学语言进行形式分析;另一方面,要求详细阐述把科学方法和科学成果接收下来,并把它们推广到人类生活的最广泛的范围"②。

在方法—效果相关联的意义上,杜威是偏爱科学的。因为从科学研究的实际程序判断,认知过程事实上完全废弃了划分知行界线的传统,实验的程序已经把动作置于认知的核心地位③。杜威抑哲学扬科学的根本原因在于,他把传统哲学与科学相提并论,认为它们都是关于反省经验的,它们的对象相对于原初经验的题材来说是属于次级的,并经过了思维的精炼过程的体系,不同的是,因为自然科学不仅从原初经验中吸取原料,而且它们还回溯到原初经验的情境中去以求得验证。比如,达尔文是从饲养员和园丁们的家鸽、牲畜和植物开始工作的,即使得到的结论不被接受;爱因斯坦的相对论研究也是在得到验证后才被人们接受的。也就是说科学要返回到原初经验以验证其推论的结果,而传统哲学就没有返回到原初经验。所以,在方法上来说科学显然比哲学高明,尤其是人性与经验的心理学比思辨的哲学高明。杜威对哲学的改造是以科学研究为模板的,但是在原初经验里科学就无能为力了,而哲学却显示出其深刻的思维把握能力。

从现在来看,哲学在其诞生地自然宇宙论上几乎完全让位于天体物理学。可不幸的是天体物理学最终解决不了一些最根本的问题,而只是在次级的和更细的问题上确凿有据,比如"无限"这个概念只是属于理性的观念,外在的自然界或现象界没有"无限"的实在性,自然界拒绝无限;平直时空是属于理性的、心灵的,外在的自然界遵守相对论时空(在相对论没有被

① 罗森塔尔:《从现代背景看美国古典实用主义》,陈维纲译,开明出版社1992年版,第37页。
② 莫里斯:《莫里斯文选》,涂纪亮等译,社会科学文献出版社2009年版,第12—13页。
③ QC.38.

取代的情况下），不过由于我们感官等生理和物理的诸多现实限制，我们"看"不到它们两者接触时的差别。哲学理论的最终追求是与人类政治生活相结合的统一性。

人类并没有站在每人一个的不同地球上，人类追求一致性的终极目的是由人类以共同体形式存在和生活的本质同一所决定的。而理性科学所支撑的技术和实践哲学所支撑的各种艺术的追求一定是多元的、多样的，基于理论哲学或可以被哲学所解释的、同时基于理性和感官体验而奔放的多样化表现是它的价值表达。就现在来说，统一的基础的确不牢靠，但并不是越来越不牢靠。哲学虽然还不是建立在坚定岩石上的大厦，但也绝不是飘荡在海洋上随时就要沉没的小船。我们还可以依赖科技工具、心理学、心灵和脑科学等等的帮助，越来越多地了解我们需要了解的事实。过于苛刻的自我要求和一步到位的企望超越了时下"基础数据"的支持，如果在此情况下就自暴自弃，这是焦虑和短视的表现！如果哲学研究能有效地借鉴数学和科学的研究方法，以理解宽容的批判代替否定式的批判，其面貌将会有极大的改观。

无论如何，哲学曾经是理性的反思知识之源。在文艺复兴之后，科学革命的发生改变了这种局面，所有的现代科学都分离出来，并带走了部分领地。然而，有一个根本的领地是带不走的，除了继续留在哲学那里它便无立足之地。正是这块领地的存在，正是它对于人类的生存之不可或缺，哲学才得以有其存在的合法性根基。只要门类繁多的具体学科不涉足其基本假设前提的根本问题，那么这种合法性就不会消失。只要人类生存的根本问题的现实冲突没有解决，哲学就不会消亡。

哲学进步的标志在于容纳的哲学空间和哲学时间，前者指哲学问题的广泛性、对不同理论的解释、涵盖模式及其扩展性空间；后者指哲学史维度上对人类不同生存境遇历史性的探究及其容纳的时间跨度。人类的探究是通过发明和研究新的假说进行的，新的假说往往对目前被接受或者准备考虑的假说构成威胁。康德就很好地设定了先验的假说来解决两派的争端，而且给后来者提供了进一步探究的题材和哲学研究的切入点：先验性问题。这些方面，科学如物理学、天文学等的确是一个值得哲学借鉴的典范。

五、哲学形态与评价模式

　　实用主义常常遭到语言深邃的哲学教授们的鄙视。如果没有杜威的奠基工作,有关"实用主义比较肤浅"的言论就更能赢得喝彩声了。杜威的实用主义与皮尔士和詹姆斯的实用主义有着鲜明的不同之处,他在两个方面丰富和开创出一条宽阔的实用主义道路:一是在自然主义的基础上,通过对经验的改造,吸收各种传统思想,建立起一种基于经验和自然的、文化批判的、建构性的哲学,以及一种建构经验和面对问题情境的探究的行动方法。一种经验自然主义的、倡导文化建构的哲学体现在杜威的各种哲学思想之中,包括其著名的教育理论、政治和社会哲学、艺术和伦理学。二是通过批判传统哲学的确定性特征,提出一种审视全部形而上学的哲学视角,对各种思想进行评价的原则①。它把所有的哲学体系放在面向人类面对问题情境通过经验的行动而产生"效果"的解释这个评价平台上,无论是唯心论的还是唯物论的,无论是理性主义的还是传统经验主义的,形而上学和认识论的理论哲学,或者宗教伦理、文化艺术与社会政治,都可以用这种历史主义的动态经验的标准来检验和评判其价值。杜威曾说"哲学是最深刻的教育理论",而"教育没有外在的目的",任何哲学体系都不过是人类面对环境的具体经验时产生问题,并通过一种有效的运用知识的思维和行动解决问题,从而实现自我人生和社会总体的价值的根本原则。

　　如果说社会生活的文化建构是杜威实用主义哲学的最高价值,那么,经验自然主义就是杜威哲学之根。它就是被那些批评实用主义无根论者所忽视的,而需要我们清理出来的哲学基本原则,它是一种实践哲学理论,是杜威用来替代传统两分哲学的理论。与海德格尔的有根的基础存在论一样,经验的建构哲学也有强大的说服力。从古典实用主义渊源来说,杜威提出"自然主义的经验主义"或"经验自然主义"是对詹姆斯的彻底经验主义思

---

　　① 实用主义可以作为一种评价标准,而非因果关系的解释。它基于效果评价,而不是基于因果关系的分析。在因果关系上实用主义采纳了自然主义的立场,所以,微观分析非实用主义所长,而是现象学、分析哲学的用武之地。

想的延续和发展,是对种种经验的归纳与总结。

通过对杜威哲学的解读与分析,可以看出杜威以一种弱化的自然主义哲学为实用主义的理论奠基,因此成为美国古典实用主义集大成者。这种弱自然主义,即杜威称谓的经验自然主义,是建立在美国自然主义传统和英国经验论基础上的,它吸收了实证精神的营养,却不执著于实证主义的技术化,而保持了哲学的高度反思精神,并实质上将实用主义改造成为一种价值评价的思想视界,对思想理论与知识的评价基准在于生活世界、尤其是文化生活世界里的实际效果。对实用主义世俗化的偏见在于把这个效果世俗化,或者将其在时间和空间维度上窄化,或者基于集团利益将其片面化。这样的转化在科学与技术领域司空见惯,但在哲学这个具有最高反思性的思想领域,就会导致本质上的误解,具有新时代精神和生命力的实用主义由此而被矮化成为控制技术领域的一个反馈公式,杜威与实用主义哲学也就成为一种无根基的技术主义了。

一般认为,实用主义侧重于"实用真理观",偏重于传统所划分的认识论领域。但杜威关于经验—自然的理论为实用主义的真理观奠定了一个自然主义经验论的存在论基础,例如他的"原初经验"就是回答理论与经验世界之间的关系问题。在杜威以经验为切入口对传统哲学(形而上学与认识论)的批判中,他给我们揭示出一个全新的哲学视角。通观整个西方哲学的发展史,一条宏大的脉络中显现出先验观念的确立及其瓦解和重建的轨迹,从柏拉图的理念到亚里士多德的四因说,从康德的先验哲学到现代的建构论和历史主义,诸多发展环节都坚守着"主体"和"客体"划分的阵地。在黑格尔之后的众多哲学家中,杜威是最敏锐地觉察出整个问题的根本性质的一位,他试图以改造后的"经验"概念为基础消解传统形而上学中的"主观、客观"等问题,将存在的一般特性归化到生活的经验世界中;以直白的"确定性"问题为基点打开一扇新的哲学之窗:建构代替先验的固定不变的确定性,将哲学研究的价值植根于人类社会的生活意义的圆满之中,从而为哲学研究提供一条根本的评价准则。虽然杜威既不像海德格尔那样以深邃的历史的目光洞穿传统形而上学的僵化,也没有像弗雷格、罗素和维特根斯坦等分析哲学家,以严谨的逻辑和语言规则来撬开传统哲学坚硬的外壳,但他对一个崭新的哲学视野的不懈追求给我们开辟了一条完全不同于传统哲学、甚至也不同于一些黑格尔之后哲学的思想通道,把确定性消解在历史的发展过程中,把主体、客体重新结合起来。这使得以"经验的探究"另辟蹊径,在互动和变化的情境中给"自我"和"客体"进行确定性的定位已经失去意义,取而代之的就是行动。

行动的效果在于面向具体问题情境时如何采取恰当的行动与方法。杜威的经验理论还揭示了一种不同于传统哲学的思维路径,它不是一种有关人与世界关系的描述或解释理论,而是对包括那些研究内容在内的哲学理论进行检验和分析、批判和评价的方法,以经验的效果为评价的标准。如果将杜威思想的某些要素推广开来,将评价的对象指向所有的哲学理论,而不只是一些命题或理论的所谓真理性的话,那么经验方法最终将回归到对日常生活的经验世界的依托,在此现实生活的世界中寻找可以架通事实与价值的桥梁;所有的经验、工具、意义和价值都在此生活世界展开。这是杜威的典型的自然主义态度,也是现代哲学的一个基本趋向,现代哲学家在反思历史上各种哲学的基础上走向与近代哲学主要旨趣不同,强调哲学与现实人类的生活关切而非远离尘世的"彼岸"哲学,强调眼前的可触摸之处而非遥远的虚幻意境,强调动态而非永恒不变的确定性,它以极端的形式表达在分析哲学的某些流派、功能主义和行为主义的基本假定中,尤其是心灵哲学中的唯物主义复活。随着科学技术的迅速发展,人类的精神似乎丧失了主导的权力和先知先觉的权威性,让位于技术性的物质的引导和统治,这就是现代哲学的问题之源。静思的哲学显得无所适从,精心设计的各种道德生活的规范和审美情趣被科学技术的显赫成就抛于脑后。

然而,关于方法的问题无论如何不仅仅是纯粹的技术性题材,它与伦理问题一样紧贴着人类的生活与日常经验。杜威经常不厌其烦地说,思维产生于行为之中,服务于实践。他如同鲁迅一样希望极力克服传统势力的影响和偏见,把沉醉于缓慢得静止不动的世界观念中的人唤醒,以直面斗转星移、危机四伏的现实世界。

从马克思要"消灭哲学"到尼采宣布"上帝死了",从海德格尔"我们要行动"到维特根斯坦"语言游戏与哲学治疗"无不流露出面向现实的切身关怀;后现代主义更是把这条批判传统理性之路走到终端。科学的技术应用直接而显著地改变着人类的生存状况,在人与自然之间楔入越来越多的隔离层,而且步伐越来越快,要想抓住飞奔的时代缰绳,思想必须放弃绝对不变的确定性。

"哲学是时代精神的精华",思想观念、规律性理论要与时代发展相契合才有生命力。得不到接受,再好的思想也会随着创造者个体的死亡而消失,不能成为公共观念的不是时代的精神。而要得到公众的认同,当然要因应公众的需求,公众属于一个时代,其需求也属于一个时代;思想是时代性的,并为时代所催生。这个时代性无非就是全体自然、传统精神和当前生存状况和公众需要的综合,它随时间而变,有自然的演化,也有人创造性的结果,仅仅是自然而没有人参与的那种变化只是自然的时间,而不是时代性。时代性构成了人类的历史:经验展现出的运动,经验在变化的情境中不断克服和解决问题,自我建构的过程。杜威对传统哲学的批判和对现代社会的根本问题的思考看似朴素简单,实则影响深远。他的思想贯彻到对人类经验的建构之中,借助并扩展科学实验的方法,而不是一味地排斥它;他始终不忘探究人类"终极目的"、美好幸福社会的现实可行的实现之路。

杜威在哲学中把个人主义与集体主义进行对比,并批判个人自由主义,因为杜威身处自由主义盛行的技术性世界,故而渴望整体观,这是在哲学层面上、站在伦理学角度上的社会批判良言。伦理学青睐整体观思维,因为它是站在人类整体之上的,与个人主义相对立。而站在政治哲学的层面上看,他的批判未必有效。恰恰中国的传统文化就是站在整体观上的,伦理取向十足而理性的科学技术精神不足,在中国传统文化中,道德整体观是如此强烈,以致几乎吞噬了个人自由主义和独立的人格,让人看不到任何个人自由主义的力度。中国传统的道德整体观延伸到了人—自然关系这个"科学领域",虽然在哲学层面上说这不荒谬,甚至是哲学层面上最终的统一之道应该坚持的原则。不过,在次级层面上,我们应该有精确而适当的表达形式,在科学领域,自然的对象化与静态性、"客观性"可以自成一体。杜威把民主政治伦理化,可以弥补西方过于强调外在约束的政治体系之传统的缺失,从而与之形成某种平衡。然而,把这一思想直接移植到中国,面临着的就是完全不同的一个社会情境(用杜威自己的话来说),它会忽视政治作为一种社会组织的结构形式所具备的一些实证科学方面的价值,也会遗失他所崇敬的科学维度:政治科学依赖科学的方法所能够达到的效果有着伦理学(德性伦理学)不可替代的工具性价值。这是从未经历过西方理性之路的我国现代化过程中要警惕之处,我们不能只是关注于西方面临的现代性问题。

然而,沉思或者静思是否就因此丧失了存在的必要性和合法性?没有沉思,诸如"用身体来写作"的流行观念又该如何评价呢?哲学永不停息地行走在应对外在性的困难消解和内在性的人格建构之间的钢丝绳上。人与自然世界、社会群体生活的外在关系不仅需要各种科学技术和哲学来处理和应对,人的内在世界及其意义的建构也不可忽视,宗教的力量不是依旧在发出建设性的余热,填补生命意义与价值的空场吗?然而,杜威在某种意义上混淆了哲学与作为大众的人生哲理指导书的角色定位。从最宽泛的意义上说,我们所做的每一件事情都是实践的,思维也在其中。难道思维就不是实践了吗?思维、写作和理论论证等如果不是实践,那么就可以类推到这样的荒谬结论:只有动物般的为了生存的捕食、为了生命的奔跑和生产才是实践。但是,对原始性和生产的张扬将可能导致成功而原始的商人气,并且反过来使得现实世界的生活和社会单一化,"'生产的逻辑'既不是生活的逻辑,也不是社会的逻辑。它是从属于两者的一个小的部分。它释放出来的破坏力是不会就范的,除非控制住'生产的逻辑'本身,使它不能再释放出破坏力"①。毫无疑问,杜威重视行动与实践是针对近代二元论的批判,是对康德哥白尼革命的反转。如果不注意到杜威这个批判前提,就有退出反思、返回到原始丛林的危险。

杜威试图涉足广泛的领域,从教育到伦理学、从认知论到社会政治理论和实践、从逻辑到艺术。把有限的生命投入到如此细化而宽广的领域,在完全不同于古希腊亚里士多德时代的现代,这是危险的,它可能会导致浅尝辄止的后果。杜威对马克思及其思想的看法就是一例,尽管他的学生胡克极

① 舒马赫:《小的是美好的》,虞鸿钧等译,商务印书馆1984年版,第208页。

力建议他阅读马克思著作,但是杜威对与他一样浩瀚的马克思著作始终没有兴趣,虽然他曾经与美国共产党有过密切的关系,杜威从马克思一些标语式的结论和苏联 20 世纪 30 年代斯大林大清洗的后果,依靠实用主义的真理公式就能够简单地得出"无此必要"的结论。因而也就丧失了与马克思主义直接沟通的机会。

虽然杜威哲学在整个 20 世纪产生的影响不及海德格尔的存在哲学那样深远,也不如维特根斯坦的分析哲学那样流行,但杜威对经验的细致描述和各种经验的分析,对人的具体存在进行的阐释性描述及其实验主义的影响,使得其哲学能够进入远比存在主义现象学的研究范围即人的生活世界更为广阔的领域,如遥远的宇宙深处的黑洞。数学和物理、化学及生物等自然科学的巨大成就是我们外在生活世界的重要力量,是我们现代社会人面对自然世界的信心的基础。经验作为一堵讨厌的柏林墙轰然倒塌,原地竖起了杜威的通向思想与存在、心灵与身体、事实与价值的桥梁,知识作为一种工具的小幽灵在这座贯通整个经验场域的连续性地带中来回奔跑,受到原初经验的检验,并腾空升起一个意义的世界,创造和创造的方法任由你选择,就像你选择自己的存在方式一样,无论是简单直接的经验方法,还是复杂结构的层析方法,都是你与这个世界的存在关系,属于你的存在。

哲学是人类智慧的一种深刻表达形式,是理性智慧的桂冠。在这顶桂冠上镶嵌着许多思想的瑰宝,它们既是人类在面临特定生存境况之下前后相续的时代精神,又蕴涵人类试图一以贯之地把握全部历史遭遇的理智力量。杜威的实用主义哲学就是一颗同时闪耀着这样两道光芒的明珠。

哲学既要追问上帝在哪里,又给苍白的世界添加鲜花的美丽,给平淡如水的生活画上诗意。恢复哲学的荣光,不是靠独白"哲学是全部知识的索引",也不是靠发出"绝对的命令"。任何断言一条确定的捷径在我看来不过是再次重复的变形谎言。建设性哲学的改造效果不能指望在一夜之间显现。杜威的开拓进取精神让我向往哲学的未来,而不是顺叙一种知识形态如何发生的哲学史。

附录　注释说明与统计图表

1. 杜威著作的关键字标记

EW = *The Early Works of John Dewey*, 1882—1898, 5 vols. , ed. Jo Ann Boydston, Carbondale : Southern Illinois University Press, 1969.

MW = *The Middle Works of John Dewey*, 1899—1924, 15 vols. , ed. Jo Ann Boydston, Carbondale : Southern Illinois University Press, 1976–83.

LW = *The Later Works of John Dewey*, 1925—1953, 17 vols. , ed. Jo Ann Boydston, Carbondale : Southern Illinois University Press, 1981–90.

AE = *Art as Experience*, New York: Minton, Balch, 1934.

CE = *Characters and Events: Popular Essays in Social and Political Philosophy*, 2 vols. , ed. Joseph Ratner, New York: H. Holt, 1929.

CF = *A Common Faith*, New Haven, Conn. : Yale University Press, 1934.

EE = *Experience and Education*, New York: Macmillan, 1938.

EEL = *Essays in Experimental Logic*, 1916, Reprint, New York: Dover Publications, 1953.

EN = *Experience and Nature*, 2nd edition, London: George Allen and Unwin, 1929. (The same impression was published in New York by W. W. Norton and Co. , 1929.)

FC = *Freedom and Culture*, New York: G. P. Putnam's Sons, 1939.

GPP = *German Philosophy and Politics*, New York: G. P. Putnam's Sons, 1942.

HNC = *Human Nature and Conduct*: *An Introduction to Social Psychology*, New York: The Modern Library, 1930.

HWT = *How We Think*, Boston: D. C. Heath, 1910.

ID = *The Influence of Darwin on Philosophy and Other Essays in Contemporary Thought*, New York: H. Holt, 1910.

ION = *Individualism*, *Old and New*, New York: Minton, Balch, 1930.

LTI = *Logic*, *The Theory of Inquiry*, New York: H. Holt, 1938.

PM = *Problems of Men*, New York: Philosophical Library, 1946.

PP = *The Public and Its Problems*, New York: H. Holt, 1927.

QC = *The Quest for Certainty*: *A Study of the Relation of Knowledge and Action*, New York: Minton, Balch, 1929.

RP = *Reconstruction in Philosophy*, New York: H. Holt, 1920.

TV = *Theory of Valuation*, International Encyclopedia of Unified Science, vol. 2, no. 4, Chicago: University of Chicago Press, 1939.

DE = *Democracy and Education*, New York: McMillan Company, 1916, Twenty-Eighth Printing, 1955.

SS = *School and Society*, Chicago: University of Chicago Press, 1900.

2. 杜威时代的重大历史事件表

类别	重大历史事件条目	对杜威的影响
哲学	康德、黑格尔之后，现代哲学运动：尼采，克尔凯戈尔，马克思等；1848 年德国革命后逃亡的唯心主义者到美国，带来思辨的唯心主义，路易斯黑格尔学派；实证主义运动的发展和影响；现象学、分析哲学的兴起。	是杜威实用主义哲学的直接思想资源。
科学	生物学：达尔文，人类的起源问题，亚里士多德的物种问题，达尔文进化论的引进，自然的概念从永恒实在的固定体系变为动态变化的；过程代替实体，事件代替本质；用科学来说明；实验方法冲击唯心主义，如费克斯，皮尔士等。	影响到杜威的连续性、变化等观念；自然中分化的物种保持于一个整体之内。
	物理学：能量守恒定律，热力学；电磁理论；核物理学；狭义相对论与广义相对论，天体物理学，量子力学、量子理论，测不准原则，波粒二象性。	对绝对的否定，观察中的主体参与；理论与实验，理论的工具性。
	心理学：詹姆斯，马赫，机能与行为主义，实证主义，建构主义，弗洛伊德，机能主义和行为主义：注重行为而非意识和思维。杜威的心理学反射弧：刺激存在于反应之中。	用可以描述的行为和功能来表达心理过程；转向实践与行动。
	化学：原子论，元素周期律，元素合成，反射性，辐射，苯与有机化学。	实验的重要性，化学走向应用。
	数学：代数学、代数几何、数学物理，数学公理化；数学王子高斯逝世，希尔伯特的 23 难题，黎曼几何，集合论的出现，一系列猜想。	应用数学和计算数学的出现。
技术	机器，大工业，电的广泛应用，内燃机，飞机，铁路，原子弹，核能的开发，人造卫星，人类迈进太空时代。	科技作为一种方法对人类社会生活的改造。
经济	第二次工业革命，富裕的工业化时代，摆脱农业的依附，垄断资本主义时期，美国的快速发展，国家资本。	杜威的乐观主义、自然主义态度。
政治	两次世界大战，俄国和中国的革命；冷战；美国民主化，共产党，欧洲变化，社群的形成。	民主思想，他的观点也反复变化。
文化	城市化：城市文明代替农业文明；中国五四运动，日本明治维新，传统文明面临西方现代文明的冲击。	影响了杜威的社会、政治和伦理思想。
历史学	现代新史学运动，兰克的历史科学化运动，法国年鉴学派，历史悲观主义。	以探究的经验替代历史主义。
文学艺术	文学巨匠：托尔斯泰，雨果，泰戈尔，海明威；凡·高，毕加索，塞尚；柴可夫斯基；文学艺术呈现出多样化的发展；现代体育运动的兴起。	提出实用主义美学：艺术是最高经验。

3. 杜威的《经验与自然》中主要哲学词汇统计表

序号	词语	EN 第一章	整个 EN	备注
1	Experience	235	742	
2	empirical method	43+1	45+5	+:denotative method
3	primary(..)experience	31	32	(..)表示含有间隔
4	fact(s)	27	192	(s)表示含复数形式
5	reflective(..)experience	3	4	
6	reflection	29	82	
7	choice	15	52	
8	denotative,-tion	1	10	
9	philosophy, philosophical	51+5	183+16	
10	metaphysics,metaphysical	2+4	49+39	
11	context(ual), situation	10+4	33+107	

注:此表以 John Dewey,*Eexperience and Nature*,George Allen & Uniwin Ltd. 1929 年版为样本。

　　其中第一章,即经验与哲学方法(第 19—61 页)被公认为是全书总纲,杜威本人也将它作为全书绪论。其中的主要哲学术语可以体现杜威的主要思想。此表可以作为佐证"原初经验"发现的部分依据。"选择的发现"则比较隐藏,但还可从数据中得到部分支持的说明。详细论证见正文第一章第二节、第三节,此表在那里被引用。

4. 杜威全集中一些重要的哲学词汇列表

序号	词汇（英语，包括基本变化形态）	词汇（中文）	被用次数
1	fact(-s)	事实	8849
2	nature, natural	自然、自然的	8757
3	relation(-s,-ing)	关系	6837
4	experience(-s,-ed,-able,-ing,以下类似,不再说明)	经验、经验的	6742
5	social, society	社会（的）	6733
6	act	行动	6650
7	life	生活、生命	6423
8	knowledge, known	知识,所知	6191
9	process, procedure	过程,进程	5924
10	education	教育	5846
11	time	时间	5294
12	philosophy	哲学	5292
13	true, truth	真,真理	5221
14	matter	事物、事情	5195
15	object	客体、对象	4767
16	practice	实践	4506
17	human	人文	4484
18	value	价值	4322
19	mind	心灵	4083
20	subject	主体	4031
21	form	形式	3950
22	sense	感觉	3910
23	concept	概念	3903
24	intellect	理智	3784
25	necessary, necessity	必然的,必然性	3760
26	politics	政治	3606
27	idea	观念	3496
28	meaning	意义	3359

序号	词汇（英语，包括基本变化形态）	词汇（中文）	被用次数
29	inquire	探究	3358
30	consequence	后果	3292
31	continuity, continual	连续性，连续的	3222
32	good	好，善	3195
33	method	方法	3191
34	freedom	自由	3176
35	reality	实在，实现	2798
36	material	物质	2788
37	intelligence	智力	2746
38	growth	生长	2701
39	quality	性质、质量	2700
40	habit	习惯	2684
41	reflect	反省	2476
42	ethic	伦理学	2371
43	actual	实际的	2319
44	psychology	心理学	2303
45	event	事件	2287
46	art	艺术	2269
47	belief	信仰	2177
48	experiment	实验	2146
49	religion	宗教	2103
50	immediate	直接的	2095
51	history	历史	1988
52	individual	个人	1944
53	criticism	批判	1942
54	essence	本质	1880
55	force	力	1849
56	culture	文化、文明	1810
57	ideal	理想（的）	1761

续表

序号	词汇（英语，包括基本变化形态）	词汇（中文）	被用次数
58	democracy	民主	1759
59	progress	进步	1589
60	mental	精神的	1549
61	objective	客观的	1452
62	concrete	具体	1404
63	language	语言	1350
64	spirit	精神	1330
65	construct	建构	1307
66	instrument	工具	1288
67	community	共同体、社群	1237
68	metaphysics	形而上学	1126
69	ration	理性	1064
70	trait	特性	1059
71	knowing	认知	999
72	pragmatic	实用	965
73	idealism	唯心论	930
74	temporal	暂时的	912
75	interact	交互作用	899
76	materialism	唯物主义	824
77	evolution	进化	806
78	primary	原初的	780
79	context	情境	751
80	god	上帝	746
81	potential	潜能、潜在的	602
82	emergence	突出、自然发生	559
83	plan	计划	533
84	physics	物理	519
85	participate	参与	462
86	dualism	二元论	451

续表

序号	词汇（英语，包括基本变化形态）	词汇（中文）	被用次数
87	background	背景	430
88	dialectic	辩证法的	377
89	transaction	交互、交易	354
90	cognitive	认知的	345
91	certainity	确定性	343
92	discourse	会话	294
93	genetic	起源的	264
94	aesthetic	审美的	261
95	contingent	偶然的	244
96	ontological	本体论的	193
97	biology	生物学	186
99	chemistry	化学	186
99	denotative	直指的	158

注：此表以杜威全集电子版为样本，表中被用次数仅作参考，因为一些拼写相似但实无关的变形词有的计入，有的没有计入。

　　由上表可见，杜威最为关注的是基于自然和事实的自然主义、重视行动和时间的过程、社会性、整体关系理论。此表还需要一些细致的核定工作，条目可能还有所增加减少。杜威的"事实"概念值得深究，它既是被人质疑的把柄，又是杜威自认为不值得在"当然的"事情上花工夫的一个自然主义基本假定。如果对这种假定深挖下去，将会击穿形而上学的最根本的基石，而问题在于，连续追问的"底"在哪里？哲学的"底"不能以主观性的视觉来观察。就如结构、词典中词语的解释，所有的词可以形成网状的互释图像，当然，这只是一种比喻的说法，只能充当哲学论证的配角，而哲学的论证需要严格的术语和论证形式。

5. 杜威全集中最重要的哲学家引用次数列表

哲学家		次数	排序
古典时期			
苏格拉底	Socrates（包括 Socratic 变化形态，以下同）	194	12
柏拉图	Plato（-nist，-nists，-ic，-nism）	611	3
亚里士多德	Aristotle（-'s，-s，-lian(s)，-lianism，-leanism）	766	2
中世纪			
奥古斯丁	Augustine（-'s，-ian）	27	30
阿奎那	Aquinas（Thomism）	40	29
近代			
培根	Bacon（-'s，-ian）	121	22
笛卡尔	Descartes（-；s，cartesian，-ism，-s）	185	15
霍布斯	Hobbes（-'s，-ian）	151	18
洛克	Locke（-'s，-ian，-ean）	437	5
莱布尼兹	Leibnitz（-'s，-ian，-ians）	387	8
斯宾诺莎	Spinoza（-'s，-ism，-istic）	146	19
贝克莱	Berkeley（-'s，-an）	100	25
休谟	Hume（-'s，-an，-ian）	186	14
卢梭	Rousseau（-'s，-an）	144	20
康德	Kant（-'s，-ian，-ianism，-ians）	873	1
黑格尔	Hegel（-'s，-er，-ian，-ianism，-ians，-isms，-s）	401	7
现代			
叔本华	Schopenhauer，-'s，-ism，-'sche）	44	28
爱默生**	Emerson	154	17
克尔凯戈尔	Kierkegaard（'s）	1	36
马克思	Marx，-'s，-ian，-ianism，-ians，-ism，-ist，-ists）	187	13
尼采	Nietzsche（-'s，-ean）	49	27
密尔	Stuart Mill	119	23
达尔文***	Darwin（-s，-'s，-ian，-ism，-ist，huxley，-'s）	341	9
胡塞尔	Husserl	6	34

续表

哲学家		次数	排序
雅斯贝尔斯	Jaspers('s)	1	37
弗雷格	Frege(-'s)	13	32
柏格森	Bergson(-'s,-ian,-ianism)	183	16
皮尔士	Peirce(-'s,-an)	319	10
詹姆斯	William James	405	6
米德	Mead	114	24
桑塔亚纳	Santayana(-'s)	286	11
怀特海	Whitehead(-'s)	133	21
罗素	Russell(-'s)	481	4
卡尔纳普	Carnap(-'s,-ism)	75	26
海德格尔	Heidegger(-ean,'s)	9	33
维特根斯坦	Wittgenstein(-'s)	24	31
萨特	Sartre	5	35

* 此表以杜威全集电子版为样本,次数仅作参考,因为可能有少量的重复和不当计数,但大体反映了实际引用情况。

** 爱默生(Ralph W. Emerson,1803—1882),美国著名思想家、文学家,被称为"非正式哲学家",是确立美国文化精神的代表人物,对杜威的自然主义观念有深刻影响。

*** 达尔文虽然不是哲学家,但他的进化论学说对杜威的哲学思想影响至深,很少有哲学家能够与之相比。

　　从此表的数量上看,对杜威影响最大的 10 位哲学家是:康德、亚里士多德、柏拉图、罗素、洛克、詹姆斯、黑格尔、莱布尼兹、达尔文、皮尔士。但实际上,达尔文、詹姆斯、皮尔士对杜威的影响并不亚于黑格尔、康德。另外,存在主义哲学大师们虽然与杜威几乎同处于一个时代,但杜威很少谈到他们,特别是克尔凯戈尔和雅斯贝尔斯,显示出杜威对神秘主义的高度排斥。

后 记

　　哲学沉思既是痛苦，又是快乐。见闻些许光怪陆离之事，面对现实生活中的困惑，我问智慧的诠释何在，解救的行动何如？若简单行动而弃沉思或干脆不思，安然于做巨大经济机器中的一颗螺丝钉，满足于物质堆积的数字符号岂不优哉游哉？然而，死亡形成的不可跨越的断裂终将摧毁肉身，消解所谓成功的物质符号于无形，归于冥冥的灵魂不会带走一丝一毫。百年时间窗口里碌碌无为与功绩显赫是否仅有别于来去匆匆之利与名？无论是读柏拉图的《理想国》，还是流行的"诗云子曰"，无论是黑格尔式宏大精神的显现踪迹，还是置存在于时间和语言、消解确定性于日常经验的学说，每每读来，反反复复地经受观念的建构—解构之轮回；它如幽灵一般萦绕于我脑际，又若秋霜结晶成我思想领地的种种经验。

　　红色时代给我幼小心灵铭刻的理想像路标一样指引着这条弯弯的小船。有人说人生就像一条小河，世界是那最宽阔的大海。承载希望的精神小船能否穿过一座座别样的小桥，沿着自然的河流划行出通往大海的独特而精致的踪迹呢？杜威用生活经验打破确定性的钟声不停地对我响起。最让我感动的是这样的人间小事，一个白血病小女孩自知不久于人世，仍然满腔热血地抓住生命的每一刻在助人中体验无限的快乐，这样的人生无所遗憾！类似的实例向我们展现出一幅幅动人的美丽图景。生命原来可以如此纯洁，没有一丝杂质污染，所有物质性的东西自惭形秽，显露的唯有生命之光。总是期望这道光芒能够普照世界，唯此才有生之自由和充实，死之满足与安然，才有人间的温暖如春。

　　哲学前辈告诉我们，哲学研究成功的关键在于把哲学思考当做自己日常生活中的一部分,很多突破和灵感都发生在散步与闲暇之余,无时无刻的思考才会有思如泉涌。对于我而言,最幸福的事就是做真正感兴趣的,这样的选择不是外在于思想和生活的一种单纯工作,而是思我两忘、融为一体。我博士毕业后任教于海南师范大学,同时在北京师范大学哲学与社会学学院做博士后,本书就是在此期间对师从刘放桐先生所做博士论文进行修改的结果。在这里,我要感谢刘老师把我引进哲学之门,他的认真与谦和让我领略到我国老一辈学人的风范;我还要特别感谢北师大韩震教授、王成兵教授给予的中肯建议,感谢美国汉学家安乐哲教授给予的交流意见。对于未提及而给予帮助的所有人士,在此谨致诚实的谢意!本书出版获得海南师范大学著作出版的项目资助,也在此致谢。

家人给我以激励与鞭策。若没有她们的全力支持,我就不可能安心从事哲学学习与写作;她们对我选择的人生事业与理想追求的支持,令我没齿难忘。